人民币国际化新论：
逻辑与经验

宋科　著

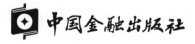

中国金融出版社

责任编辑：王慧荣
责任校对：潘　洁
责任印制：丁淮宾

图书在版编目（CIP）数据

人民币国际化新论：逻辑与经验/宋科著．—北京：中国金融出版社，2023.6
ISBN 978 - 7 - 5220 - 2025 - 9

Ⅰ.①人…　Ⅱ.①宋…　Ⅲ.①人民币—金融国际化—研究　Ⅳ.①F822

中国国家版本馆 CIP 数据核字（2023）第 090862 号

人民币国际化新论：逻辑与经验
RENMINBI GUOJIHUA XINLUN：LUOJI YU JINGYAN

出版
发行　中国金融出版社

社址　北京市丰台区益泽路 2 号
市场开发部　（010）66024766，63805472，63439533（传真）
网 上 书 店　www.cfph.cn
　　　　　　（010）66024766，63372837（传真）
读者服务部　（010）66070833，62568380
邮编　100071
经销　新华书店
印刷　河北松源印刷有限公司
尺寸　169 毫米 ×239 毫米
印张　18.25
字数　220 千
版次　2023 年 6 月第 1 版
印次　2023 年 6 月第 1 次印刷
定价　85.00 元
ISBN 978 - 7 - 5220 - 2025 - 9
如出现印装错误本社负责调换　联系电话（010）63263947

引　言

从货币国际化的历史规律来看，货币替代要远远滞后于经济替代，是一个长期的过程。同样，人民币国际化是一个中长期战略，也是中国经济发展、市场演进和历史发展的必然。2008年国际金融危机爆发后，国际货币体系固有的脆弱性受到普遍关注，国际社会开始呼吁改革现行国际货币体系，进一步提高新兴市场国家货币的话语权和代表性，人民币国际化迎来新的发展机遇。2009年，跨境贸易人民币结算试点掀开了人民币国际化序幕。十几年来，在坚持市场化导向基础上，以及相关政策的积极推动下，从跨境贸易到金融交易再到官方储备，人民币市场化程度和国际认可度不断提升，在推动贸易投资便利化、服务实体经济与金融创新发展等方面发挥了重要作用。党的二十大报告提出，"有序推进人民币国际化"。在新发展阶段，准确把握人民币国际化的历史进程，有序推进人民币国际化具有重大的理论价值与现实意义。鉴于此，本书从以下五个方面对人民币国际化进行讨论。

一是人民币国际化进程再测度。如何准确把握并测度人民币国际化进程，明确人民币国际化的历史方位，是进一步推动人民币国际化的基础。本书基于人民币真实交易数据，构建反映三大货币职能的指标，构建货币国际化指数，对人民币国际化进行再测度。在此基础上，本书还测算了美元、欧元、英镑和日元四大国际货币的单一职能国际化指数与综合国际化指数，并对五种货币的国际化进程进行比较。进一步地，通过与其他测度人民币国际化的指数对比，本书提出的新测度方法能够准确反映人民币国际化进程，对于在新发展阶段准确判断人民币国际化进展、预测人民币国际化走势具有重要意义。

二是人民币国际化动因再考察。当前，在以"中心逆差、外围顺差"为特征的"中心－外围"国际货币体系下，从全球失衡视角重新厘清人民币走向国际化的真实动因，有利于人民币国际化的方向把握与策略选择。在开放经济条件下，国际储备货币及其创造机制、汇率制度与国际收支调节机制、危机救助机制以及各国收支调节成本与收益等是构建国际货币体系的核心要素。其中，储备货币及其创造机制在一定程度上决定了国际货币体系运行的基本模式。21世纪以来，作为"外围国家"的中国，出于危机预防、汇率干预、防止国际资本流动逆转、保持信心等目的，大量持有以美元为主的外汇储备，外汇储备规模急剧上升，由此导致外部失衡加剧与国内宏观金融调控政策被动放大。鉴于此，本书基于现行国际货币体系下的全球失衡与外汇储备超额积累的内在逻辑，从估值效应视角分析了全球失衡对于国内货币政策的影响及其传导机制，以及人民币国际化的真实动因，并在此基础上为宏观失衡常态化条件下的外汇储备管理、货币政策调整以及人民币国际化策略提供了新的政策启示。

三是基于跨境贸易与金融投资双轮驱动条件下，人民币国际化策略再认识。在充分发挥市场作用基础上，有序推进人民币国际化需要有效政策支撑。随着国际金融危机以来人民币全球需求不断增加，双边货币互换范围和规模不断扩大，在推进人民币国际化过程当中发挥了重要作用。本书实证分析了双边货币互换对人民币国际化的影响及其中介机制。从货币职能角度看，双边货币互换的影响主要体现在交易媒介和计价单位职能上，而对价值贮藏职能没有显著影响。这符合通过构建双边货币互换网络推动人民币在国际贸易投资方面广泛使用，进而提升人民币在全球范围内承担交易媒介和计价单位职能的基本政策逻辑。价值贮藏作为更高层次职能，双边货币互换安排的签订尚无法显著提升其发挥。进一步地，研究表明汇率市场化可以通过"信号效应"增强双边货币互换对于人民币国际化的推动作用。

历史经验表明，资本账户开放对于货币国际化具有重要影响，但是基于法定与事实资本账户开放程度的差异化开放历程比较，资本账户开放对于货币国际化的推动作用具有显著的国别差异。对于人民币国际化而言，在资本账户尚未完全开放的大背景下，初步探索出了一条中国特色的货币国际化道路。鉴于此，本书基于不同国家的资本账户开放历程对比，重点探讨了资本账户开放对人民币国际化的影响。结果发现，人民币货币国际化更依靠于事实资本账户的开放，法定资本账户开放的影响并不明显。事实资本账户开放会提升人民币币值，倒逼制度改革完善，从而推进人民币国际化进程。相比之下，美元、欧元等中心货币国际化程度的提升更依赖于法定资本账户开放。可以看到，厘清法定与事实资本账户开放的差异及其在货币国际化中的异质性作用，对于进一步推进资本账户开放和人民币国际化具有重要意义。

四是在深入推动高水平开放背景下，人民币国际化突破口再选择。2013年，在访问哈萨克斯坦期间，国家主席习近平提出了"一带一路"倡议，主张建立有效的区域合作平台，积极发展与沿线各国经济合作关系。十年来，中国与"一带一路"沿线国家的合作日趋紧密，与超过 140 个国家和地区签订了"一带一路"合作文件，为有序推动人民币国际化提供了新的机遇。本书发现，"一带一路"倡议可以显著提升沿线国家人民币跨境交易金额和笔数，推动人民币国际化。对于海上丝绸之路国家、"一带一路"沿线国家和高资本账户开放国家，"一带一路"倡议对人民币国际化的推动作用更为明显。从货币职能来看，"一带一路"倡议显著提升了人民币在国际市场上承担交易媒介和计价单位职能的作用，而对价值贮藏职能没有显著影响。"一带一路"倡议主要通过政策沟通、设施联通、贸易畅通、资金融通和民心相通的"五通"渠道推动人民币国际化进程。

纵观伦敦、法兰克福、东京和纽约等国际金融中心的发展历程，大国金融开放必然伴随重要国际金融中心的崛起。在新发展阶段，建设具有全球影响力和辐射度的国际金融中心是大势所趋，这不仅符合历史上国际金融中心兴衰更替的客观事实和历史规律，也是在新时期有序推进人民币国际化的必然选择。本书系统梳理了历史上主要国际金融中心的发展历史与基本模式，提出人民币国际化进程中建设国际金融中心的目标特征与发展路径。其中，上海国际金融中心建设是改革开放以来金融创新的先行者，也是有序推进人民币国际化的重要突破口。

五是在加强国际政策协调基础上，宏观经济政策框架再调整。国际经济政策协调是人民币国际化的重要保障，只有充分重视并提高国际经济政策协调效率，才能有序推进人民币国际化。2008年国际金融危机以来，尝试构建一个涵盖多种宏观经济政策且重视国内外协调机制建设的金融稳定新框架，并据此改变 20 世纪 70年代价格稳定无法保障金融稳定、个体稳健无法保障系统稳健的重大制度缺陷成为新的共识。在此过程中，不仅要将长期缺失的宏观审慎政策维度纳入其中，而且要进一步厘清各种宏观经济政策国际协调机制的差异，并加强国际协调。本书在系统阐释宏观审慎政策国际协调的理论与实践基础上，实证分析了宏观审慎政策对于跨境资本流动的影响，并对于在有序推进人民币国际化进程中，加快构建符合中国实际的宏观审慎政策框架及其国际协调机制，提出了明确的政策建议。

目　　录

第一章 人民币国际化再审视：
现状与测度

从货币国际化的历史规律看，货币替代要远远滞后于经济替代，是一个长期的过程。同样，人民币国际化也是一个中长期战略，是中国经济发展、市场选择和历史演进的必然。在此过程中，如何准确把握并测度人民币国际化进程，对于有序推进人民币国际化具有重大意义。本章基于环球银行金融电信协会（SWIFT）提供的 2011 年 1 月至 2018 年 4 月的货币全球跨境支付信息，构建反映货币三大职能的指标，并以此为基础构建货币国际化指数，对人民币国际化进行再测度。此外，本章使用同样的指标体系测算了美元、欧元、英镑和日元四大传统国际货币的单一职能国际化指数与综合国际化指数，并对五种货币的国际化进程进行对比。最后，本章将新构建的指标与现有主流人民币国际化指数进行比较，结果显示，该测度方法能够准确反映人民币的国际化进程，对于准确判断人民币国际化进展、预测人民币国际化走势具有重要意义。

一、货币国际化界定与度量

货币国际化指一个国家或地区所发行的货币不仅在该国或地区范围内流通，而且在该国或地区之外也成为具有交易媒介、计价单位和价值贮藏功能的货币。既有文献基于单一或者综合的货币职能指标，从多角度对货币国际化进行了度量。

1

表 1-1　国际货币职能

货币职能	公共部门	私人部门
交易媒介	干预货币。对外汇市场实施干预以实现国际收支平衡	结算货币。在商品贸易和资本交易中被用于直接的货币交换以及两个其他货币之间间接交换的媒介货币
计价单位	货币锚。确定汇率平价，作为汇率钉住的"锚"	计价货币。充当商品贸易和金融交易的计价货币
价值贮藏	储备货币。以国际货币本身及以其计价的金融资产作为储备资产	投资货币。作为私人选择金融资产的投资货币

资料来源：Cohen（1971），Kenen（1983）。

（一）基于单一职能指标的货币国际化度量

1. 交易媒介职能

国际货币发挥交易媒介职能一般体现在外汇交易方面。Kenen（2002，2003）利用一国货币与其他货币交易量占外汇市场交易总量之比衡量美元和欧元的国际地位，具有较强的代表性。该方法采用的数据一般为国际清算银行（BIS）每三年公布一次的报告。例如，钟阳和丁一兵（2012）在该数据基础上，将 35 个国家和地区 1998 年至 2007 年的美元场外交易量转换为实际货币交易量，作为美元国际化程度的替代变量。但是，该方法使用的国际外汇成交数据频率较低，对于三年间的其他两个年度数据，仅能使用简单的线性插值方法或者两个公布年份之间的复合增长率来估算，无法充分体现非公布年份的国际外汇衍生产品市场存量数据。张光平和马钧（2015）利用非公布年份的国际外汇衍生产品市场存量数据，估算出非公布年份全球外汇市场衍生品日均交易额，进而估算出非公布年份全球外汇市场日均成交金额与主要国际货币外汇日均成交金额，对外汇市场交易额占比的估算进行了优化。此外，一国货币在贸易结算中所占比例也可以作为交易媒介职能的度量方法。遗憾的是，由于部分国家官方并不公布各结算货币占全球总贸易结算的份额，该方法存在一定局限性。Goldberg and Tille（2006）、Kamps（2006）等对部分国家对外贸易中使用的美元和欧元份额数据进行了整理，但选取样本期短且涉及币种和样本国家数量有限。李稻葵和刘霖林（2008）在 Kamps（2006）测算结果基础上，进一步估计了货币国际化程度。李建军等（2013）测算了世界主要货币在 2011 年和 2012 年跨境贸易结算中使用占比与该国贸易额占世界贸易总额比重的比值，并以此来度量货币国际化程度。

2. 计价单位职能

计价货币债券占全部国际债券的比重，以及货币发挥锚定作用的程度，是两个常见的衡量计价单位职能的代理变量。在私人部门发挥计价单位职能的货币国际化程度，可以通过国际债券中的币种结构体现，即某一货币标价的国际债券价值占全部国际债券存量价值的比重。国际清算银行每季度公布国际债券发行量和存量数据，并对数据的来源、统计范围、计算方法等做详细说明。其统计方法随着国际债券市场变化而调整，且货币覆盖面广，在相关文献中得到广泛应用（白晓燕和邓明明，2016）。货币发挥锚定作用是国际货币在官方部门发挥计价单位职能的体现。部分研究使用锚定作用大小来表征一国货币国际化程度，具体指标为锚定某种货币的国家数量占总纳入样本国家数量的比重。例如，徐伟呈等（2019）构建货币锚模型，通过一国货币汇率波动受国际货币汇率波动的影响程度，来反映双边层面上国际货币在该国的国际化程度。

3. 价值贮藏职能

既有文献多以外汇储备份额度量体现价值贮藏职能的货币国际化程度。元惠萍（2011）认为，要发挥国际货币的基准货币和干预货币的职能，各国（地区）货币当局就必须首先持有该货币，因此该货币持有额反映了其作为基准货币和干预货币的职能大小。李建军等

（2013）认为，国际货币职能始于国际贸易中的跨境贸易结算。随着跨境结算规模的扩大，世界对该货币认可度越来越高，使该货币在金融市场上的交易越来越活跃，货币职能扩展到金融市场，最终成为国际储备货币。一国货币只有成为其他国家的外汇储备才实现了完全的国际化。但是，由于该度量方法依赖国际货币基金组织（IMF）公布的官方外汇储备货币构成（COFER）数据，故存在一定缺陷。首先，该方法仅仅考虑了金融资产计价货币的供给方，未涉及需求方。其次，COFER 数据币种较少，且都是高度国际化的货币，对于大部分国际化程度不高的货币并不适用。再次，COFER 数据本身按价值计算，意味着某种货币的国际化程度即使不变，储备占比也可能因为货币升值而提高，且非主导性国际货币占比的上升可能是货币当局外汇储备投资组合分散化的结果。由此导致一国货币在储备货币中的占比不能准确体现一国货币的国际化程度。最后，COFER 数据是世界范围内的年度汇总数据，无法凸显地区或国别差异。这主要受限于COFER 数据无法提供具体某个国家的外储币种配置数据。为此，部分研究转而收集单个国家的官方外汇储备信息，并据此构成大样本国别面板数据（Aristovnik and Čeč，2010）。事实上，私人部门投资也是衡量货币国际化程度时不可忽略的一部分，且私人部门投资往往比央行的投资更具有前瞻性。部分研究使用非本国投资者持有的一国货币计价资产的总量，即国际货币外部投资额，作为衡量货币国际化水平的指标。例如，白晓燕和于晓宁（2019）将非居民通过股权投资、债券投资、直接投资和其他投资四种渠道对某种货币资产进行投资的总额定义为货币外部投资额，以反映货币在国际金融投资领域的国际化程度。

（二）基于综合职能指标的货币国际化度量

1. 综合考虑多种非职能指标。李瑶（2003）采用相同权重对本币境外流通数量、本币境外流通范围和本币储备占比进行加权平均，测算美元、欧元、日元和人民币的国际化程度。人民币国际化研究课题组（2006）在此基础上增加了本币在国际贸易中的支付数量，以及本币在国际贷款市场、国际债券市场、直接投资中的计价数量，并据此加权计算了 2002 年美元、欧元、日元和人民币的国际化指数，结果显示人民币国际化程度较低，在国际贸易结算、国际贷款市场、国际债券市场和对外直接投资方面使用人民币计价的数量很小，但在境外流通范围、境外国家官方外汇储备等方面，人民币国际化程度开始提升。Thimann（2009）构建了一个包括规模和结构两方面的指标，前者包含经济规模和金融市场规模，后者包含金融市场管制、国家治理、货币问题和贸易壁垒等指标，通过主观赋权进行加权测算货币全球地位指标。

此外，部分金融机构也在尝试构建能够衡量人民币国际化程度的指数。例如，中国银行于 2003 年 9 月推出中国银行跨境人民币指数（Cross – border RMB Index，CRI），该指数主要跟踪跨境流出、境外流转和跨境回流这一完整的资金跨境循环过程中的人民币使用水平，反映人民币在跨境及境外交易使用中的活跃程度，进而体现人民币国际化程度。星展银行自 2012 年第四季度开始编制星展人民币动力指数，用以衡量在香港注册的公司使用人民币的水平。该指标从人民币接受程度、渗透程度以及企业未来使用人民币的倾向程度等维度进行构建，反映人民币在香港的国际化程度。渣打银行于 2021 年 11 月推出的人民币环球指数（Renminbi Globalization Index，RGI）选择离岸人民币存款总额、人民币贸易结算和其他人民币国际支付总额、全球点心债发行未偿余额和离岸人民币计价存单，以及离岸人民币外汇交易量四个指标构建人民币国际化指数。

2. 基于货币职能编制综合指数。李稻葵和刘霖林（2008）使用两国之间的国际贸易结算、国际债券和国际储备中的币种构成来衡量一国货币发挥国际交易媒介、计价单位和价值贮藏职能的程度。陈晓莉和李琳（2011）也将三种职能的表征变量同时考察。类似地，李建军等（2013）分别测算了跨境贸易结算、金融市场交易和储备货币的币种结构，度量了一国货币发挥计价支付和价值贮藏职能的程度。白晓燕和邓明明（2013）选取国际外汇交易货币份额、国际债券货币份额和国际储备货币作为衡量一国货币国际化程度的指标。中国人民大学国际货币研究所在《人民币国际化报告2012》中构建人民币国际化指数（Renminbi Internationalization Index，RII），认为人民币国际化的目标是逐步成为全球主要贸易计价结算货币、金融交易货币以及国际储备货币，并以此构建三级指标体系，选择具有代表性、数据来源可靠的六项指标来体现货币国际化程度，各项指标权重主观赋予。具体指标体系见表1-2。

表1-2　RII 指标体系

一级指标	二级指标	三级指标
国际计价支付功能	贸易	世界贸易总额中人民币结算比重
	金融	全球对外信贷总额中人民币信贷比重
		全球国际债券和票据发行额中人民币债券和票据比重
		全球国际债券和票据余额中人民币债券和票据比重
		全球直接投资中人民币直接投资比重
国际储备功能	官方外汇储备	全球外汇储备中人民币储备比重

　　RII 为国内外学术界提供了新的研究视角和分析指标。在此之后的研究基本都是以货币职能作为一级指标，鉴于数据可得性等因素选用不同的次级指标，构建测度货币国际化程度的指标体系，并采用了更丰富的指标赋权方法。例如，范祚军等（2018）综合考虑指标的更新和改进以及数据的可得性，在 RII 指标体系基础上进行变动，将外汇市场交易中各主要国际货币占比纳入金融交易的次级指标，并采用

熵权法对各项指标进行客观赋权，得到了美元、欧元、人民币等六种货币 1995—2014 年的国际化程度指数。结果显示，人民币国际化程度不断提升，但仍处于货币国际化的初级阶段。杨涛和张萌（2017）在 RII 指标体系基础上增加了表征汇率驻锚功能的 SDR 货币篮子中各种货币权重比率。货币国际化程度由低到高可以划分为贸易货币、投资货币、储备货币与驻锚货币四种形式，也可以反映货币国际化发展的四个阶段（张萌和蒋冠，2013）。因此，汇率驻锚作为国际货币的终极形式，是衡量货币国际化程度的重要评价指标。此外，由于国际贸易和金融交易都通过外汇市场进行，并考虑到数据可得性，杨涛和张萌（2017）将 RII 指标体系中国际贸易和国际金融投资合并为外汇市场交易。

RII 考虑到货币私人用途中的交易媒介、计价单位与价值贮藏具有功能一致性的实际，将三类功能合并为计价支付功能，同时考虑到国际贸易与金融领域中的交易差异，将这两类使用领域分列；另外，官方用途中的国际储备与外汇干预工具也具有功能一致性，故将两类功能合并为国际储备功能。与此不同，更多基于国际货币职能分类构建指标体系的研究，同时将交易媒介、计价单位和国际储备作为一级指标（彭红枫和谭小玉，2017），差异主要体现在二级指标以及权重设定方法上。不同的指标选取方法详见表 1 – 3。

值得一提的是，中国人民银行上海总部跨境人民币业务课题组（2015）构建的人民币国际化动态指数，使用同业账户资金划转量和债券发行量度量国际货币的交易职能，采用跨境结算量和 NRA 资金划转量度量国际货币的结算职能，采用离岸存款、NRA 账户余额和同业往来账户余额度量国际货币发挥储备职能的情况。从权重设定来看，除少量研究采用主观赋权法（林乐芬和王少楠，2016）外，大部分研究采用客观赋权法。例如，彭红枫和谭小玉（2017）、沈悦等

（2019）等采用主成分分析法，而罗斌等（2015）、徐伟呈等（2019）等则使用熵值法。

表1-3 基于货币职能编制综合指数的指标体系

货币职能	部门	具体指标	将该指标纳入体系的文献
交易媒介	官方	国际外汇交易份额	白晓燕和邓明明（2013）、罗斌等（2015）、林乐芬和王少楠（2016）、彭红枫和谭小玉（2017）、杨涛和张萌（2017）、张焕明和杨子杰（2018）、徐伟呈等（2019）、沈悦等（2019）
	私人	国际贸易结算货币份额	赵然（2012）、彭红枫和谭小玉（2017）、徐伟呈等（2019）
		全球直接投资货币份额	彭红枫和谭小玉（2017）、张焕明和杨子杰（2018）、沈悦等（2019）
计价单位	官方	发挥锚定作用的程度	彭红枫和谭小玉（2017）、徐伟呈等（2019）（钉住某货币的国家数量占全部实行钉住汇率制国家数量的比值）；杨涛和张萌（2017）（SDR篮子货币份额）
	私人	国际债券市场货币份额	赵然（2012）、白晓燕和邓明明（2013）、罗斌等（2015）、林乐芬和王少楠（2016）、彭红枫和谭小玉（2017）、张焕明和杨子杰（2018）、徐伟呈等（2019）、沈悦等（2019）
		外汇及利率衍生品市场货币份额	赵然（2012）、林乐芬和王少楠（2016）
		本地银行持有外汇货币份额	赵然（2012）
		国际货币市场货币份额	赵然（2012）、林乐芬和王少楠（2016）
价值贮藏	官方	外汇储备货币份额	赵然（2012）、白晓燕和邓明明（2013）、罗斌等（2015）、林乐芬和王少楠（2016）、彭红枫和谭小玉（2017）、杨涛和张萌（2017）、张焕明和杨子杰（2018）、徐伟呈等（2019）、沈悦等（2019）
	私人	全球对外信贷的货币份额	彭红枫和谭小玉（2017）、张焕明和杨子杰（2018）、徐伟呈等（2019）

二、货币国际化指数构建：方法与数据

（一）数据来源与指标选择

本章参考 Batten and Szilagyi（2016），基于三大货币职能编制货币国际化综合指数。具体来看，采用某种货币在反映银行间跨境结算的 MT300、MT320 和 MT202 和反映证券交易的 MT540、MT541 和 MT543 交易项目中所占份额作为贸易和资本账户交易情况的变量，从而度量一国货币在国际上发挥交易媒介职能的情况；使用某种货币在贸易计价（MT700）和金融产品计价（MT300 和 MT400）交易项目中所占份额来度量国际货币的计价单位职能发挥情况；采用某种国际货币在反映证券交易的 MT540、MT541 和 MT543 交易项目中所占份额度量一国货币发挥国际价值贮藏职能的程度。

在考虑数据可得性基础上，本章基于 SWIFT 提供的全球跨境支付信息，选取 2011 年 1 月至 2018 年 4 月五种主要国际货币（美元、欧元、英镑、日元以及人民币）的月度数据，计算货币国际化综合指数和分职能货币国际化综合指数。本章采用连续 8 年以上的月度真实交易数据，解决了既有研究中数据来源时间跨度短、频度低、包含范围有限、国家间对比可行性低等问题，并分国际货币职能构建指标体系，能够更为全面和准确地衡量货币的国际化使用程度。值得一提的是，通过使用 SWIFT 月度交易数据，可以测算 160 余种货币的国际化程度，在一定程度上突破了货币国际化指标测度的局限。

表 1-4　货币国际化综合指数的指标体系

货币职能	指标名称	报文类型	指标解释
交易媒介	银行间跨境结算	MT300	外汇买卖证实
		MT320	定期存放款证实
		MT202	单笔银行头寸调拨
	证券交易支付	MT540	证券交易支付
		MT541	
		MT543	
计价单位	贸易计价	MT700	开立跟单信用证
	金融产品计价	MT300	外汇买卖证实
		MT400	付款通知
价值贮藏	跨境存款和证券投资	MT540	证券交易支付
		MT541	
		MT543	

（二）权重设定

根据计算权重时原始数据的来源不同，大体上可以分为主观赋权法和客观赋权法两大类。其中，主观赋权法的权重是由经验主观判断而得到；客观赋权法主要是依据各指标的具体数值参数计算得到。基于主观和客观赋权法的各自优势，本章采取主观赋权法与客观赋权法相结合的方法来确定各指标权重，即首先赋予三大职能各 1/3 的权重，再分别采取等权重法、变异系数法和熵值法确定各职能项下的具体指标权重。具体方法如下。

第一，等权重法。在使用等权重法为具体指标赋予权重时，各具体指标被视为有相同的重要性，即权重相等。在本章的指标体系中，MT700、MT300 和 MT400 分别具有 1/9 的权重；MT300、MT320、MT202、MT540、MT541 和 MT543 分别具有 1/18 的权重；MT540、MT541 和 MT543 分别具有 1/9 的权重。

第二，变异系数法。作为客观赋权方法的一个分支，变异系数法在现有的指数构建研究中较为常用。变异系数法所确定的各项指标权重是通过衡量其观测值变动程度得到的。该方法的优点是可以充分反映原始指标包含的信息。具体测算方法如下。

首先，计算某货币某种报文类型交易笔数（金额）占该种报文类型当月全部交易笔数（金额）比重的变异系数：

$$v_j = \frac{\sigma_j}{\overline{x}_j} \tag{1.1}$$

其中，第 j 项报文类型对应月度观测值的标准差记为 σ_j，平均值记为 $\overline{x}_j$。

再对各项指标求对应权重 ω_j：

$$w_i = \frac{v_i}{\sum\limits_{j=1}^{n} v_j} \tag{1.2}$$

第三，熵值法。熵值是对不确定性的一种度量。信息量越大，不确定性就越小，熵值也就越小；信息量越小，不确定性越大，熵值也越大。因此，可以利用信息熵这个工具，计算出各项指标的权重，为综合指数的测算提供依据。具体测算方法如下。

首先，对原始数据进行标准化处理，$\mu_{t,j}$ 为第 j 项报文类型在 t 时间段的交易笔数（金额）占此时间段全部货币交易笔数（金额）的比重：

$$\mu'_{t,j} = \left[\mu_{t,j} - \min(\mu_{t,j})\right] / \left[\max(\mu_{t,j}) - \min(\mu_{t,j})\right] \tag{1.3}$$

之后，计算标准化后的数据的信息熵：

$$D_j = 1 - \frac{\sum_{t=1}^{T}(\mu'_{t,j} / \sum_{t=1}^{T}\mu_{t,j}) \times \ln(\mu'_{t,j} / \sum_{t=1}^{T}\mu_{t,j})}{\ln(T)} \tag{1.4}$$

再对各项指标求对应权重 ω_j：

$$w_i = D_i / \sum_{j=1}^{n} D_j \qquad\qquad (1.5)$$

（三）指数权衡

根据上述方法，本书分别计算了基于笔数份额和金额份额两个维度，采用三种方法测算的人民币国际化指数，结果如图 1－1 和图 1－2所示。从图中可以看出，采用何种权重方法基本不会改变人民币国际化的走势。为方便计算，下文将基于等权重法测算货币国际化指数并进行国际比较。

图1－1　基于笔数份额的人民币国际化指数

图1－2　基于金额份额的人民币国际化指数

从笔数与金额的对比看，一方面，从图 1-1 和图 1-2 的指数对比可以看到，基于金额的指数能够更好地反映指数区间的变化，特别是以 2015 年为分界点，人民币国际化程度在 2015 年之前一路上扬，之后出现一定程度的震荡下行。另一方面，从实际数据来看，除贸易计价外，美元在其他交易类型的单笔交易金额均显著高于全部货币的平均单笔交易金额，欧元在执行计价单位和价值贮藏的国际货币职能时，单笔交易金额也显著高于全部货币的平均水平。单笔交易金额较大会使由笔数份额计算的指数在一定程度上低估该货币的国际化程度，具有一定的不合理性。基于此，本章采用基于金额份额、等权重方法测算货币国际化指数。

三、人民币国际化指数：趋势与结构

（一）人民币国际化指数的总体趋势

从人民币国际化指数走势可以看到，在 2015 年年中之前，人民币国际化指数呈加速上升趋势。中国经济换挡增效和稳步发展也为人民币国际化奠定了坚实的物质基础。一方面，中国经济稳中有升，保持全球 GDP 最高增长。与此同时，2013 年世界经济活动开始回升，美国、日本等发达国家复苏势头明显，外需增加对新兴市场国家的经济增长产生了一定的拉动作用。尽管国际经济环境复杂，全球经济下行风险与结构脆弱性依然存在，美国量化宽松政策退出致使新兴市场国家面临货币贬值、资本外流等压力，但中国大力推动新型城镇化，调整经济结构，增强创新能力，保障经济平稳运行、动力不减。另一方面，不断扩大的人民币需求是人民币国际化进程不断推进的另一动力。2013 年，中国进出口贸易总额首次突破 4 万亿美元这一具有里程碑意义的历史性关口，超过美国成为全球最大贸易国。随着世界各国与中国贸易往来日趋紧密，使用人民币计价结算的优势凸显，人民币国际使用需求日趋扩大。自 2011 年人民币国际化全面启动以来，人民币已经超越了 22 种货币，在全球交易中排名突飞猛进。

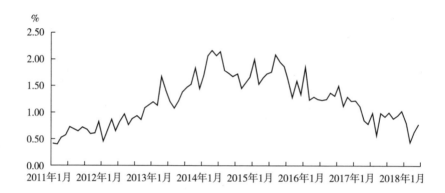

图 1-3　基于金额份额的等权重人民币国际化指数

制度环境不断改善和人民币离岸市场的快速发展也大力推动了人民币的国际化进程。一方面，全面深化改革大大增强了市场信心，加快利率市场化改革，完善人民币汇率市场化形成机制，提升对外开放标准，这一系列深化中国金融体制改革的措施，释放了巨大的制度红利，激发了人民币走向国际市场的广阔潜力。另一方面，离岸市场迅速发展，加速了人民币国际化进程。

2015 年以来，随着我国经济增速下滑和全球贸易环境趋于严峻，人民币国际化进程放缓，甚至出现一定程度的倒退。总的来看，人民币国际化承受较大压力，主要面临以下挑战：第一，全球格局处于动荡之中，货币竞争日趋激烈。2008 年国际金融危机以来，国际经济复苏乏力，经济金融格局处于再平衡过程中，政治风险陡然上升，不确定性进一步增大。第二，国际贸易增长的黄金期终结，全球化面临困局，保护主义空前高涨，对中国贸易形势、"一带一路"倡议推进及跨境人民币结算使用产生了一定的负面影响，不利于人民币突破固有货币惯性。第三，全球主要货币相对地位此起彼伏，替代竞争日趋激烈。英国公投脱欧、欧洲政治局势紧张、巴西等新兴市场表现失色，也在一定程度上倒推美元地位上升，成为人民币国际化后续发展的阻力。第四，国内经济下行风险增大，影响人民币国际化信心。中国经济能否成功平稳转型，成为支撑人民币国际化发展的关键。此外，这一阶段金融监管逐渐规范，法律法规与政策制定趋向收紧。人民币汇率贬值预期上升，中国资本外流压力增大，非储备性质的资本和金融账户呈现逆差。而且，中国资本账户开放进程有所放缓，倾向于"宽进严出"，对非理性对外投资、人民币 NRA 账户等可能存在的风险隐患进行规范，强化真实性审核，抑制投机因素，不可避免地在短期内对人民币国际使用产生了一定的冲击。当前，中国经济进入新常态，传统发展动力有所衰减，新动能短期内难以形成较大拉动作用，结构性矛盾依然存在。

（二）货币国际化分职能指数

为了进一步探究人民币国际化发展历程中的主要推动因素，本章基于人民币国际化的三大职能，构建了分职能国际化指数，如图 1-4 所示。在此基础上，分别计算了三大职能国际化指数对人民币国际化综合指数的贡献度及其时间趋势，如图 1-5 所示。可以看到，人民币作为交易媒介和计价单位的广泛运用极大程度地推动人民币国际化使用，而价值贮藏职能对于综合指数增长的贡献程度相对较低且长期处于低位运行状态。

1. 交易媒介

本章采用银行跨境结算（MT202、MT300、MT320）和证券交易

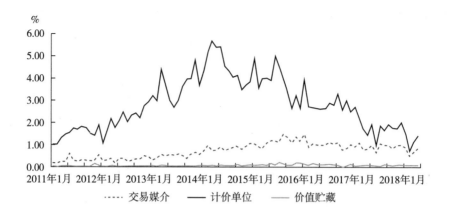

图 1-4　人民币分职能国际化指数

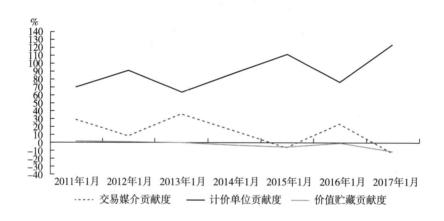

图 1-5　人民币国际化三大职能贡献度

支付（MT540、MT541、MT543）两类指标来度量货币的国际交易媒介职能。其中，银行跨境结算发挥主要作用。从贡献度来看，交易媒介职能对于人民币国际化指数的贡献约为两成，且贡献率在观测期内相对稳定。从指数趋势来看（见图 1-6），交易媒介的国际化指数自 2011 年以来，从 0.18 快速攀升至 1.5 左右，增长约 7 倍。但 2016 年以后，受国际形势变化影响，人民币作为国际交易媒介的接受程度趋弱。

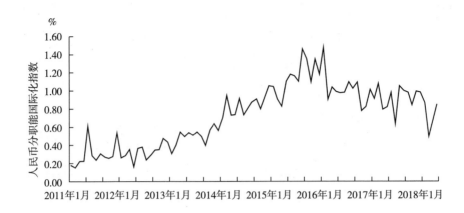

图1-6 人民币发挥交易媒介职能的份额变动趋势

作为国际交易媒介的主要方面，银行跨境结算由 MT202（银行头寸调拨）、MT300（外汇买卖证实）和 MT320（定期存放款证实）组成。从三种交易类型份额对人民币银行跨境结算份额的贡献度来看，2013 年以前，外汇买卖是拉动人民币银行跨境结算方面国际化程度的主要因素，此后银行间头寸调拨和定期存放款稳定增长，为人民币在银行跨境结算中的国际化使用注入新动力。人民币国际信贷对于促进中国贸易发展、提升中国银行业国际化程度、增强人民币国际影响力等方面都具有突出的贡献意义。随着企业"走出去"战略深化以及国内银行对外业务的逐步开放，人民币跨境信贷量呈现逐年上升趋势。具体来看，一方面，离岸市场人民币存量不断扩容，离岸市场大量人民币资金的沉积为人民币国际信贷提供了资金支持；另一方面，人民币跨境放款业务试点范围不断扩大。自 2011 年 11 月《中国人民银行关于境内银行业金融机构境外项目人民币贷款的指导意见》出台，允许具备国际结算业务能力、具有对外贷款经验的银行开展境外项目人民币贷款业务以来，跨境人民币借贷业务在越来越多的地区先行先试，突破制度限制，为人民币国际信贷增长创造了有利的制度条件。同时叠加资金需求旺盛，人民币在国际信贷方面的国际化份额快速上升。2011 年，人民币在定期存放款交易中的份额仅 0.44%，而到 2015 年年中，该项指标份额增长 375%，达到 2% 以上。2015 年，汇率市场化改革伴随汇率波动加剧，导致离岸人民币存量出现一定程度萎缩，构成对人民币对外信贷的不利因素。但是，我国跨境贷款试点范围的扩大在很大程度上对冲了上述不利因素。

作为交易媒介职能发挥的另一个重要方面，证券交易支付（具体涉及金融工具的接收和交割）则相对薄弱。主要原因在于，人民币资本账户尚存一定程度管制，各项跨境投融资政策实施过程中审批要求严格。2011 年至 2018 年，人民币合格境外机构投资者（RQFII）、"沪港通"等都有效拓宽了外资投资人民币金融资产的渠道，提升了人民币在金融交易媒介方面的国际化表现，人民币金融资产正逐步成为全球投资者构建投资组合的重要选择。2015 年之前，人民币在全球金融交易的占比稳定在较低水平，份额约为 0.05%，而 2015 年以后，人民币国际金融交易功能大幅提升。首先，人民币在国际债券市场的比重份额上升。从供给端看，由于境内外利差，中国境内发债主体，特别是中国农业银行、中国银行、国家开发银行等大型金融机构倾向于在境外发债。随着人民币国际债券发行限制放宽，人民币债券发行主体范围逐步扩大，越来越多的金融机构、非金融机构和政府都开始发行人民币国际债券。从需求端看，由于人民币有效汇率相对稳定，发行人民币债券的机构信用等级普遍较高，而且人民币利率较高，投资人民币国际债券能够获得相对稳定且可观的回报。随着中国银行间债券市场逐步开放，越来越多的境外机构被允许参与债券市场交易，进而增加了人民币国际债券的流动性和吸引力。2015 年以来，全球多个国际金融中心开展了离岸人民币业务，为人民币国际债券发行创造了良好条件。其次，自 2011 年 4 月第一只离岸人民币 IPO 在香港交易所挂牌交易，人民币计价的股票市场交易在全球股票交易中也发挥了越来越重要的作用。境外人民币计价股票市场逐步取得重大进展，2012 年6 月，首只 RQFII A 股交易所交易基金（ETF）在香港联合交易所上市，此后，另外三家基金管理公司也陆续推出了 RQFII 的 A 股 ETF。最后，人民币作为衍生品市场的计价货币也有显著的发展。2015 年以来，人民币汇率形成机制趋向市场化。在人民币利率和汇率波动性加大的情况下，为满足市场规避风险的需要，人民币衍生工具创新不断涌现，期货、利率互换等市场交易额呈上升趋势。美元对人民币期货、跨境股指期货等品种自上市以来成交规模显著增长。值得注意的是，人民币衍生品市场的发展与人民币国际化存在相辅相成的关系。人民币国际化推动人民币衍生品市场的发展，而人民币衍生品市场的发展能够帮助市场主体有效管理参与国际金融经济活动过程中遇到的各类风险，增强其使用人民币乃至持有人民币资产的信心，从而助推人民币国际化迈向更高水平。

基于上述分析，人民币的国际交易媒介职能逐渐深化，占全球份额在 0.15% 的上下波动。2016 年以来，人民币证券投资交易份额出现一定程度萎缩。债券市场方面，人民币贬值、汇率波动性增强降低了国际社会投资人民币债券的动机。受贸易萎缩等因素影响，跨境贸易人民币结算规模减小，导致离岸人民币市场流动性收缩，推高离岸人民币债券发行成本。在衍生品市场上，股指期货、国债期货成交量也大幅下降。此后，随着"债券通"等产品推出，我国债券市场对外开放步伐大大加快，人民币的证券交易媒介份额围绕 0.10% 波动并呈逐步回升趋势。

2. 计价单位

2011 年至 2017 年，计价单位国际化程度对人民币国际化程度的贡献率始终居第一位且总体呈增长趋势，如图 1 – 7 所示。从绝对值来看，计价单位职能的国际化指数在观测期内始终高于1，增长趋势也最为显著，尽管后期有所回落，但2014年以前保持着50%左右的增速。

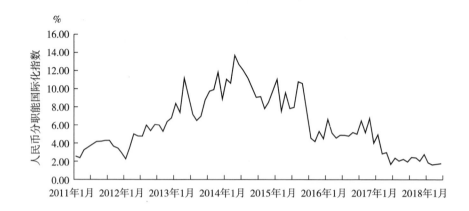

图1-7 人民币发挥国际贸易计价单位职能的份额变动趋势

从国际贸易计价来看，纵观世界主要国际货币的发展历史，货币国际化一般要经历贸易结算货币、投资标的货币和国际储备货币三个阶段。人民币国际贸易计价结算范围的扩大和份额的提升，是人民币国际化的基础，能够为人民币后续逐步发挥国际投资和储备货币职能创造良好环境。

依托中国国际贸易大国地位，在国际化初期，人民币在贸易计价支付中所占份额远超其他交易类型，2011年人民币在贸易计价支付中的年度平均份额为3.56%。自2011年跨境贸易人民币结算地域范围扩大至全国以来，中国不断简化跨境贸易人民币结算程序，降低人民币计价结算成本，为跨境贸易人民币结算创造了十分有利的制度环境。2015年10月，人民币跨境支付系统（CIPS）上线，便利跨境人民币业务处理，支持跨境货物贸易和服务贸易结算等业务。金融机构也进行了大量的渠道、产品创新，疏通跨境人民币融资渠道，进一步降低人民币贸易融资成本，为跨境贸易人民币结算提供了必要的金融支持。随着允许开展贸易人民币结算业务的主体范围扩大，并通过与多个国家建立更紧密的经贸关系，多边与区域贸易合作加强，越来越多的企业选择人民币进行进出口贸易结算。

除2011年年中受国际社会唱空中国、欧债危机蔓延等影响，人民币作为国际贸易计价货币的增长势头有所逆转外，2011年以来的跨境贸易人民币结算业务整体上持续升温，并于2014年达到峰值，约为14%。此后，人民币作为国际贸易计价结算货币的占比冲高回落。受全球贸易萎缩、保护主义抬头影响，中国的进出口出现一定程度下滑，限制跨境人民币结算增长。此外，2015年人民币汇率形成机制改革以来，受人民币汇率贬值以及波动程度加大等因素影响，以人民币作为结算货币的企业转而选用美元等国际货币进行结算，贸易项下人民币国际化增长趋势放缓。2017年，人民币贸易计价角色仍处于趋弱状态，但相较于2015—2016年的大幅下降，跨境贸易人民币结算降速显著放缓。

从国际金融计价来看，人民币作为国际金融交易计价货币也有显著进展。2014年之前，该项指标份额年均增长率达到170%，尽管此后几年增速回落，但人民币在发挥金融计价货币职能方面相对稳定，交易份额处于1.5%~2%。图1-8报告了由MT300（外汇买卖）和MT400（付款通知）构成的人民币作为国际金融交易计价货币的交易份额。可以看出，无论是从绝对份额还是从贡献度来看，外汇买卖交易都是拉动人民币发挥国际金融计价货币的主要因素。自2015年8月11日起，做市商在每日银行间外汇市场开盘前向中国外汇交易中心提供的报价应参考上一日银行间外汇市场的收盘汇率，并结合上一日国际主要货币汇率变化以及外汇供求情况进行微调，基本实现了汇率市场化改革目标，人民币汇率的灵活性和波动性增加。为了规避汇率风险，远期、期权等产品交易量迅猛增长。同年9月30日，中国人民银行发布公告，开放境外央行和其他官方储备管理机构、国际金融组织、主权财富基金依法合规参与中国银行间外汇市场，加之中国外汇交易中心陆续增加了货币交易品种，银行间外汇市场连续推出人民币对多种货币的直接交易，形成了人民币直接交易网络，扩大了人民币外汇交易范围，极大地提高了人民币外汇市场成交量，成为人民币作为国际金融交易中计价货币的强劲动力。2011年至2018年，人民币外汇交易份额尽管稳中有升，但也出现一定回落。例如，2012年受进出口贸易增速大幅下滑的影响，外汇即期市场人民币交易量萎缩。

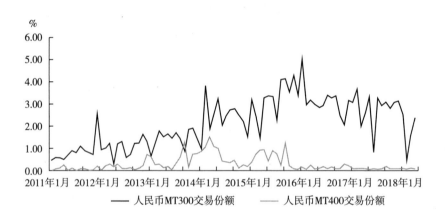

图1-8　人民币发挥国际金融交易计价单位职能的份额变动趋势

3. 价值贮藏

储备货币地位是检验一国货币国际化水平最为重要的标志，依托于中国的经济实力、贸易规模和汇率稳定性。本章根据Batten and Szilagyi（2016）的分类方法，用反映证券交易的MT540、MT541和MT543度量一国货币发挥国际价值贮藏职能的程度。该指标实际反映私人部门的价值贮藏职能，具体体现在跨境存款和证券投资方面。人民币价值贮藏职能发挥程度的走势如图1-9所示，无论是绝对数值

还是增长趋势，人民币价值贮藏职能都大幅弱于交易媒介和计价单位
职能。

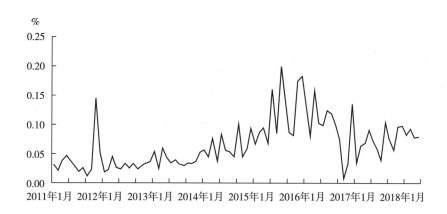

图 1-9　人民币发挥价值贮藏职能的份额变动趋势

不同货币职能之间是相互影响的。人民币国际化早期，在交易媒介和计价单位职能的带动下，人民币价值贮藏职能也有所增长。但是由于价值贮藏是更高层次的职能，其进一步发挥仍然相对滞后。2015年11月30日，人民币正式加入 SDR 篮子，成为除美元、欧元、英镑和日元之外的第五种货币，且其所占比重仅次于美元和欧元，极大地提振了市场信心。越来越多的国家开始将人民币纳入官方储备资产的范围，人民币资产在全球央行和金融机构资产配置中的份额大幅增加，人民币价值贮藏职能急剧提升。但是这种趋势并未持续很长时间，随着 2016 年人民币汇率贬值和汇率波动增大，全球对于人民币资产的投资意愿有所减弱，人民币资产交易量下降，人民币价值贮藏职能也大幅回落。总的来看，人民币发挥价值贮藏职能面临经济增长、交易需求、转换成本、收益率、货币储备规模等一系列门槛，该职能的发挥是一个基于市场需求的长期过程。

四、主要货币的国际化指数对比

（一）主要货币的综合国际化指数比较

国际货币多元化是一个动态发展过程，国际贸易格局、国际金融市场变化都会导致国际货币格局发生相应的调整，表现为部分货币国际使用程度上升，而另一部分货币的国际使用程度下降。为了客观评估国际货币格局的发展变化，动态反映人民币与主要货币国际化水平的对比，本章还基于 SWIFT 交易份额测算了美元、欧元、英镑和日元的国际化指数。

根据测算结果，五种货币综合国际化程度的对比情况在观测期间并未有明显变化，即美元国际化程度最高，其次是欧元、英镑和日元。尽管人民币国际化取得了显著进展，但是除 2015 年 6 月曾超越日元外，其国际化程度落后于其他四种传统的国际货币。

尽管国际社会已经认识到过度依赖美元的弊端，但是在本章的观测期间，美元的国际地位始终保持稳定甚至有所提升；受欧洲一体化进程受阻等因素影响，欧元国际地位有所下降；脱欧的不确定性影响市场对英镑的信心，英镑的国际化指数持续震荡，在一定程度上呈现下降态势；在市场动荡背景下，日元的避险属性得以强化，国际地位有所提升。

1. 美元国际地位短期内难以撼动

美元国际地位基本稳定，外部不利的国际环境变化反而有利于美元强化其国际货币地位。2012 年，受欧债危机影响，欧元不确定性加剧，大量避险资本流入美国，使美元避险功能进一步凸显，部分替代了欧元的国际货币份额。进入 2013 年，美国经济逐步复苏，就业

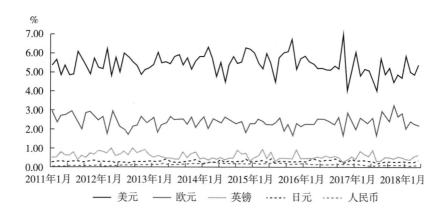

%

| 7.00 |
| 6.00 |
| 5.00 |
| 4.00 |
| 3.00 |
| 2.00 |
| 1.00 |
| 0.00 |

2011年1月 2012年1月 2013年1月 2014年1月 2015年1月 2016年1月 2017年1月 2018年1月

—— 美元　—— 欧元　—— 英镑　······ 日元　- - 人民币

图1-10　五种货币国际化指数

形势好转，居民消费回暖，私人投资、出口等增长较快。2014年，美国经济总体呈现强劲增势，在全球经济疲软的大环境中率先复苏。美国GDP增长2.4%，创下2010年以来最高的经济增速，远远领先于欧元区、日本等其他发达经济体。在经济强劲复苏支撑下，加息预期不断升温，美元大幅走强，导致全球资金加速回流美国市场，美元的国际货币地位进一步夯实。2015年，美国经济温和扩张，就业市场持续复苏，失业率创七年半以来历史低位，通胀率上升前景也较为乐观。2015年12月16日，美联储上调基准利率，正式开启加息进程，量化宽松货币政策落下帷幕，导致美元大幅走强。美国主导的《跨太平洋战略经济伙伴协定》（TPP）于2015年10月最终达成，美国、日本、澳大利亚等12个国家参与其中，为美国贸易和经济后续增长提供了极大的信心。2016年，美国经济"先抑后扬"，基本面向好，同时全球经济动荡，欧洲面临一系列不确定性，在一定程度上促使资金回流美国。2017年，美联储全年加息三次，美元流动性收紧。2018年，新税法释放了居民消费力，吸引了大量投资，刺激了美国外贸和投资增长。可以看到，指数观测期内，美元国际化水平波动上升，这主要得益于美国经济率先从国际金融危机中复苏，长期积累的货币优势在短期内难以撼动。

2. 欧元国际化走势趋弱

2011 年至 2012 年 6 月，欧元国际地位与影响力呈下降趋势。欧元的不确定性以及欧元区贸易规模减小，使国际贸易中欧元结算份额略有下降，并伴有大幅波动。在此阶段，欧元区仍处于主权债务危机的阴霾之下，尽管欧盟峰会的救助措施对于缓解、改善欧元区经济金融状况具有一定作用，但其脆弱性没有获得实质性逆转，经济增长依然乏力，金融部门风险显著。2014 年，欧元区经济持续低迷，德国、法国等核心国家的经济增长乏力，投资整体疲软，失业率高企。尽管欧洲央行实施了量化宽松的货币政策，各国也将先前相对紧缩的财政政策转向中性，力图扭转欧元区经济下行态势，但是欧元区经济复苏前景仍不乐观。欧元汇率跌至 2008 年国际金融危机爆发以来的历史低位，引发国际资本大规模外逃。2015 年，欧洲经济出现复苏迹象，通胀率有所回温。然而，欧元区经济复苏基础较为脆弱，各成员国状况参差不齐，尤其是难民危机给欧洲经济社会带来较大困扰。大量难民涌入加重了各国政府的财政负担，也给欧洲安全局势和社会秩序带来隐患。2016 年，欧元区经济总体趋稳，但英国脱欧以及主要国家大选引发政治经济风险，进出口出现萎缩，欧元总体走弱。2017 年以来，欧元区逐步摆脱颓势，经济超预期复苏，各项指标表现亮眼，欧元区贸易形势显著改善。整体上讲，2011—2018 年，受到债务危机、难民危机、英国脱欧等问题困扰，欧元走势趋弱。

3. 英镑国际使用震荡下行

由于与欧洲经济联系紧密，在欧债危机与外围经济低迷的条件下，英国经济不可能走出与欧洲大陆完全不同的情景，这也决定了英镑在国际贸易、国际债券和票据市场的表现不甚理想，所占份额显著下降。至 2012 年第三季度受奥运经济刺激，英国经济有所好转，英镑走强。2013 年年中，英国经济背后的隐忧逐渐浮现，出口疲软，企业投资不足，制造业产出与订单数量仍未回到危机前水平。直接投资规模下降，国际社会对英国经济与英镑的信心不足，在国际债券市场上，英镑表现也不及预期。2015 年，英国在主要发达经济体中表现相对较好，优于预期，英镑的国际地位有所增强。但也可以看到，英国经济趋缓、脱欧预期、推迟加息等因素，加剧了市场看空情绪与投资者忧虑，资本流动受到冲击。全年英国贸易逆差创六年新高，对宏观经济增长产生了不利影响。2016 年，英国脱欧，经济与政治不确定性增大，但短期影响不明显，复苏步伐在发达经济体中位于前列。2017 年，英镑国际使用水平下降，通胀水平持续上升，央行首次加息，开启紧缩步伐。2018 年，英国经济增长放缓，脱欧进程一波三折，发展前景并不明朗。2011—2018 年，受到汇率震荡、脱欧不确定性等影响，英镑国际水平持续波动，逐渐被日元赶超。

4. 日元国际地位稳中有升

2013 年以来，日本实施经济刺激政策，日元大幅贬值，对日本股市上扬、出口扩大、企业信心恢复具有一定的积极作用，然而国内经济冲高回落、国际政治与外交摩擦不断增加，致使日元国际信心大幅下降，避险功能被弱化。2014 年日本 GDP 零增长，经济仍未摆脱低迷态势。日元贬值带来进口价格不断攀升，而出口收入增长存在时滞，日本的国际收支继续恶化。日本已连续四年出现巨额贸易赤字，这对外向型经济造成了严重的负面影响。尽管日本实施了更加宽松的货币政策与积极的财政政策，以基础设施建设支持经济回升，但受到经济"空心化"以及经济结构调整缓慢的影响，经济增长的驱动力仍然不足。这一政策反而造成国内流动性显著过剩，引发日元大幅贬值和国际资本做空日元。2015 年，日本央行维持宽松的货币政策，名义收益率被锚定的同时日本通胀预期增强，但在汇率市场剧烈波动的环境下日元避险特征凸显，日元表现总体较好。2016 年，日本央行在亚洲率先实施负利率，然而在全球避险情绪和日元套利交易的驱动下，日元大幅走强。2017 年，日元作为主要避险货币，国际地位稳中有升，贸易强劲增长、汇率稳步走强、避险情绪增强、融资成本较低，是日元国际地位上升的主要原因。2018 年，日本经济增长低迷，全球贸易摩擦升温和消费税上调计划使日本外需和内需疲弱，投资意愿不足。2011—2018 年，日本国际地位持续稳固提升，这与日元传统的避险货币属性相关。

（二）主要货币的分货币职能国际化指数比较

1. 交易媒介

在交易媒介职能方面，尽管在个别月份欧元国际化指数表现优于美元，且随着时间推移，欧元与美元的差距有所收窄，但美元仍基本保持领先地位。英镑的交易媒介国际化指数稳定在 7 左右，持续高于日元的 3 左右。人民币的交易媒介职能排名最靠后。

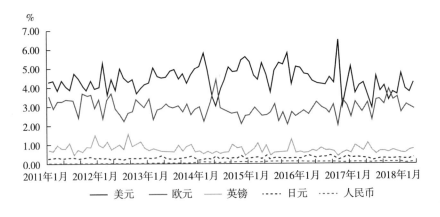

图 1-11　五种货币交易媒介职能国际化指数

2. 计价单位

美元和欧元是国际计价结算使用的主要货币。贸易计价结算方面，美元和欧元具有绝对优势。在观测期内，美元的国际贸易计价份额稳定在80%左右，石油、黄金、粮食等大宗商品都以美元计价结算，美元是最重要的国际贸易结算货币。由于欧盟区域内各国的贸易通常使用欧元结算，而欧盟区域内贸易比较发达，欧元因此成为仅次于美元的主流国际贸易计价结算货币，观测期内欧元平均份额约为10%。日本作为主要债权国，通过信贷渠道向其贸易伙伴提供了大量日元，有利于日元贸易结算，日元在观测期内保持第三大国际贸易计价货币的地位。尽管跨境贸易人民币结算自起步以来已有显著发展，人民币在观测期内作为计价货币的职能有明显的进展，在相当一段时间内超过英镑和日元，成为第三大计价支付货币。但人民币在贸易计价方面的国际化程度还是与美元、欧元相比有不小的差距。在金融计价结算方面，除美元之外，人民币与其他三种货币情况类似，外汇交易份额成为金融计价国际化程度的主要推动因素。

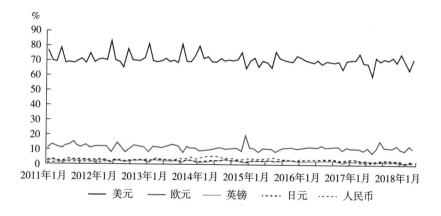

图1-12　五种货币计价单位职能国际化指数

3. 价值贮藏

作为贮藏货币，美元在观测前期具有明显优势，但从 2016 年末开始，相对于欧元，其作为国际贮藏货币的优势趋弱。这与主流指数采用官方外汇储备份额作为衡量货币发挥价值贮藏职能的结果不同。主要原因在于，欧元在私人部门的价值贮藏方面占据绝对优势，而主权债务危机和欧元区经济的脆弱性导致其官方储备职能并不强。由于与欧洲大陆紧密的经济联系，英镑作为国际储备货币的职能也呈下降趋势。日元在充当储备货币职能方面稳居第四位，而人民币作为价值贮藏的国际化程度持续偏弱。

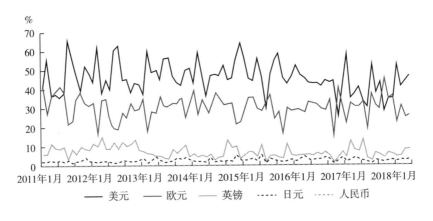

图 1-13　五种货币价值贮藏职能国际化指数

五、与主流货币国际化指数的比较

（一）与 RII 的比较

本章将人民币国际化综合指数进行季度平均，并与 RII 季度数据进行对比。结果显示，从绝对值来看，RII 在观测期内相对于 2011 年第一季度的指标最高增长了 1340%。基于 SWIFT 构建的国际化指数在期初与 RII 基本一致，但其最高值仅较期初增长了 370% 左右。可以看到，与 RII 相比，本章基于 SWIFT 数据测算的人民币国际化程度偏低，但整体趋势上两者保持一致。随着人民币国际化的推进，基于 SWIFT 交易份额构建的人民币国际化综合指数与 RII 都呈现波浪形上升趋势，先后经历了 2012 年之前的起步阶段，2013 年至 2015 年下半年的高速增长阶段，以及 2015 年末至 2017 年上半年的阶段性受阻阶段等。在起步阶段，随着跨境贸易人民币结算试点并随后扩大到全国，人民币跨境投资与金融交易陆续试点，人民币国际使用框架日渐清晰，两种指数都呈稳定上升趋势。此后，跨境人民币使用便利化程度不断提高，资本项目可兑换取得进展，无论是 RII 还是本章构建的综合指数都一路攀升，人民币国际化持续快速发展。2015 年后期，由于国内外政治经济形势变化，特别是人民币汇率市场化改革叠加美联储加息、全球金融市场震荡，导致人民币汇率下行压力加大，人民币国际使用出现萎缩，两种指数均呈现明显的下降趋势。

事实上，本章基于 SWIFT 交易份额测算的人民币国际化综合指数与 RII 的指标体系并不相同。从数据来看，除国际债券和票据发行额的份额等少数指标外，RII 使用的基本上是存量数据，而本章使用的都是所测算年度交易中的货币份额，为流量数据。从具体指标来看，RII 和本章指数都采用贸易计价份额度量贸易方面货币的计价职能表现。而在金融计价支付功能方面，二者则有显著区别。前者包括了全球对外信贷、国际债券和票据发行以及直接投资中人民币所占比重，而后者是基于真实交易数据，采用货币在外汇买卖、定期存放款、证券交易支付等方面交易的份额度量人民币作为金融交易和金融计价货币的程度。尽管从交易中无法具体判断该项交易属于何种经济交易，但大体来讲，基于 SWIFT 交易份额所测算的国际化指数并未包含直接投资。RII 关注的是官方外汇储备中人民币储备比重，而本章则使用证券交易支付涉及的交易份额度量私人部门的储备份额。

图 1-14　人民币国际化指标对比（1）

（二）与 CRI 指数比较

本章指数与中国银行于 2013 年 9 月发布的跨境人民币指数（CRI），在 2015—2018 年均呈现出先升后降的趋势。但在波动下降的区间内，两种编制方法有时也呈现出不一致的变动方向，这归结于两者不同的指标体系。具体而言，CRI 跟踪跨境流出、境外流转和跨境回流这一资金跨境循环过程中人民币的使用水平，反映人民币在跨境及境外交易中使用的活跃程度，跟踪经常账户、资本账户和境外流转使用等多个类别的资金流动。而 SWIFT 则涵盖更广的货币职能，如贸易计价、金融产品计价、证券投资、证券交易支付等。由于考察侧重点与测量广度的不同，两者走势有所不同，但整体上保持较为一致的变化趋势。

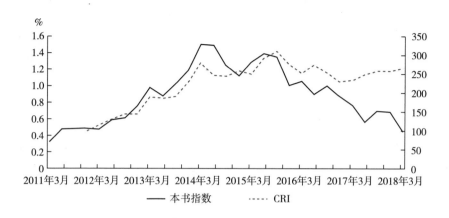

图 1-15　人民币国际化指标对比（2）

（三）与 RGI 指数比较

本章指数与渣打银行 RGI 对于人民币国际化的测度总体趋势相近，均呈现先升后降的走势，如图 1-16 所示。本章指数在 2014 年 5 月达到最高点，在 2015 年 8 月迎来第二次峰值，而 RGI 数据则在 2015 年 9 月达到最高点，随后两者均呈现出逐渐下降的走势。其中，2015 年 8 月 11 日，人民币汇率中间价报价机制改革成为重要的转折点。值得一提的是，2014 年 3 月至 2015 年 7 月，本章指数与 RGI 指数呈现出反向变动的趋势。可能的原因在于，RGI 指数覆盖中国香港、伦敦和新加坡三个主要的人民币离岸市场，测算包括存款（财富储存）、点心债券和存款证（融资工具）、贸易结算和其他国际付款（国际商贸）以及外汇（交易渠道）在内的四项业务，而本章所使用的数据为人民币某报文类型的交易金额占全球的比重，包括开立跟单信用证、外汇买卖证实、付款通知、定期存放款证实、单笔银行头寸调拨、证券交易支付等，两者覆盖范围有所重合但也存在一定差异，在较短期间内呈现出不同的变动趋势是在合理的误差范围内的。

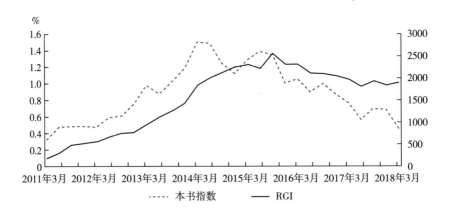

图 1-16　人民币国际化指标对比（3）

六、本章小结

本章使用2011年1月至2018年4月SWIFT的货币全球跨境支付信息，通过真实交易数据构建了货币国际化指标，以重新认识人民币国际化的现状。本章对于五种主要国际货币（美元、欧元、英镑、日元以及人民币），分别构建反映三大货币职能的指标，并以此为基础构建货币国际化指数。人民币国际化指数显示，在2015年年中之前，人民币国际化指数呈加速上升趋势。中国经济换挡增效和稳步发展为人民币国际化奠定了坚实的基础。2015年至2018年，随着我国经济增速下滑和全球贸易环境趋于严峻，人民币国际化进程放缓，甚至出现一定程度的倒退。区分货币职能的指标测算结果显示，人民币作为交易媒介和计价单位的广泛运用极大程度地推动了人民币国际化使用，而价值贮藏职能对于综合指数增长的贡献程度相对较低，且长期处于低位运行状态。进一步地，本章将人民币国际化指标与其他四种主要国际货币化指标进行对比。根据测算结果，五种货币综合国际化程度的对比情况在观测期间并未有明显变化，即美元国际化程度最高，其次是欧元、英镑和日元。尽管人民币国际化取得了显著进展，但是除 2015 年 6 月曾超越日元外，其国际化程度始终落后于其他四种传统的国际货币。最后，将本章测算的人民币国际化指标与现有的指标进行对比。由于考察侧重点与测量广度的不同，不同指标的走势存在差异，但是总体变化趋势较为接近。上述结论表明，本章构建的指标可以较好地反映人民币国际化的真实情况，对于准确判断人民币国际化进展、预测人民币国际化走势具有重要意义。

第二章　全球失衡、
外汇储备与人民币国际化

在开放经济条件下，国际储备货币及其创造机制、汇率制度与国际收支调节机制、危机救助机制，以及各国收支调节成本与收益等是构建国际货币体系的核心要素。其中，储备货币及其创造机制在一定程度上决定了国际货币体系运行的基本模式。自布雷顿森林体系确立以来，以"中心逆差、外围顺差"为特征的"中心—外围"国际货币体系结构成为全球失衡的典型范式。作为"外围国家"的中国，出于危机预防、汇率干预、防止国际资本流动逆转、保持信心等目的，大量持有以美元为主的外汇储备，外汇储备规模急剧上升，由此导致外部失衡加剧与国内宏观金融调控政策被动性增强。本章基于现行国际货币体系下的全球失衡与外汇储备超额积累的内在逻辑，从估值效应视角分析了全球失衡对于国内货币政策的影响及其传导机制，并在此基础上对于宏观失衡常态化条件下的外汇储备管理、货币政策调整以及人民币国际化策略提出了明确的政策建议。本章为在新发展阶段厘清人民币国际化动因以及有序推进高水平对外开放和人民币国际化提供了新的理论和经验证据。

一、现行国际货币体系下的全球失衡与外汇储备

在开放经济条件下，部分国家持续出现经常账户逆差，而另一部

分国家持续出现经常账户顺差的全球失衡现象已是常态。伴生于全球化的全球失衡本质上是一种货币现象，若无货币介入，在"纯"经济实体中，不会产生任何失衡。国际货币体系因素的介入，不仅使失衡成为可能，而且使这一问题变得高度复杂（李扬和张晓晶，2013）。自布雷顿森林体系确立以来，以"中心逆差、外围顺差"为特征的"中心—外围"结构成为全球失衡的典型范式（Dooley et al.，2003、2009）。由于美元本位制具有不对称性（Mckinnon and Schnabl，2004），处于中心位置的美国可持续使用美元进行清偿和支付，以弥补经常项目逆差，而处于外围的贸易顺差国出于支付交易、价值储藏和危机预防等动机主要以美国国债形式持有美元资产，由此导致国际投资头寸规模和结构失衡，形成具有可持续的"恐怖平衡"（陈雨露，2010）。在主权货币作为国际储备货币的国际货币体系下，非储备货币国对国际货币储备的需求，只能通过储备货币国经常账户赤字而非资本净流出的方式得到满足，由此导致全球失衡（王道平和范小云，2011）。

从储备货币的角度来划分国际货币体系演进的基本脉络，大致可以分为三个主要时期。一是19世纪中期之前，以白银和黄金等贵金属分别或者共同充当储备货币的时期。二是19世纪中期至20世纪六七十年代，以黄金和英镑（或美元）共担国际储备货币职能的时期，期间美元逐步替代英镑成为被普遍接受的主要国际储备货币。三是20世纪六七十年代以来，以美元为主，欧元、英镑和日元等为辅共同构成完全由主权货币充当国际储备货币的时期。在前两个时期，由于国际贸易往来较少，国际资本流动程度不高，而且黄金充当国际储备货币具有内在稳定性等，国际储备问题并未引起理论界的充分重视。从第二个时期后期开始，有关国际储备的研究才如雨后春笋般涌现。在这个时期，有两个重要阶段值得关注。

　　第一个阶段，20 世纪六七十年代，也就是布雷顿森林体系向牙买加体系的过渡时期。1944 年建立的布雷顿森林体系，确立了以美元为中心的"双挂钩"国际货币体系。尽管美元与黄金共担国际储备货币的重责，弥补了战后国际清算能力的不足，在一定程度上解决了国际储备短缺问题；但是由于全球经济贸易发展导致各国对于美元储备需求不断增长，储备需求在正常情况下会随贸易增长呈线性增长趋势，与此同时，以贸易赤字方式提供美元储备的美国，又无法保障美元币值稳定，内生于布雷顿森林体系的"特里芬难题"不断凸显。从 20 世纪 60 年代开始，在美元危机的不断侵扰下，1971 年 8 月美元与黄金脱钩，而后各国相继放弃固定汇率制转而实行浮动汇率制，最终导致"无体系的体系"的牙买加体系替代布雷顿森林体系。第二个阶段，20 世纪末至今，特别是在 1997 年亚洲金融危机之后的这一时期。在以美元本位制和浮动汇率制为核心的牙买加体系下，美国、欧元区、英国以及日本等"中心国家"由于其货币本身就是普遍被国际社会接受的国际储备货币，并不需要积累太多的外汇储备；而以东亚国家为代表的新兴市场国家属于该体系的"外围国家"，出于危机预防、汇率干预、防止国际资本流动逆转、保持信心等目的，大量持有以美元为主的外汇储备，外汇储备规模急剧上升。同时，金融自由化的不断深入改变了原有的外汇管理模式，经常账户的国际收支需求不再是决定一国外汇储备规模的主要因素。也就是说，外汇储备的主要功能已由原来的减缓经常账户冲击，转变为降低资本账户冲击（货币危机）对本国经济的影响。

　　可以看到，在现行国际货币体系的中心国家与外围国家结构当中，作为外围国家的中国最具代表性，为我们提供了一个观察国际货币体系演进、全球外汇储备变动趋势以及全球失衡的重要视角。在过去的二十多年中，无论是绝对规模还是增长速度，中国外汇储备均保持着无可比拟的优势。2008 年国际金融危机以来，尽管中国外汇储备增速略有减缓，但并未根本上改变长期快速增长的态势。适度外汇储备规模对一国经济发展有利，而过多或者过少的外汇储备都会使持有储备的边际成本大于边际收益，形成效率损失，抑制经济增长，损害国民福利。但是，何为适度？如何测度？自从 20 世纪 60 年代初美国经济学家特里芬（Robert Tiffin）在《黄金和美元危机》一书中首次提出外汇储备适度规模理论至今，有关外汇储备适度规模的界定与测度莫衷一是，并未形成统一标准。即便如此，目前有关外汇储备适度规模的研究至少已经达成以下共识。一是外汇储备适度规模应该是一国在一定时期内，保证外汇储备供给与需求水平相适应的均衡数量。二是外汇储备适度规模始终处于动态调整的过程当中，是一个动态而非静态的概念，是区间而非定值。三是外汇储备适度规模的界定与测度应当充分考虑该国历史背景、制度环境、外部冲击等因素。四是目前得到普遍认可的外汇储备适度规模测度方法主要包括比率分析法、成本收益法、因素分析法、定性分析法、加权风险负债法等；只是随着国际货币体系演进与全球金融体系变革，不同方法的适应性与有效性也在发生转变。

　　改革开放以来，我国外汇储备经历了一个从无到有，到长期持续加速增长，再到国际金融危机之后增速减缓，再到 2014 年 6 月达到 3.99 万亿美元的历史峰值之后总量不断减少的过程。目前，我国外汇储备已经稳定在 3 万亿美元左右，居全球第一位。宋科和杨雅鑫（2017）基于比率分析法、需求定值分析法、回归分析法、基于预防外部突然冲击的外汇储备需求模型以及风险加权负债法五种经典方法（9 种具体测算方法），对我国外汇储备适度规模进行测度，结果发现：21 世纪以来，我国外汇储备迅速增长，并超越理论上的适度规模区间，长期处于"超额"状态。但是，本次国际金融危机以来我国外汇储备规模增速减缓，特别是 2014 年以来出现负增长，我国外汇储备实际值超越适度规模区间的程度大幅减小。即便如此，绝大多数指标依然超越适度规模区间，只有极少数指标落入适度区间内，但还是远高于区间下限。整体上讲，排除不同方法的局限性和适用性，五种方法测算的结果均表明当前我国外汇储备规模依然处于"超额"状态，并未出现不足的问题，但是近年来潜在的外汇储备大规模下降并由此引致的可能风险值得警惕。

事实上，中国外汇储备是宏观经济运行的客观结果，反映了涵盖对外贸易、资本流动等在内的国际收支状况，与长期以来中国实施的经济金融体制、汇率制度和贸易政策等因素高度相关。在一定程度上讲，中国外汇储备增长和积累的过程客观上反映了中国经济金融发展的长期走向，但是超额外汇储备的积累导致的宏观失衡加剧以及国内宏观金融调控政策被动性增强值得关注。

二、全球失衡条件下的货币政策传导机制：基于估值效应视角

在现行国际货币体系下，全球失衡在各国对外资产负债表中表现为对外净资产规模的扩张，以及币种结构和投资结构的错配。在过去的半个多世纪中，美国作为逆差国始终处于中心位置，而处于外围的顺差国或地区已经由欧洲、日本转变为以中国为代表的新兴市场国家。美国对外净负债规模从 1989 年的 337.13 亿美元增长到 2018 年的 96744.43 亿美元，占 GDP 的 47%。其对外负债多为以美元计价的低收益安全资产，而对外资产多为以外币计价的外国直接投资（FDI）和其他权益类资产（Gourinchas et al.，2010）。中国作为主要顺差国，自 2001 年加入世界贸易组织（WTO）以来，对外贸易迅速扩张，积

累了大量海外资产，成为全球第三大对外净资产国。其中，对外资产以外币计价的债权类资产为主，尤其是美元计价的债权类资产，而对外负债则以权益类负债为主。随着对外资产负债规模的扩张和国际投资头寸结构失衡程度加剧，一国对外金融资产和负债存量因汇率和资产价格波动而产生明显估值变化，形成估值效应，并且能够在净国际投资头寸变动中发挥着与经常账户余额同等重要的作用（Lane and Milesi - Ferretti，2005；Gourinchas and Rey，2005）。Gourinchas and Rey（2007）通过构建外部失衡跨期调整模型发现，外部失衡不仅可以通过传统贸易渠道调整，还可以通过估值效应渠道（也称"金融调整渠道"）进行调整。肖立晟和陈思翀（2013）进一步发现金融调整渠道能显著地解释中国12%的外部失衡动态变化。更为重要的是，存量估值效应（或称经济暗物质）会对现行国际货币体系中的中心国家与外围国家产生非对称性的财富效应。作为美国平衡国际收支的重要手段，估值效应为美国带来巨大的国际经济利益，并对经济发展水平较高、经济开放程度也较高的新兴市场国家"剪羊毛"（丁志杰，2014）。丁志杰和谢峰（2014）测算了美国、其他发达国家以及"金砖五国"的估值效应，结果发现除美国外，大部分国家的估值效应都为负值，造成财富损失，而且以估值效应形式转移至美国的财富大多来自发展中国家。

此外，全球失衡还可通过估值效应渠道影响国内货币政策传导机制。在全球失衡条件下，一国遭受货币政策冲击后，汇率波动和资产价格波动会导致本国对外净资产存量的本币价值发生变化，产生估值效应，进而对持有对外资产负债的实体部门的消费、投资和生产决策造成影响。早期 Bernanke and Mark（1995）提出的货币政策资产负债表传导渠道认为，企业净资产规模会影响抵押资产的价格和企业信誉，进而影响其融资能力。Mishkin（2001）在分析货币政策的汇率传导渠道时，认为货币政策导致的汇率波动会造成涉外金融机构和非金融企业的净资产存量的本币价值发生变化，即产生估值效应，进而影响总需求。Meier（2013）和 Simone（2019）认为，随着全球失衡加剧，各国对外资产负债规模增加，货币政策冲击导致汇率波动引致的估值效应规模也会逐渐增加，对家庭财富和企业资产负债表产生较大影响，并最终影响消费和投资支出。Meier（2013）将家庭部门持有的对外净资产包含在预算约束内，构建了一个两国开放经济模型。数值模拟结果显示，受到货币政策冲击后，汇率波动产生的估值效应导致货币政策的传导效果增加了 1%。而且随着对外资产负债规模逐渐增大，货币政策冲击对消费、投资、进口和产出的影响越来越明显。Georgiadis and Mehl（2016）采用 61 个国家对外净资产的币种结构数据来验证估值效应对货币政策传导效果的影响。结果表明，币种结构对 GDP 脉冲响应值有显著的负向影响，受到货币政策冲击后产生的估值效应会增强货币政策的传导效果。Simone（2019）将估值效应包含在对外投资总收入中，使用贝叶斯 VAR 模型验证了美国和加拿大的货币政策对外资产负债表传导渠道。

不难看出，已有文献开始聚焦全球失衡通过估值效应对国内货币政策传导机制的影响，但仍存在一定不足：（1）相关研究主要分析了由汇率波动引起的估值效应，忽视了资产价格波动引起的估值效应；（2）研究对象多为发达国家和对外净资产国，很少涉及对外净债务国；（3）目前中国国际投资头寸存在着投资结构和币种结构不对称现象，对外资产负债规模也在不断扩张，但中国货币政策的传导机制是否会受到影响还未有可信的系统分析。

相较于已有研究，本书可能的边际贡献在于：（1）分别测算了所有样本国家以本币计量和以美元计量的对外资产负债存量所产生的估值效应，并通过模型解释了两种估值效应存在差别的原因，同时还测算了以对外净资产币种结构为权重的金融汇率波动率；（2）通过理论机制分析厘清了外部失衡条件下货币政策的估值效应传导渠道，并使用面板 VAR 模型进行了检验，进一步丰富了相关文献；（3）系统对比分析了发达国家、外币净资产为正或负的新兴市场国家的货币政策估值效应传导渠道的异质性，并使用贝叶斯 VAR 单独分析了中国外部失衡通过估值效应对货币政策传导效果的影响，为中国推进新一轮高水平对外开放和人民币国际化提供了新的理论和经验证据。

（一）理论分析与估值效应测算

1. 货币政策的估值效应传导渠道

根据 Meier（2013）的研究，在一个开放两国经济模型中，当本国遭到货币政策冲击后，本币币值和资产价格都会发生变动，进而改变对外资产负债持有部门（主要包括家庭部门、非金融企业和商业银行）的资产负债表，形成估值效应，在此基础上进一步影响这些部门的投资、生产和消费决策，最终对本国经济增长形成一定冲击。

（1）家庭部门。持有对外资产和负债的家庭部门要在特定预算约束条件下，通过调整消费和投资决策来最大化其效用函数 $\sum_{t=0}^{\infty} \eta^t u(C_t, 1 - L_t)$。家庭部门在 $t+1$ 期末面临的以本币计量的预算约束如式（2.1）所示：

$$P_{t+1}C_{t+1} + (P_{Q,t+1}Q_{H,t+1}^h + B_{H,t+1}^h) + E_{F,t+1}^H(P_{Q,t+1}^* Q_{F,t+1}^h + B_{F,t+1}^h)$$
$$= W_{t+1}L_{t+1} + \left[(P_{Q,t+1} + V_{t+1})Q_{Ht}^h + (1 + r_{t+1})B_{Ht}^h\right]$$
$$+ E_{F,t+1}^H\left[(P_{Q,t+1}^* + V_{t+1}^*)Q_{Ft}^h + (1 + r_{t+1}^*)B_{Ft}^h\right] \tag{2.1}$$

其中，C_t 代表本国家庭部门在 t 期的消费，L_t 代表本国家庭部门提供的劳动力，W_{t+1} 代表工资，η 表示贴现因子；Q_{Ht}^h 和 B_{Ht}^h 分别表示本国家庭部门在 t 期末购买本国发行的以本币计价的股票和债券，h 指代家庭部门；Q_{Ft}^h 和 B_{Ft}^h 分别表示本国家庭部门购买外国发行的以外币计价的股票和债券；相较于股票，债券价格波动幅度较小，因此本章假设债券的价格为单位价格；$P_{Q,t+1}$ 和 $P_{Q,t+1}^*$ 分别表示本国股票和外国股票的价格；E_{Ft}^H 表示外币对本币的汇率，$F(H)$ 既指代外国（本国）也指代外国（本国）发行的货币；P_t 表示本国总价格水平；V_{t+1} 和 V_{t+1}^* 分别表示本国股票和外国股票的股息；r_{t+1} 和 r_{t+1}^* 分别表示本国和外国的名义利率。式（2.1）的左边表示家庭部门在 $t+1$ 期的所有支出，$P_{t+1}C_{t+1}$ 表示消费支出，$P_{Q,t+1}Q_{H,t+1}^h + B_{H,t+1}^h$ 表示家庭在 $t+1$ 期末购买本国企业发行的股票和债券支出。式（2.1）等号右边表示家庭部门在 $t+1$ 期的全部收入，$W_{t+1}L_{t+1}$ 表示工资收入，$(P_{Q,t+1} + V_{t+1})Q_{Ht}^h + (1 + r_{t+1})B_{Ht}^h$ 表示家庭部门 $t+1$ 期末卖出 t 期末购买的国内债券和股票后的收入。$E_{F,t+1}^H(P_{Q,t+1}^*Q_{Ft}^h + B_{Ft}^h)$ 代表家庭部门在 t 期期末购买的对外资产存量在 $t+1$ 期末的本币价值（不考虑股息和利息），则本国家庭部门持有对外资产存量期间因汇率和资产价格波动产生的估值效应 VAL_{t+1}^h 为

$$
\begin{aligned}
VAL_{t+1}^h &= E_{F,t+1}^H(P_{Q,t+1}^*Q_{Ft}^h + B_{Ft}^h) - E_{Ft}^H(P_{Qt}^*Q_{Ft}^h + B_{Ft}^h) \\
&= (E_{F,t+1}^H - E_{Ft}^H)(B_{Ft}^h + P_{Q,t+1}^*Q_{Ft}^h) \\
&\quad + E_{Ft}^H(P_{Q,t+1}^* - P_{Qt}^*)Q_{Ft}^h
\end{aligned}
\tag{2.2}
$$

其中，$(E_{F,t+1}^H - E_{Ft}^H)(B_{Ft}^h + P_{Q,t+1}^*Q_{Ft}^h)$ 表示由汇率波动引起的估值效应，$E_{Ft}^H(P_{Q,t+1}^* - P_{Qt}^*)Q_{Ft}^h$ 表示由资产价格波动引起的估值效应。本币升值产生的估值效应为负，即家庭部门持有外币资产的本币价值减少，相比币值保持不变时家庭部门的消费和投资将会减少 $(E_{F,t+1}^H - E_{Ft}^H)(B_{Ft}^h + P_{Q,t+1}^*Q_{Ft}^h)$；外国股票价格上升时产生的估值效应为正，相比股票价格保持不变时家庭部门的消费和投资会增加 $E_{Ft}^H(P_{Q,t+1}^* - P_{Qt}^*)Q_{Ft}^h$。

由此可知，当本国遭到货币政策冲击后，家庭部门持有的对外资

产负债存量因汇率和资产价格波动产生的估值效应会影响其预算约束，进而影响家庭部门的消费和投资决策，最终对该国经济造成影响。

（2）企业部门。

①非金融企业。Bernanke et al.（1999）将"金融加速器"引入动态一般均衡模型，探讨了货币政策的企业资产负债表传导渠道。在利润最大化目标下，企业的外部融资成本与净资产之间存在负相关关系，Krugman（1999）、Aghion et al.（2001）和 Mishkin（2001）等的研究也证实了上述结论。当企业净资产价值减少时，其抵押资产价值会下降，信誉受损，外部融资成本增加，最终对投资造成影响。企业的外部融资包括从银行获得的间接融资和从资本市场上发行股票或债券获得的直接融资。

根据上述研究，我们假设企业融资能力 M_t 与净资产 N_{et} 之间存在正相关关系，即净资产规模越大，融资成本越低，融资能力越强：

$$\frac{\partial M_t}{\partial N_{et}} > 0 \tag{2.3}$$

假设在 t 期末，企业购买国外发行的以外币计价的股票和债券分别是 Q^e_{Ft} 和 B^e_{Ft}，e 指代非金融企业部门；国外总共持有该部门发行的以本币计价的股票和债券分别为 $Q^{*A}_{e,Ht}$ 和 $B^{*A}_{e,Ht}$，则非金融企业持有的对外净资产的本币价值为 $E^H_{Ft}P^*_{Qt}Q^e_{Ft} + E^H_{Ft}B^e_{Ft} - P_{Qt}Q^{*A}_{e,Ht} - B^{*A}_{e,Ht}$，$e$ 放在上标表示企业购买股票或债券，放在下标表示企业发行股票或债券。A 表示国外所有部门总共持有的本国非金融企业发行的股票或债券。$t +$ 1 期内，本国遭到货币政策冲击，根据汇率和资产价格传导渠道，本币币值和资产价格发生波动，企业持有的对外净资产存量因此产生的估值效应为（不考虑股息和利息）

$$VAL^e_{t+1} = (E^H_{F,t+1} - E^H_{Ft})(B^e_{Ft} + P^*_{Q,t+1}Q^e_{Ft})$$
$$+ \left[E^H_{Ft}(P^*_{Q,t+1} - P^*_{Qt})Q^e_{Ft} - (P_{Q,t+1} - P_{Qt})Q^{*A}_{e,Ht} \right] \tag{2.4}$$

其中，$(E_{F,t+1}^H - E_{Ft}^H)(B_{Ft}^e + P_{Q,t+1}^* Q_{Ft}^e)$ 表示由汇率波动引起的估值效应，$E_{Ft}^H(P_{Q,t+1}^* - P_{Qt}^*)Q_{Ft}^e - (P_{Q,t+1} - P_{Qt})Q_{e,Ht}^{*A}$ 表示由资产价格波动引起的估值效应。本币升值将产生负的估值效应，即企业外币净资产的本币价值减少，融资能力减弱；当本国股票价格上升时将产生负的估值效应，当外国股票价格上升时会产生正的估值效应，企业融资能力也会因此发生变化。

由此可知，当本国遭到货币政策冲击后，非金融企业部门持有的对外资产负债存量因汇率和资产价格波动产生的估值效应会影响其外部融资能力，进而影响企业的投资和产出，最终对经济造成影响。

②商业银行。对拥有对外资产和负债的银行等金融机构来说，汇率和资产价格波动产生的估值效应同样会影响其资产负债表，进而影响信贷供给（Bernanke and Mark，1995）。根据刘晓星和姚登宝（2016）研究，我们假设银行信贷供给满足：

$$G_t = N_{b,Ht} + N_{b,Ft} + (1 - u)D_t \tag{2.5}$$

其中，G_t 是银行的信贷供给，b 指代银行部门，$N_{b,Ht}$ 是银行以本币计价的净资产，$N_{b,Ft}$ 是银行以外币计价的净资产，D_t 是以本币计价的银行存款，u 是法定存款准备金率。与非金融企业相同，假设在 t 期末，商业银行购买国外发行的以外币计价的股票和债券分别为 Q_{Ft}^b 和 B_{Ft}^b；国外总共持有的该部门发行的以本币计价的股票和债券分别为 $Q_{b,Ht}^{*A}$ 和 $B_{b,Ht}^{*A}$，则商业银行持有的对外净资产 $N_{b,Ft}$ 的本币价值为 $E_{Ft}^H P_{Qt}^* Q_{Ft}^b + E_{Ft}^H B_{Ft}^b - P_{Qt}Q_{b,Ht}^{*A} - B_{b,Ht}^{*A}$。$t+1$ 期内，本国遭到货币政策冲击，本币币值和资产价格发生波动，商业银行持有的对外净资产存量因此产生的估值效应为

$$VAL_{t+1}^b = (E_{F,t+1}^H - E_{Ft}^H)(B_{Ft}^b + P_{Q,t+1}^* Q_{Ft}^b)$$
$$+ \left[E_{Ft}^H(P_{Q,t+1}^* - P_{Qt}^*)Q_{Ft}^b - (P_{Q,t+1} - P_{Qt})Q_{b,Ht}^{*A} \right] \tag{2.6}$$

其中，$(E_{F,t+1}^H - E_{Ft}^H)(B_{Ft}^b + P_{Q,t+1}^* Q_{Ft}^b)$ 表示由汇率波动引起的估值效应，

$E_{Ft}^{H}(P_{Q,t+1}^{*}-P_{Qt}^{*})Q_{Ft}^{b}-(P_{Q,t+1}-P_{Qt})Q_{b,Ht}^{*A}$ 表示由资产价格波动引起的估值效应。同样，本币升值将产生负的估值效应，即银行外币净资产的本币价值减少，信贷供给将会减少；当本国股票价格上升时将产生负的估值效应，当外国股票价格上升时会产生正估值效应，银行信贷供给能力也会因此发生变化。

由此可知，当本国遭到货币政策冲击后，商业银行部门持有的对外资产负债存量因汇率和资产价格波动产生的估值效应会影响信贷供给 G_t，进而对经济造成影响。

从以上分析可以看出，如果对外资产负债中币种结构错配现象严重，外币净资产规模较大，则汇率波动引起的估值效应规模也会比较大。如果对外资产负债中投资结构错配现象严重，对外净资产中权益类资产规模较大，则资产价格波动引起的估值效应规模同样会增加。在全球失衡条件下，深度参与全球化国家的各实体部门持有的对外净资产规模迅速增加，出现了币种结构和投资结构严重错配。当货币政策冲击发生后，对外资产负债存量的本币价值会随汇率和资产价格的波动而变化，产生估值效应，影响实体部门投资、生产和消费决策，最终影响货币政策对经济增长的传导效果。这意味着，估值效应传导渠道本质上是汇率传导渠道和资产价格传导渠道的一种具体传导途径，为了凸显估值效应在货币政策传导机制中的重要性，我们称之为货币政策的估值效应传导渠道（见图 2-1）。

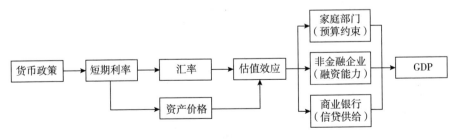

图 2-1　货币政策的估值效应传导渠道

2. 估值效应规模测算

根据国际货币基金组织（IMF）发布的《国际收支和国际投资头寸手册（第六版）》（以下简称《手册》），一国净国际投资头寸的变化与估值效应之间的关系应满足以下恒等式：

$$NIIP_{t+1} - NIIP_t = FA_{t+1} + VAL_{t+1} + OC_{t+1} \qquad (2.7)$$

其中，$NIIP_{t+1}$ 表示 $t+1$ 期末的净国际投资头寸，FA_{t+1} 代表国际收支平衡表中的金融账户余额，VAL_{t+1} 代表因汇率和资产价格波动而产生的估值效应，OC_{t+1} 指既不是由交易引起的也不是由资产负债存量价值重估引起的净国际投资头寸的其他调整，主要包括金融资产和负债的注销、重新分类（其中包括黄金储备非货币化以及商品黄金货币化）、所有者居住地变更导致的对外资产负债存量变化等。由于大部分国家对 OC_{t+1} 的统计并不完善，所以本章将 OC_{t+1} 全部视为估值效应，则估值效应的计算公式如下：

$$VAL_{t+1} = NIIP_{t+1} - NIIP_t - FA_{t+1}$$
$$= NIIP_{t+1} - NIIP_t - (CA_{t+1} + KA_{t+1} + EO_{t+1}) \qquad (2.8)$$

其中，CA_{t+1}、KA_{t+1} 和 EO_{t+1} 分别代表 $t+1$ 期的经常账户余额、资本账户余额和净误差与遗漏项。

值得注意的是，部分研究在用式（2.8）测算估值效应时过程中往往会忽视对外净资产和金融账户余额的货币计量单位。Gourinchas and Rey（2005）、Lane and Shambaugh（2007）和 Bénétrix et al.（2015）在研究对外资产负债币种结构对一国造成的财富损益时，使用以本币为计量单位的对外资产负债存量产生的估值效应。丁志杰等（2017）将估值效应视为一国国际投资头寸表的表外投资收益，在分析中国国际投资总收益的过程中，使用以美元为计量单位的对外资产负债存量产生的估值效应。

事实上，根据《手册》，估值效应是一种衍生变量（derived

measures），一国对外资产负债存量均换算成以美元为单位时产生的估值效应和均换算成本币时产生的估值效应会出现正负符号相反的现象。为此，本章以中国为例，尝试构建一个简单模型来解释造成这两种估值效应符号相反的原因。

假设 $t+1$ 期中国没有发生任何形式的国际资本流动且各类对外资产和负债市值均保持不变，仅考虑 t 期末净国际投资头寸存量由汇率波动引致的估值效应，则 t 期末对外净资产中以货币 i 计价的净资产为 x_t^i，美元对货币 i 的汇率为 $E_{USD,t}^i$，$t+1$ 期末美元对货币 i 的汇率 $E_{USD,t+1}^i = \beta_{t+1}^i E_{USD,t}^i$，其中 $\beta_{t+1}^i > 0$，表示货币升贬程度的系数。如果 $\beta_{t+1}^i < 1$，美元相对于货币 i 贬值，反之升值。根据估值效应定义，t 期末均换算成以美元或人民币为单位的净国际投资头寸在 $t+1$ 期产生的估值效应，总规模分别如式（2.9）和式（2.10）所示：

$$VAL_{t+1}^{USD} = \sum_i^I \left(\frac{x_t^i}{\beta_{t+1}^i E_{USD,t}^i} - \frac{x_t^i}{E_{USD,t}^i} \right) \qquad (2.9)$$

$$VAL_{t+1}^{CNY} = \sum_i^I \left(\frac{x_t^i \beta_{t+1}^{CNY} E_{USD,t}^{CNY}}{\beta_{t+1}^i E_{USD,t}^i} - \frac{x_t^i E_{USD,t}^{CNY}}{E_{USD,t}^i} \right) \qquad (2.10)$$

其中，$\sum_i^I \frac{x_t^i}{E_{USD,t}^i}$ 和 $\sum_i^I \frac{x_t^i E_{USD,t}^{CNY}}{E_{USD,t}^i}$ 分别表示 t 期末以美元和人民币为单位的净国际投资头寸，我们用 $NIIP_t^{USD}$ 表示 $\sum_i^I \frac{x_t^i}{E_{USD,t}^i}$，则式（2.9）和式（2.10）可以简化为

$$VAL_{t+1}^{USD} = NIIP_{t+1}^{USD} - NIIP_t^{USD} \qquad (2.11)$$

$$VAL_{t+1}^{CNY} = E_{USD,t}^{CNY}(\beta_{t+1}^{CNY} NIIP_{t+1}^{USD} - NIIP_t^{USD}) \qquad (2.12)$$

由于中国是净资产国，$NIIP_t^{USD} > 0$。从简化公式中可以看出，如果 $\beta_{t+1}^{CNY} = 1$，即美元对人民币汇率保持不变，那么 $VAL_{t+1}^{CNY} = E_{USD,t}^{CNY} VAL_{t+1}^{USD}$。如果 $\beta_{t+1}^{CNY} \neq 1$，则无法简单确定 VAL_{t+1}^{USD} 和 VAL_{t+1}^{CNY} 的符号是否一

致，下文将列出在 $\beta_{t+1}^{CNY} \neq 1$ 且 $NIIP_t^{USD} > 0$ 的条件下，VAL_{t+1}^{USD} 和 VAL_{t+1}^{CNY} 之间的正负差异（不考虑 $VAL_{t+1}^{USD} = 0$ 或 $VAL_{t+1}^{CNY} = 0$ 的情况）。

情况 1：$VAL_{t+1}^{USD} = NIIP_{t+1}^{USD} - NIIP_t^{USD} > 0$，$VAL_{t+1}^{CNY} = E_{USD,t}^{CNY}$（$\beta_{t+1}^{CNY}$ $NIIP_{t+1}^{USD} - NIIP_t^{USD}$）$> 0$，此时有 $\dfrac{NIIP_t^{USD}}{NIIP_{t+1}^{USD}} < \beta_{t+1}^{CNY}$ 且 $\dfrac{NIIP_t^{USD}}{NIIP_{t+1}^{USD}} < 1$。我们定义 $\dfrac{NIIP_t^{USD}}{NIIP_{t+1}^{USD}} = \beta_{t+1}^{U}$，即美元对其他货币整体的升贬程度系数为 β_{t+1}^{U}。对一个对外净资产国来说，$\dfrac{NIIP_t^{USD}}{NIIP_{t+1}^{USD}} < 1$ 在经济学意义上意味着美元相对于其他货币贬值。

情况 2：$VAL_{t+1}^{USD} = NIIP_{t+1}^{USD} - NIIP_t^{USD} < 0$，$VAL_{t+1}^{CNY} = E_{USD,t}^{CNY}$（$\beta_{t+1}^{CNY}$ $NIIP_{t+1}^{USD} - NIIP_t^{USD}$）$< 0$，此时有 $\dfrac{NIIP_t^{USD}}{NIIP_{t+1}^{USD}}$（$\beta_{t+1}^{U}$）$> \beta_{t+1}^{CNY}$ 且 $\dfrac{NFA_t^{USD}}{NFA_{t+1}^{USD}}$（$\beta_{t+1}^{U}$）$> 1$，对一个对外净资产国家而言，在经济学意义上意味着美元相对于其他货币升值，并且美元对人民币汇率升贬程度系数 β_{t+1}^{CNY} 小于 β_{t+1}^{U}。

情况 3：$VAL_{t+1}^{USD} = NIIP_{t+1}^{USD} - NIIP_t^{USD} > 0$，$VAL_{t+1}^{CNY} = E_{USD,t}^{CNY}$（$\beta_{t+1}^{CNY}$ $NIIP_{t+1}^{USD} - NIIP_t^{USD}$）$< 0$，此时有 $\beta_{t+1}^{CNY} < \dfrac{NIIP_t^{USD}}{NIIP_{t+1}^{USD}}$（$\beta_{t+1}^{U}$）$< 1$，对于一个对外净资产国而言，在经济学意义上意味着美元相对于其他货币贬值，并且美元对人民币贬值幅度更大。

情况 4：$VAL_{t+1}^{USD} = NIIP_{t+1}^{USD} - NIIP_t^{USD} < 0$，$VAL_{t+1}^{CNY} = E_{USD,t}^{CNY}$（$\beta_{t+1}^{CNY}$ $NIIP_{t+1}^{USD} - NIIP_t^{USD}$）$> 0$，此时有 $\beta_{t+1}^{CNY} > \dfrac{NIIP_t^{USD}}{NIIP_{t+1}^{USD}}$（$\beta_{t+1}^{U}$）$> 1$，对一个对外净资产国而言，在经济学意义上意味着美元相对于其他货币升值，并且美元对人民币升值幅度更大。

从上述分析可以看出，在$\beta_{t+1}^{CNY} \neq 1$的情况下，VAL_{t+1}^{USD}和VAL_{t+1}^{CNY}的符号极有可能是相反的。整体上讲，当美元对其他货币整体的汇率变动趋势与美元对人民币的汇率变动趋势相同，且美元对人民币的汇率波动幅度更大时，VAL_{t+1}^{USD}和VAL_{t+1}^{CNY}的符号就会相反。

根据《手册》，如果$t+1$期发生了国际资本流动，各类资产负债市值发生变动，总估值效应不仅包括t期末净国际投资头寸存量因汇率波动引起的估值效应，还包括$t+1$期由资产市场价格变动本身引起的估值效应以及国际资本净流入和资产市场价格变动额因汇率波动引起的估值效应。VAL_{t+1}^{USD}和VAL_{t+1}^{CNY}之间的差异将由这四种估值效应共同决定。

根据《手册》，进一步假设$t+1$期新发生的以货币i计价的对外净资产为Δx_{t+1}^{i}，以货币i计价的对外净资产的市值变动额为Δp_{t+1}^{i}；在$t+1$期，美元对货币i的平均汇率为$\gamma_{T+1}^{i} E_{USD,t}^{i}$，$\gamma_{t+1}^{i}$代表美元对货币$i$的平均汇率相对于$t$期末汇率的升贬程度系数；期末美元对货币$i$的汇率为$\delta_{t+1}^{i} \gamma_{t+1}^{i} E_{USD,t}^{i}$，$\delta_{t+1}^{i}$代表美元对货币$i$在$t+1$期末的汇率相对于$t+1$期平均汇率的升贬程度系数。则$t+1$期末以美元为单位的净国际投资头寸由四部分组成，$t$期末的净国际投资头寸存量及其在$t+1$期因汇率波动产生的估值效应$\sum_{i}^{I}\left[\dfrac{x_t^i}{E_{USD,t}^i} + \left(\dfrac{x_t^i}{\delta_{t+1}^i \gamma_{t+1}^i E_{USD,t}^i} - \dfrac{x_t^i}{E_{USD,t}^i} \right) \right]$、$t+1$期新发生的对外净资产及其因汇率波动产生的估值效应$\sum_{i}^{I}\left[\dfrac{\Delta x_{t+1}^i}{\gamma_{t+1}^i E_{USD,t}^i} + \left(\dfrac{\Delta x_{t+1}^i}{\delta_{t+1}^i \gamma_{t+1}^i E_{USD,t}^i} - \dfrac{\Delta x_{t+1}^i}{\gamma_{t+1}^i E_{USD,t}^i} \right) \right]$、资产价格变动额即资产价格波动本身所产生的估值效应$\sum_{i}^{I} \dfrac{\Delta p_{t+1}^i}{\gamma_{t+1}^i E_{USD,t}^i}$及其因汇率波动产生的估值效应$\sum_{i}^{I}\left(\dfrac{\Delta p_{t+1}^i}{\delta_{t+1}^i \gamma_{t+1}^i E_{USD,t}^i} - \dfrac{\Delta p_{t+1}^i}{\gamma_{t+1}^i E_{USD,t}^i} \right)$。$t+1$期间产生的估值效应

总规模分别如式（2.14）和式（2.15）所示：

$$NIIP_{t+1}^{USD} = \sum_i^I \left(\frac{x_t^i}{\delta_{t+1}^i \gamma_{t+1}^i E_{USD,t}^i} + \frac{\Delta x_{t+1}^i}{\delta_{t+1}^i \gamma_{t+1}^i E_{USD,t}^i} + \frac{\Delta p_{t+1}^i}{\delta_{t+1}^i \gamma_{t+1}^i E_{USD,t}^i} \right)$$

$$\text{(2.13)}$$

$$VAL_{t+1}^{USD} = \left(VNIIP_{t+1}^{USD} - NIIP_t^{USD} \right) + \left(VFL_{t+1}^{USD} - FL_{t+1}^{USD} \right)$$
$$+ \left(VPC_{t+1}^{USD} - PC_{t+1}^{USD} \right) + PC_{t+1}^{USD} \qquad \text{(2.14)}$$

$$VAL_{t+1}^{CNY} = E_{USD,t}^{CNY} \left[\begin{array}{l} \left(\delta_{t+1}^{CNY} \gamma_{t+1}^{CNY} VNIIP_{t+1}^{USD} - NIIP_t^{USD} \right) + \gamma_{t+1}^{CNY} \left(\delta_{t+1}^{CNY} VFL_{t+1}^{USD} - \\ FL_{t+1}^{USD} \right) + \gamma_{t+1}^{CNY} \left(\delta_{t+1}^{CNY} VPC_{t+1}^{USD} - PC_{t+1}^{USD} \right) + \gamma_{t+1}^{CNY} PC_{t+1}^{USD} \end{array} \right]$$

$$\text{(2.15)}$$

其中，$VNIIP_{t+1}^{USD} = \sum_i^I \frac{x_t^i}{\delta_{t+1}^i \gamma_{t+1}^i E_{USD,t}^i}$，$FL_{t+1}^{USD} = \sum_i^I \frac{\Delta x_{t+1}^i}{\gamma_{t+1}^i E_{USD,t}^i}$，$VFL_{t+1}^{USD} =$

$\sum_i^I \frac{\Delta x_{t+1}^i}{\delta_{t+1}^i \gamma_{t+1}^i E_{USD,t}^i}$，$PC_{t+1}^{USD} = \sum_i^I \frac{\Delta p_{t+1}^i}{\gamma_{t+1}^i E_{USD,t}^i}$，$VPC_{t+1}^{USD} = \sum_i^I \frac{\Delta p_{t+1}^i}{\delta_{t+1}^i \gamma_{t+1}^i E_{USD,t}^i}$。

从式（2.14）和式（2.15）可以看出，如果美元对人民币汇率保持不变，即 $\delta_{t+1}^{CNY} = \gamma_{t+1}^{CNY} = 1$ 时，$VAL_{t+1}^{CNY} = E_{USD,t}^{CNY} VAL_{t+1}^{USD}$；如果 $\delta_{t+1}^{CNY} \neq 1$ 或 $\gamma_{t+1}^{CNY} \neq 1$，（$VNIIP_{t+1}^{USD} - NIIP_t^{USD}$）和（$\delta_{t+1}^{CNY} \gamma_{t+1}^{CNY} VNIIP_{t+1}^{USD} - NIIP_t^{USD}$）、（$VFL_{t+1}^{USD} - FL_{t+1}^{USD}$）和 γ_{t+1}^{CNY}（$\delta_{t+1}^{CNY} VFL_{t+1}^{USD} - FL_{t+1}^{USD}$）以及（$VPC_{t+1}^{USD} - PC_{t+1}^{USD}$）和 γ_{t+1}^{CNY}（$\delta_{t+1}^{CNY} VPC_{t+1}^{USD} - PC_{t+1}^{USD}$）之间的符号关系，与美元对其他货币整体的汇率波动趋势、幅度以及美元对人民币的汇率波动趋势、幅度有关。

在上述分析基础上，进一步测算 1995—2018 年 43 个样本国家[①]

---

① 43 个国家分别为比利时、加拿大、丹麦、法国、德国、意大利、日本、荷兰、挪威、西班牙、瑞典、瑞士、英国、阿根廷、巴西、中国、智利、捷克、以色列、哈萨克斯坦、韩国、马来西亚、墨西哥、新加坡、南非、泰国、俄罗斯、乌拉圭、爱尔兰、冰岛、印度尼西亚、秘鲁、波兰、斯里兰卡、土耳其、哥伦比亚、玻利维亚、牙买加、匈牙利、巴基斯坦、巴拉圭、罗马尼亚和突尼斯。此处进行比较的两种估值效应分别是以美元为计量单位的对外资产负债存量测算得到的估值效应和以本币为计量单位的对外资产负债存量测算得到的估值效应，而美国的货币就是美元，无需再进行计算，因此此处样本国家剔除了美国，但在经验分析中，在样本国家中加入了美国。

的两种估值效应①（见图 2 - 2）。

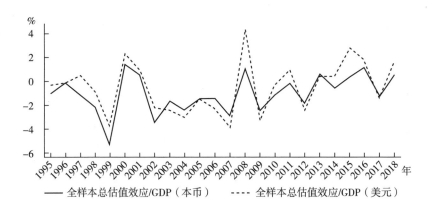

图 2 - 2　全样本估值效应

1995—2015 年的数据来自 Lane and Milesi - Ferretti（2001，2007，2017）构建的"国家外部财富"（The External Wealth of Nations，EWN）数据库。该数据库按照市值法对样本国家的国际投资头寸表进行了重估，从 1970 年开始，目前已经更新至 2015 年，其涉及的国家和地区扩展至 211 个。2016—2018 年数据来源于 IMF 的 BOP/IIP 数据库。EWN 数据库和 BOP/IIP 数据库提供的国际投资头寸数据和国际收支数据都以美元计量，本章根据《手册》建议，以期末汇率换算净国际投资头寸，以平均汇率换算经常账户余额、资本账户余额以及净误差与遗漏项，最后再将所得的估值效应按期末汇率换算成以美元为单位，并用 GDP 进行单位化处理。换算中用到的期末汇率和平均汇率数据均来源于 IMF 的 IFS 数据库和 Wind 数据库。

需要注意的是，1999 年以前，欧元区国家汇率都是以当地货币对美元进行的标价，根据样本国家加入欧元区时规定的当地货币与欧

---

① 剔除了外汇储备产生的估值效应。

元之间的兑换率，将 1999 年以前的汇率数据全部转换为美元对欧元的汇率，相关数据来源于欧洲央行官网。

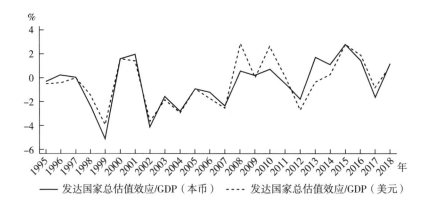

图 2-3 发达国家估值效应

如图 2-3 所示，发达国家两种估值效应在 2008 年之前和 2014 年之后相差不大，符号相反的年份只出现在 1996 年、2011 年和 2013 年，2008 年两种估值效应之间差异最大。对新兴市场国家而言（见图 2-4），1995—2018 年两种估值效应之间相差比较大，出现符号完全相反的年份比较多，1997 年和 2008 年两种估值效应之间的差异显著增大，可能与亚洲金融危机和 2008 年国际金融危机期间各样本国货币与美元

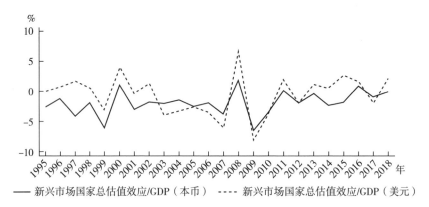

图 2-4 新兴市场国家估值效应

之间的双边汇率波动幅度较大有关。同时可以看到，新兴市场国家在国际金融危机过后的估值效应的绝对值整体小于危机之前。

由上述分析与测算不难看出，以不同货币单位计量的对外净资产存量产生的估值效应是不同的。下文经验分析中使用由本币计量的对外净资产存量和金融账户余额测算的估值效应。需要注意的是，由于官方外汇储备的特殊性，货币当局持有的官方外汇储备产生的估值效应并不会通过影响私人部门的资产负债来影响经济增长。由于无法完全区分民间与官方外汇储备，本章在测算估值效应总规模时并未考虑外汇储备的影响。此外，本章测算估值效应时还剔除了对外净资产中的黄金和衍生品。

（二）研究设计

1. 模型设定。本章借鉴 Grossmanna et al.（2014），通过构建面板 VAR 模型分析全球失衡条件下货币政策的估值效应传导渠道：

$$Y_{it} = \Gamma_0 + \Gamma_1 Y_{i,t-1} + f_i + d_t + \varepsilon_{it} \qquad (2.16)$$

其中，i 表示不同国家，t 表示时间；Y_{it} 是包含关键的被解释变量向量；f_i 为固定效应，反映不随时间变化的个体（国家）异质性，如不同的汇率制度、经济规模、政治制度、金融市场发展水平等；d_t 为时间效应，反映相同的全球宏观经济冲击对所有样本国家造成的影响；Γ_1 是参数矩阵；e_{it} 是随机扰动项向量。

2. 变量说明与样本选择

根据理论分析，我们将货币政策指标、汇率波动率、资产价格波动率、总估值效应和经济增长率五个变量纳入模型当中。采用广义脉冲响应函数，模型结果不受变量顺序影响。参考 Georgiadis and Mehl（2016），本章的货币政策指标用短期利率（sr）来表示。考虑到各国对外资产负债以多种货币计价，采用实际有效汇率指数（er）波动率来表示本币币值的波动情况。实际有效汇率指数是本国货币与所选国家货币双边汇率的加权平均指数，通常以对外贸易作为权重。资产价格波动率用各国的股指（eq）波动率来表示，经济增长率用国内生产总值（y）增长率来表示。

本章选择样本为上述 43 个国家[①] 1995—2018 年的数据。表 2 - 1 与表 2 - 2 分别为主要变量说明与数据来源，以及全样本主要变量的描述性统计。

表 2 - 1　主要变量说明与数据来源

变量	符号	变量构建	数据来源
货币政策指标	sr	各国家短期利率：$dsr = \ln(sr_t) - \ln(sr_{t-1})$	OECD；彭博数据库
汇率波动率	der	实际有效汇率指数对数值的一阶差分：$der = \ln(er_t) - \ln(er_{t-1})$	BIS；IMF 的 IFS 数据库
资产价格波动率	deq	股指对数值的一阶差分：$deq = \ln(eq_t) - \ln(eq_{t-1})$	彭博数据库
总估值效应	tvalmf	$NIIP_{t+1} - NIIP_t - (CA_t + KA_t + EO_t)$	Lane and Milesi - Ferretti（2001，2007，2017）构建的 EWN 数据库；IMF 的 BOP/IIP 数据库
经济增长率	dy	实际 GDP 对数值的一阶差分：$dy = \ln(y_t) - \ln(y_{t-1})$	世界银行"世界发展指标"数据库

表 2 - 2　主要变量描述性统计

变量	均值	标准差	最小值	最大值
sr	5.8062	6.3559	- 0.7767	52.3200
der	- 0.0037	0.0863	- 1.2992	0.3557
deq	0.0783	0.3059	- 2.2978	1.8287
tvalmf	- 1.8836	9.5433	- 87.6639	60.1608
dy	0.2933	0.0302	- 0.1407	0.2276

[①]　样本国家加入了美国，剔除了中国。

（三）实证回归结果分析

1. 基准模型

本章使用的 43 个样本国家的数据均通过了单位根检验和协整检验，可以构建面板 VAR 模型。根据 BIC 原则，选择模型的最佳滞后阶为 1。以紧缩性货币政策冲击为例，图 2 - 5 的脉冲响应结果表明，紧缩性货币政策冲击整体上对总估值效应有显著的负向影响，并且负的估值效应冲击会显著降低经济增长率。这表明货币政策的估值效应传导渠道确实存在，并且从理论上讲，这一传导渠道会增强货币政策的实施效果，这与 Georgiadis and Mehl（2016）的结论一致。

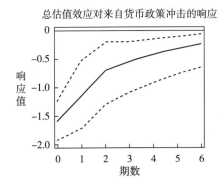
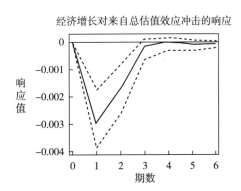

注：横坐标为冲击后的期数，纵坐标为对一个变量施加一个标准差的冲击后另一个变量的变化，实线为脉冲响应函数，虚线为 90% 的置信区间，后同。

图 2 - 5　货币政策的估值效应传导渠道：全样本

2. 基于不同类型国家划分的异质性分析

不同国家经济发展情况不同，对外资产负债的投资结构和币种结构也不同，货币政策冲击所产生的估值效应可能对货币政策传导效果的影响具有一定异质性。例如，外币净资产国本币升值将产生负的估值效应，而外币净债务国本币升值将产生正的估值效应，可减轻债务负担。为此，根据对外净资产的币种结构和经济发展状况①，将 43 个样本国家（中国除外）进一步划分为发达国家（country1）、外币净资产为正的新兴市场国家（country2）和外币净资产为负的新兴市场国家（country3）三组子样本。其中，country1 包含的国家均是外币净资产为正的发达国家，country2 和 country3 包含的国家都是外币净资产连续超过 10 年为正或为负的新兴市场国家。

各子样本国家与主要变量的描述性统计分别如表 2 - 3、表 2 - 4 所示。从表 2 - 4 可以看出，country1 估值效应的均值绝对值和标准差最小，country3 估值效应的均值绝对值和标准差都比较大。

表 2 - 3　子样本国家分类

子样本	样本国家
country1	比利时、加拿大、丹麦、法国、德国、意大利、日本、荷兰、挪威、西班牙、瑞典、瑞士、英国、美国
country2	阿根廷、巴西、智利、捷克、以色列、哈萨克斯坦、韩国、马来西亚、墨西哥、新加坡、南非、泰国、俄罗斯、乌拉圭、秘鲁
country3	爱尔兰、巴西、玻利维亚、哥伦比亚、匈牙利、冰岛、印度尼西亚、牙买加、巴基斯坦、巴拉圭、秘鲁、波兰、罗马尼亚、斯里兰卡、突尼斯、土耳其

注：2006 年前后，巴西和秘鲁的外币净资产的符号发生了变化，本章将 1995—2006 年的巴西和秘鲁列为外币净资产为负的国家，2007—2018 年的巴西和秘鲁列为外币净资产为正的国家。

表 2 - 4　子样本核心变量描述性统计

子样本	变量	均值	标准差	最小值	最大值
country1	sr	2.3002	2.1859	- 0.7766	10.6867
	der	- 0.0038	0.0430	- 0.2271	0.1320
	deq	0.0456	0.2268	- 0.7593	0.5897
	tvalmf	- 0.6503	7.5211	- 32.2583	25.2192
	dy	0.1794	0.0185	- 0.0578	0.0582

① Bénétrix et al. （2015）统计了 1990—2012 年 117 个国家以美元、欧元、日元、英镑和瑞士法郎计价的对外资产，并据此计算出各国对外净资产的币种结构。本书按照该方法更新计算了样本国家 2013—2018 年的币种结构。

续表

子样本	变量	均值	标准差	最小值	最大值
*country*2	*sr*	6.2562	5.5663	0.1131	41.3500
	der	0.0004	0.0762	−0.4478	0.2788
	deq	0.0828	0.3102	−1.1193	1.3186
	tvalmf	−1.6962	8.0787	−55.0250	32.0591
	dy	0.0356	0.0311	−0.0814	0.1419
*country*3	*sr*	8.7344	7.3497	−0.3288	52.3200
	der	−0.0049	0.1181	−1.2992	0.3557
	deq	0.1150	0.3706	−2.2978	1.8287
	tvalmf	−3.3710	11.9169	−87.6639	60.1608
	dy	0.0363	0.0324	−0.1407	0.2276

与基准模型相同，各子样本数据均通过了单位根检验和协整检验[①]，可以构建面板 VAR 模型。根据 BIC 原则确定三组子样本的滞后阶均为 1，回归结果分析如下：

（1）发达国家（*country*1）。如图 2-6 所示，样本中发达国家都是外币净资产为正的国家，紧缩性货币政策冲击会导致国内资产价格下降，使权益类对外负债的市值减少，由资产价格波动引起的估值效应为正。同时，紧缩性货币政策冲击会导致实际有效汇率指数上升，本币升值意味着外币净资产的本币价值将会减少，产生负的估值效应。总体上看，总估值效应对紧缩性货币政策冲击的响应为负，但即期影响不显著，可能是资产价格波动引致的估值效应与汇率波动引致的估值效应相互抵消所致。从第 1 期开始，紧缩性货币政策冲击对估值效应的影响显著为负，这表明货币政策冲击产生的总估值效应中，汇率波动引致的估值效应占据主导地位。但是，总估值效应的冲击并不会对经济增长率产生显著影响，这意味着在发达国家不存在货币政策的估值效应传导渠道。

---

① 为保证面板 VAR 模型稳定，子样本 *country*2 的货币政策指标用短期利率的一阶差分表示。

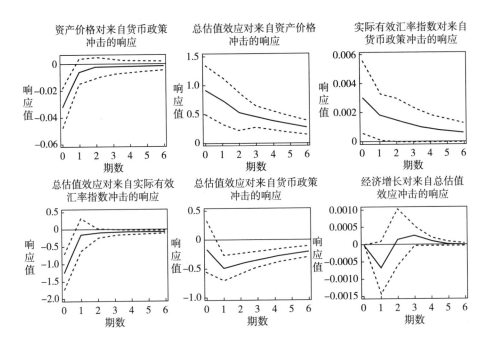

图 2-6　货币政策的估值效应传导渠道：*country*1

（2）外币净资产为正的新兴市场国家（*country*2）。如图 2-7 所示，对外币净资产为正的新兴市场国家而言，受到紧缩性货币政策冲击后，国内资产价格下降，对外负债市值减少，产生正的估值效应；同时实际有效汇率指数下降，本币贬值，理论上外币净资产的本币价值增加，产生的估值效应为正，但图 2-7 显示总估值效应对实际有效汇率指数贬值的响应并不显著。可能原因在于实际有效汇率指数是根据对外贸易为权重编制的汇率指数，而汇率波动引致的估值效应主要与外币净资产的币种结构有关。总体上看，总估值效应在第 0 期对利率正向冲击的响应显著为正，并且总估值效应的正向冲击会对第 1 期经济增长率产生显著的正向影响。这表明外币净资产为正的新兴市场国家存在货币政策的估值效应传导渠道，货币政策冲击后外币净资产存量产生的估值效应会在一定程度上削弱货币政策对经济增长的影响。这与 Georgiadis and Mehl（2016）的结论相反，主要原因在于新兴市场国家本币币值对本国货币政策冲击反应的方向与预期有所不同。根据利率平价理论，Georgiadis and Mehl（2016）认为受到紧缩性的货币政策冲击后，利率上升，本币币值会上升，但考虑到外汇市场上的交易成本以及各国的汇率形成机制和资本管制程度不同，利率平价理论在实践中并不适用于所有国家（肖立晟和刘永余，2016）。

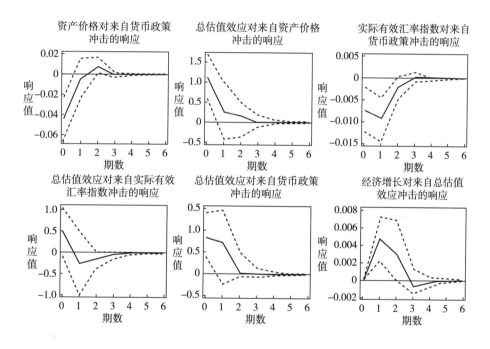

图 2 - 7　货币政策的估值效应传导渠道：*country*2

（3）外币净资产为负的新兴市场国家（*country*3）。如图 2 - 8 所示，对外币净资产为负的新兴市场国家而言，受到紧缩性货币政策冲击后，实际有效汇率指数下降，本币贬值，外币净负债的本币价值增加，产生负的估值效应；同时国内资产价格下降，对外负债的市值减少，产生正的估值效应。与发达国家结果类似，紧缩性货币政策冲击产生的两种估值效应会相互抵消，总体上看，总估值效应对短期利率正向冲击的响应显著为负，这表明在货币政策冲击产生的总估值效应中，以汇率波动引致的估值效应为主。此外，经济增长率对总估值效应负向冲击的响应在第1期显著为负，这意味着外币净资产为负的新兴市场国家存在货币政策的估值效应传导渠道，货币政策冲击后对外净资产存量产生的估值效应会强化货币政策对经济增长的传导效果。

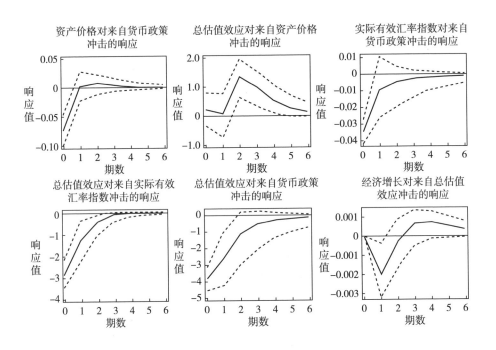

图 2-8　货币政策的估值效应传导渠道：*country*3

3. 稳健性检验

（1）替换汇率变量。实际有效汇率指数是以对外贸易为权重编制的汇率指数，而汇率波动引致的估值效应主要与对外资产负债的币种结构有关。为进一步验证基准结果稳健性，本章参照 Lane and Shambaugh（2007）的研究，构建以对外资产负债币种结构为权重的金融汇率波动率来替代实际有效汇率指数波动率进行稳健性检验。具体构建方法如下：

$$\omega_{ijt}^{A} = \sum_{k=1}^{K} (\lambda_{it}^{Ak} \times \omega_{ijt}^{Ak}) \qquad (2.17)$$

$$\omega_{ijt}^{L} = \sum_{k=1}^{K} (\lambda_{it}^{Lk} \times \omega_{ijt}^{Lk}) \qquad (2.18)$$

$$\omega_{ijt}^{F} = \omega_{ijt}^{A} S_{it}^{A} - \omega_{ijt}^{L} S_{it}^{L} \qquad (2.19)$$

$$\omega_{it}^{F} = \sum_{j=1}^{J} \omega_{ijt}^{F} \qquad (2.20)$$

其中，ω_{ijt}^{Ak}（ω_{ijt}^{Lk}）表示 t 期末 i 国对外资产（负债）的第 k 类项目中以货币 j 计价的资产（负债）所占的比重，λ_{it}^{Ak}（λ_{it}^{Lk}）表示 i 国对外资产（负债）的第 k 类项目总额在对外资产（负债）总额中所占的比重，ω_{ijt}^{A}（ω_{ijt}^{L}）表示 i 国对外资产（负债）中以货币 j 计价的资产（负债）在对外资产（负债）总额中所占的比重。$S_{it}^{A}(S_{it}^{L})$ 表示 i 国对外资产（负债）占对外资产与对外负债之和的比重。ω_{ijt}^{F} 表示 i 国对外净资产中以货币 j 计价的净资产结构，从 ω_{ijt}^{F} 的符号可以看出当本国货币相对于货币 j 升值或贬值时产生的估值效应方向，ω_{it}^{F} 为 i 国对外净资产的外币币种结构。

$$\% \Delta FER_{ij,t+1}^{F} = \omega_{ijt}^{F} \times \% \Delta E_{j,t+1}^{i} \qquad (2.21)$$

$$\% \Delta FER_{i,t+1}^{F} = \sum_{j=1}^{J} (\omega_{ijt}^{F} \times \% \Delta E_{j,t+1}^{i}) \qquad (2.22)$$

$$EVAL_{ij,t+1} = \% \Delta FER_{ij,t+1}^{F} \times IFI_{it} \qquad (2.23)$$

$$EVAL_{i,t+1} = \% \Delta FER_{i,t+1}^{F} \times IFI_{it} \qquad (2.24)$$

$\% \Delta E_{j,t+1}^{i}$ 表示货币 j 对本币在 $t+1$ 期的汇率波动，$\% \Delta FER_{i,t+1}^{F}$ 为以外币净资产的币种结构为权重编制的金融汇率波动率（下文以 fer 来表示）。IFI_{it} 是 i 国 t 期末对外资产负债之和占 GDP 的比重。式（2.23）和式（2.24）说明了汇率波动引致的估值效应与金融汇率波动率之间的关系，其中 $EVAL_{ij,t+1}$ 表示 i 国在 t 期末持有的以货币 j 计价的对外净资产在 $t+1$ 期因汇率波动而产生的估值效应，$EVAL_{i,t+1}$ 表示 i 国在 t 期末持有的外币净资产存量在 $t+1$ 期由汇率波动引起的估值效应。

根据上述方法，我们测算了所有样本国家在 1995—2018 年的金融汇率波动率，测算结果能够反映本币相对美元、欧元、日元、英镑和瑞士法郎五大货币的币值波动情况。各子样本金融汇率波动率的描述性统计显示如表 2 – 5 所示。与总估值效应结果一致，$country3$ 金融汇率波动率的均值绝对值和标准差均大于其他两个子样本。

表 2 – 5　金融汇率波动率描述性统计

样本	均值	标准差	最小值	最大值
$country1$	0.0523	1.3634	− 8.2797	7.0194
$country2$	0.3930	2.3165	− 5.5009	15.5900
$country3$	− 1.9690	5.1589	− 39.9166	8.9642

图 2 – 9 至图 2 – 11 分别报告了各子样本在替换了汇率变量后的脉冲响应结果。从图 2 – 9 $country1$ 和图 2 – 11 $country3$ 的结果来看，短期利率的正向冲击会对 fer 产生显著的负向影响，并且总估值效应受短期利率冲击后的脉冲响应趋势与 fer 受到短期利率冲击后的脉冲响应趋势基本一致，这表明金融汇率波动引致的估值效应在货币政策冲击产生的估值效应中发挥了重要作用。从图 2 – 10 $country2$ 的结果来看，短期利率的正向冲击会导致金融汇率波动率 fer 迅速增加，进而迅速产生正的总估值效应。值得注意的是，fer 的正向冲击会对总估值效应产生显著影响，与图 2 – 7 中实际有效汇率冲击对估值效应影响不显著形成鲜明对比，这表明构建以对外净资产币种结构为权重的金融汇率是必要的。整体上讲，替换汇率变量后，面板 VAR 分析结果与基准结果保持一致。

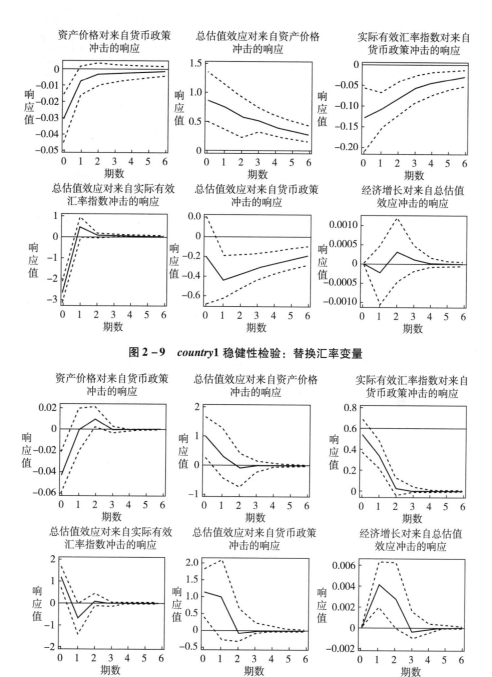

图 2 - 9 *country*1 稳健性检验：替换汇率变量

图 2 - 10 *country*2 稳健性检验：替换汇率变量

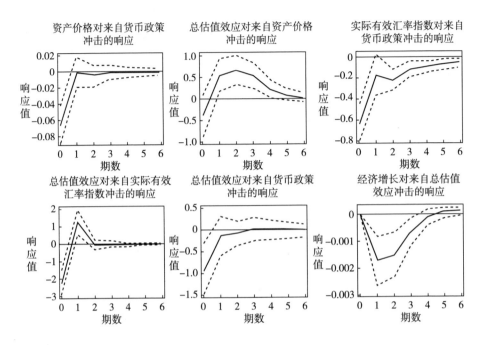

图 2 - 11 *country*3 稳健性检验：替换汇率变量

（2）替换总估值效应变量。以往研究通常直接使用净国际投资头寸变动额减去经常账户余额来测算估值效应。

$$VAL_{t+1} = NIIP_{t+1} - NIIP_t - CA_{t+1} \qquad (2.25)$$

我们将据此测算出的估值效应代入式（2.16）进行稳健性检验。结果表明（见图 2 - 12 至图 2 - 14），除 *country*1 的经济增长率在受到总估值效应负向冲击后会有显著下降之外，*country*2 和 *country*3 的结果与基准结果基本保持一致。

表 2 - 6 式（2.25）测算的总估值效应描述性统计

样本	均值	标准差	最小值	最大值
*country*1	- 0.9165	7.5923	- 27.1787	24.3490
*country*2	- 1.5186	9.4925	- 54.4694	57.6510
*country*3	- 3.3867	12.0576	- 85.4964	61.6494

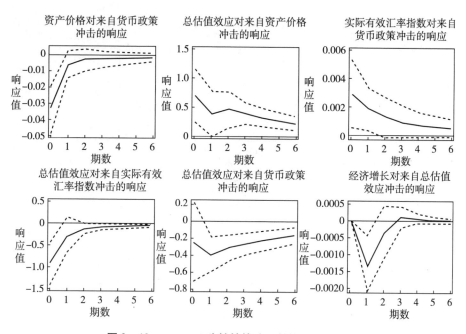

图 2 – 12　*country*1 稳健性检验：替换总估值效应

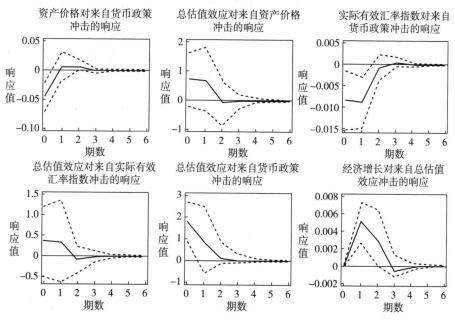

图 2 – 13　*country*2 稳健性检验：替换总估值效应

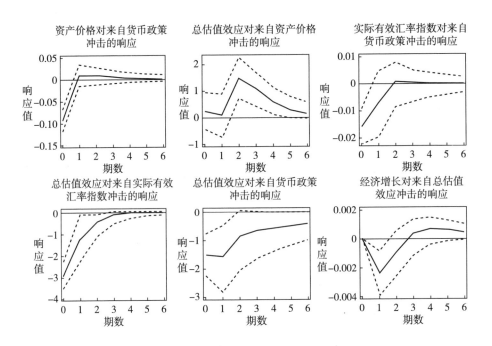

图 2 - 14   *country*3 稳健性检验：替换总估值效应

（3）中介效应。本部分进一步采用中介效应进行分析，模型设定如式（2.26）至式（2.28）所示。其中，使用经济增长率 *dy* 作为被解释变量，货币政策指标 *sr* 作为核心解释变量，总估值效应 *tvalmf* 作为中介变量，控制变量则根据 Georgiadis and Mehl（2016）选择进出口贸易占 GDP 比重的对数 *trade*、工业增加值占 GDP 比重的对数 *industry*、国内信贷规模占 GDP 比重的对数 *credit*。

$$dy_{it} = \alpha + \alpha_1 sr_{it-1} + \alpha_2 trade_{it-1} + \alpha_3 industry_{it-1} + \alpha_4 credit_{it-1} + \varepsilon_{it}$$

$$（2.26）$$

$$tvalmf_{it} = \psi + \psi_1 sr_{it} + \psi_2 trade_{it} + \psi_3 industry_{it} + \psi_4 credit_{it} + \varepsilon_{it}$$

$$（2.27）$$

$$dy_{it} = \xi + \xi_1 tvalmf_{it-1} + \xi_2 sr_{it-1} + \xi_3 trade_{it-1} + \xi_4 industry_{it-1} + \xi_5 credit_{it-1} + \varepsilon_{it}$$

$$（2.28）$$

回归结果表明（见表2-7），整体上讲，新兴市场国家存在货币政策的估值效应传导渠道。其中，对外币净资产为正的新兴市场国家而言，货币政策对估值效应有显著的正向影响，意味着紧缩的货币政策会产生正的估值效应；式（2.28）中估值效应也对经济增长率有显著正向影响，而且货币政策对经济增长率的负向影响比式（2.26）中的更大，表明货币政策冲击产生的估值效应会削弱货币政策对经济增长的影响，存在货币政策的估值效应传导渠道。对外币净资产为负的新兴市场国家而言，货币政策指标对估值效应有显著的负向影响，意味着紧缩的货币政策将会产生负的估值效应；式（2.28）中估值效应同样对经济增长率有显著正向影响，而且货币政策对经济增长率的负向影响比式（2.26）中的小，表明货币政策冲击产生的估值效应确实增强了货币政策对经济增长的影响，存在货币政策的估值效应传导渠道。上述结论与面板 VAR 模型的结果基本一致。

表2-7 中介效应检验结果

变量	式（2.26）	式（2.27）	式（2.28）
	*country*1		
滞后1期货币政策指标	-0.0041***		-0.0040***
	(0.0008)		(0.0008)
货币政策指标		0.1377	
		(0.3286)	
滞后1期总估值效应			-0.0002
			(0.0002)
	*country*2		
滞后1期货币政策指标	-0.0089**		-0.0097**
	(0.0038)		(0.0039)
货币政策指标		2.6381**	
		(1.2816)	
滞后1期总估值效应			0.00032*
			(0.00019)

续表

变量	式（2.26）	式（2.27）	式（2.28）
	country3		
滞后1期货币政策指标	− 0.0018 *** （0.0003）		− 0.0016 *** （0.0003）
货币政策指标		− 0.6943 *** （0.1129）	
滞后1期总估值效应			0.0003 ** （0.00015）

注：表内数字均为变量的回归系数，对应括号内均为标准误。 * 、 ** 和 *** 分别表示在10% 、5% 和1% 的水平上显著。

三、估值效应与中国货币政策传导机制

中国自2001 年加入 WTO 以来，对外贸易盈余不断增加，外部失衡逐步加剧。2018 年，中国对外资产负债总规模占 GDP 的比重已超过90% 。作为一个净资产国和现行国际货币体系的"外围国家"，中国对外资产负债的投资结构和币种结构一直存在比较严重的失衡现象。在投资结构上，对外资产以外币计价的低收益资产为主，而对外负债中权益类负债所占比重从2004 年开始一直在60% 以上；在币种结构上，据 Bénétrix et al. （2015 ）与本书测算，中国对外净资产以美元计价资产为主。2008 年国际金融危机之后，以美元计价资产占比虽然有所下降，但其仍是最主要的外币资产。随着中国对外资产负债规模增加以及结构失衡，由汇率和资产价格波动引致的估值效应也不断增加且具有一定特殊性。为此，本部分进一步聚焦中国问题，分析估值效应对中国货币政策传导机制的影响。

在样本选择上，EWN 数据库只提供各国以市值重新估算的国际投资头寸年度数据且时间序列相对较短，而 IMF 自2010 年第四季度才开始公布中国国际投资头寸季度数据。为此，本章使用2011—2018年的季度数据进行经验分析。在模型设定上，使用贝叶斯VAR模型代替传统向量自回归模型，以解决参数过多、模型不稳定等问题。在变量选择上，由于当前和过去的一个时期内，数量型货币政策工具仍在发挥重要作用（易纲，2016），本章使用广义货币增长率代替短期利率作为货币政策指标。同时，分别根据式（2.8）与式（2.25）测算了总估值效应 $twalmf$，并进一步计算出中国的金融汇率波动率 fer。从表2-8的描述性统计可以看出，中国总估值效应与金融汇率波动率的波动程度均小于上述样本国家，尤其是金融汇率波动率。

表2-8　主要变量描述性统计

变量	均值	标准差	最小值	最大值
式（2.8）测算总估值效应 $twalmf$	−2.027	5.265	−14.877	9.810
式（2.25）测算总估值效应 $twalmf$	−0.837	5.758	−13.597	14.725
金融汇率波动率 fer	−0.017	0.617	−1.302	1.327

图2-15报告了基于贝叶斯VAR的基准模型结果，图2-16与图2-17分别报告了用金融汇率波动率替换实际有效汇率波动率，以及用式（2.25）测算出的总估值效应替换式（2.8）测算出的总估值效应后的稳健性检验结果。整体上讲，作为外币净资产国，中国与 country2 中的国家一样，受到紧缩性货币政策冲击后会产生正的估值效应，但估值效应并不会对经济增长产生影响。从图2-15和图2-17可以看出，紧缩性货币政策冲击会导致实际有效汇率指数下降，但实际有效汇率指数下降并不会对估值效应产生影响。可能原因在于实际有效汇率主要是以对外贸易为权重编制的汇率指数，并未考虑币种结构等因素。从图2-16可以看出，受到紧缩性货币政策冲击后，汇率波动率与总估值效应都会受到正向影响，但只有总估值效应受到的影响是显著的。

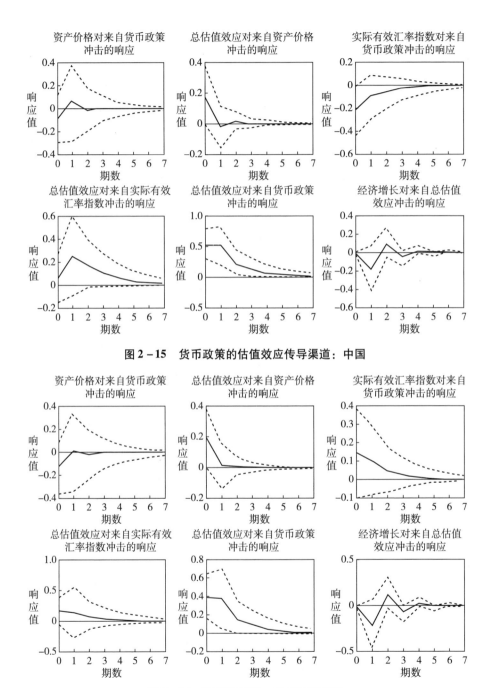

图 2 - 15 货币政策的估值效应传导渠道：中国

图 2 - 16 稳健性检验：替换汇率变量

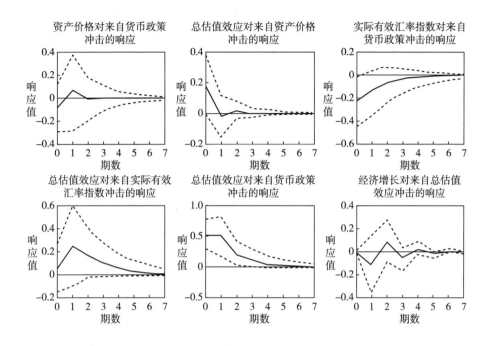

图 2 - 17　稳健性检验：替换总估值效应

不难看出，当前中国货币政策冲击能够产生估值效应，但无法影响货币政策实施效果。然而，随着新一轮高水平对外开放深入推进，中国对外资产负债规模越来越大，如果对外净资产的币种结构出现严重失衡，货币政策实施效果很可能会受到影响。因此，在加快对外开放步伐的过程中，要进一步切实推动人民币国际化，根本上摆脱"外围国家"在全球失衡中遭受的财富损失，以及可能产生的对国内货币政策的影响。要不断增加对外资产中以人民币计价资产的比重，尽量保持对外净资产币种结构的平衡。同时，随着对外资产负债规模扩大，为进一步研究汇率波动对对外资产负债的影响，有必要构建并发布以对外净资产币种结构为权重的金融汇率指数。

四、本章小结

全球化和以美元本位制为核心的国际货币体系使全球失衡成为一种常态，具体表现为各国对外资产负债规模的扩张以及投资结构和币种结构的错配，这种失衡是否会通过估值效应显著影响货币政策的传导机制？本章基于 1995—2018 年 43 个代表性国家的跨国数据进行分析，有以下发现。（1）存在货币政策的估值效应传导渠道。货币政策冲击导致一国货币币值和资产价格产生波动，使本国对外资产负债存量的本币价值发生变化，进而产生估值效应，影响各经济部门的生产、投资和消费行为，最终对该国经济增长造成影响。在此基础上，本章通过五变量面板 VAR 模型对所有样本国家进行分析后发现，货币政策的估值效应传导渠道确实存在，而且货币政策冲击后对外净资产产生的估值效应会在一定程度上增强货币政策传导效果。（2）分样本国家的异质性分析表明，发达国家受到货币政策冲击后确实会产生估值效应，但不会影响经济增长。可能原因在于发达国家金融市场比较发达，风险对冲机制较为完善，在一定程度上削弱了估值效应对投资、消费和生产的影响。新兴市场国家存在货币政策估值效应传导渠道，对外净资产存量因货币政策冲击产生的估值效应会对货币政策传导效果产生显著影响。对外币净资产为正的新兴市场国家而言，受到货币政策冲击后对外净资产存量产生的估值效应会削弱货币政策传导效果，而外币净资产为负的新兴市场国家受到货币政策冲击后，对外净资产存量产生的估值效应会增强货币政策的传导效果。（3）基于贝叶斯 VAR 模型对中国问题的分析结果表明，受到货币政策冲击后，中国对外净资产存量会产生显著的估值效应，但尚不会对经济增长造成影响。

　　本章为全球失衡条件下的货币政策分析提供了新的视角，为在中长期内进一步推动人民币国际化和国际货币体系改革提供了新的理论和经验证据，所得结论具有比较明确的政策启示：（1）在新一轮高水平对外开放进程中，要加快人民币国际化进程，协同推进国际货币体系改革，要特别注意增加对外资产中以人民币计价资产的比重，尽可能保持对外净资产币种结构的平衡；（2）要更多关注对外资产负债存量变化对国内宏观经济政策实施的影响，考虑到由汇率波动引起的估值效应对宏观经济可能造成的影响，有必要构建并发布以对外净资产币种结构为权重的金融汇率指数；（3）从货币政策冲击产生的估值效应传导到实体经济的渠道来看，要进一步加强国内金融市场体系建设，提高货币政策效率、完善风险对冲机制、改善投融资环境，以减轻估值效应可能对经济实体的影响。

　　进一步地，在当前宏观失衡无法在短期内得以调整的大背景下，要切实加强外汇储备管理并为参与国际货币体系改革和推动人民币国际化提供保障。要在充分吸收各国管理经验的基础上，将外汇储备管理置于全面深化经济金融体制改革的国家中长期战略中统筹规划，尝试构建中国外汇储备"积极管理"新框架。（1）尽管大多数国家的货币当局仍然将传统外汇储备管理的安全性、流动性、收益性原则中的安全性与流动性列为首要原则，但是收益性原则在外汇储备管理实践当中占有越来越高的权重。特别是对于持有超额外汇储备的开放型大国而言，要将现行积极管理模式的重心逐步转移至收益最大化与管理有效性。（2）要采取更为结构化和高效性的投资决策体系。一方面，注重自上而下的战略决策。在满足传统外汇储备管理目标之后，部分国家将外汇储备管理与本国经济中长期发展战略相结合，通过管理策略的创新以及外汇资产的创造性运用来解决制约本国经济发展的"瓶颈"问题。另一方面，注重储备管理的功能分离。在管理主体结构上，日本、美国、韩国以及新加坡等国家普遍采用"财政部 + 央行"的双层管理构架。其中，财政部处于政策主导地位，主要负责外汇储备战略的决策规划以及日常管理的规则制定等；央行处于决策执行地位，主要依照财政部的规定，进行外汇储备资产的日常管理。（3）要加强金融风险和操作风险等层面的风险管理，并进一步建立全球范围内资源配置的大战略。超额外汇储备管理要在全球资源配置体系的构建过程中发挥至关重要的作用。（4）利用双边货币互换和区域性外汇储备库建设等方式开展全球货币金融合作。利用超额外汇储备，积极拓展全球金融合作渠道，不断提升中国货币金融影响力。积极参与国际货币体系改革并推动人民币国际化。从长期来看，中国唯有通过加速推进人民币国际化，实现国际货币体系由美元"一元独霸"向美元、欧元、人民币"三足鼎立"格局的转变，才能在国际社会赢得主动权。

第三章　双边货币互换、
汇率市场化与人民币国际化

在充分发挥市场作用的基础上，有序推进人民币国际化需要更多有效政策的支撑。作为推进人民币国际化的重要抓手，随着国际金融危机以来人民币全球需求不断增加，双边货币互换范围和规模不断扩大，在推进人民币国际化过程当中发挥了重要作用。本章利用人民币全球跨境支付的真实交易数据，实证分析双边货币互换对于人民币国际化的影响及其中介机制。从货币职能角度看，双边货币互换的影响主要体现在交易媒介和计价单位职能上，而对价值贮藏职能没有显著影响。这符合通过构建双边货币互换网络推动人民币在国际贸易投资方面广泛使用，进而提升人民币在全球范围内承担交易媒介和计价单位职能的基本政策逻辑。价值贮藏作为更高层次职能，双边货币互换安排的签订无法显著提升货币这一职能发挥。进一步地，本章发现汇率市场化可以通过"信号效应"增强双边货币互换对于人民币国际化的推动作用。本章拓展和丰富了关于双边货币互换的研究，为在新一轮高水平开放进程中协调推进人民币国际化、汇率市场化和资本账户开放提供了重要的理论依据与政策启示。

一、双边货币互换：政策背景与演进逻辑

（一）双边货币互换

2008 年国际金融危机爆发后，现有国际货币体系固有的脆弱性

受到普遍关注（高海红和余永定，2010），国际社会开始呼吁改革现行国际货币体系，进一步提高新兴市场国家货币的话语权和代表性，人民币国际化迎来新的发展机遇。自 2009 年跨境贸易人民币结算试点推出以来，从跨境贸易到金融交易再到官方储备，人民币市场化程度和国际认可度不断提升，在推动贸易投资便利化、金融创新发展与服务实体经济等方面发挥了重要作用。在资本账户尚未完全开放的大背景下，中国已经初步探索出一条具有鲜明中国特色的货币国际化道路。从货币国际化的历史规律看，货币替代要远远滞后于经济替代，是一个长期的过程。同样，人民币国际化也是一个中长期战略，是中国经济发展、市场选择和历史演进的必然（陈雨露等，2005）。在更长的历史时期，要始终坚持市场化导向，积极稳妥地推进人民币国际化。《中华人民共和国国民经济和社会发展第十四个五年规划和2035年远景目标纲要》明确提出，"稳慎推进人民币国际化，坚持市场驱动和企业自主选择，营造以人民币自由使用为基础的新型互利合作关系"。当然，在充分发挥市场作用基础上，有序推进人民币国际化需要更多有效政策支撑。作为推进人民币国际化的重要抓手，随着国际金融危机以来人民币全球需求不断增加，双边货币互换范围和规模不断扩大。截至 2020 年底，中国人民银行总计与 40 个国家和地区的中央银行或货币当局签署双边货币互换协议，总金额超过 3.99 万亿元。

双边货币互换作为人民币国际化的重要抓手，在推进人民币国际化过程当中发挥了重要作用。2008 年国际金融危机爆发后，国际金融体系流动性紧缺。在这种情况下，为了能够给贸易和投资伙伴提供流动性支持，中国陆续与有关国家和地区签署了双边货币互换协议。如图 3 - 1 所示，2010 年以来，双边货币互换协议总数和总额度不断增加，并于 2016 年 6 月达到阶段性高点。2016 年 6 月以后，双边货币互换协议的总数和总额度在略有下滑后持续稳定在一个较高水平上。

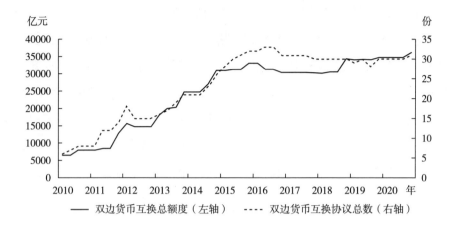

图 3-1 双边货币互换协议总数和总额度变化趋势

（资料来源：根据中国人民银行《中国货币政策大事记》整理）

表 3-1 中国人民银行与其他国家/地区的货币互换协议签署情况（2008—2020 年）

国家/地区	首次签署时间	首次签署规模 （亿元）	国家/地区	首次签署时间	首次签署规模 （亿元）
韩国	2008 年 12 月	1800	匈牙利	2013 年 9 月	100
中国香港	2009 年 1 月	2000	阿尔巴尼亚	2013 年 9 月	20
马来西亚	2009 年 2 月	800	欧盟	2013 年 10 月	3500
白俄罗斯	2009 年 3 月	200	瑞士	2014 年 7 月	1500
印度尼西亚	2009 年 3 月	1000	斯里兰卡	2014 年 9 月	100
阿根廷	2009 年 4 月	700	俄罗斯	2014 年 10 月	1500
冰岛	2010 年 6 月	35	卡塔尔	2014 年 11 月	350
新加坡	2010 年 7 月	1500	加拿大	2014 年 11 月	2000
新西兰	2011 年 4 月	250	苏里南	2015 年 3 月	10
乌兹别克斯坦	2011 年 4 月	7	亚美尼亚	2015 年 3 月	10
蒙古国	2011 年 5 月	50	南非	2015 年 4 月	300
哈萨克斯坦	2011 年 6 月	70	智利	2015 年 5 月	220
泰国	2011 年 12 月	700	塔吉克斯坦	2015 年 9 月	30
巴基斯坦	2011 年 12 月	100	摩洛哥	2016 年 5 月	100
阿联酋	2012 年 1 月	350	塞尔维亚	2016 年 6 月	15
土耳其	2012 年 2 月	100	埃及	2016 年 12 月	180
澳大利亚	2012 年 3 月	2000	尼日利亚	2018 年 4 月	150
乌克兰	2012 年 6 月	150	日本	2018 年 10 月	2000
巴西	2013 年 3 月	1900	中国澳门	2019 年 12 月	300
英国	2013 年 6 月	2000	老挝	2020 年 5 月	60

资料来源：作者根据中国人民银行历年《中国货币政策大事记》整理。

事实上，货币互换的诞生可以追溯到 20 世纪 60 年代。在布雷顿森林体系下，美国国际收支赤字不断扩大，为了抵御针对美元贬值的投机，防止黄金外流，1962 年美联储与奥地利、比利时、加拿大、英国、法国、德国、意大利、荷兰、瑞士和 BIS 建立了第一个互换网络（Bordo et al. , 2015）。布雷顿森林体系解体后，美联储货币互换目的发生了根本变化，从防止黄金外流手段发展为一种危机应对型货币政策。2008 年国际金融危机爆发后，全球美元流动性枯竭，各国银行无法继续获得美元融资，期限错配使各国银行面临资金链断裂风险。为了维护国际金融市场和金融体系稳定，防止货币市场的混乱蔓延到美国，美联储在一年内陆续与全球十几家货币当局签署了双边货币互换协议，通过这一操作把美元借给各国银行，成功缓解了流动性危机（Bahaj and Reis, 2018）。此后，在欧债危机、全球新冠疫情期间，双边货币互换再次被启用，美联储向签署国提供流动性支持，在一定程度上维护了全球金融市场稳定。

不难看出，美联储与各国货币当局签署双边货币互换实质上充当了全球最后贷款人角色，维持了国际金融市场和金融体系稳定。正如一国央行需要在该国商业银行出现严重流动性困境时通过贴现窗口（Discount Window）提供流动性，美联储也需要在全球各国陷入美元流动性短缺时通过双边货币互换提供美元流动性。美联储不仅可以直接通过双边货币互换给签署国注入美元流动性，也能间接通过发出中央银行合作的"信号"平息危机局势（Bordo et al. , 2015），增加各国抵御风险能力，提升国际货币体系弹性。值得注意的是，通过双边货币互换向全球注入美元流动性并非美联储的义务，而只是一种选择，更多的是为了缓解相关国家和地区的流动性危机，并以此维护美元霸权地位。此外，双边货币互换可以增加全球对美国资产的购买量，还可以降低外国银行的美元融资成本（Goldberg et al. , 2011），鼓励各国银行更多地投资以美元计价的资产，这无疑扩大了美元影响力，巩固了美元霸权。

与美联储的货币互换相比，中国人民银行的双边货币互换有所不同。第一，目的不同。美联储的货币互换充当了全球最后贷款人角色，主要为了维持国际金融市场和金融体系稳定；而中国人民银行的货币互换主要为了服务实体经济，促进人民币在贸易和投资中的使用，推动人民币国际化。第二，资金用途不同。美联储的货币互换旨在满足外国银行的美元融资需求；而中国人民银行的货币互换主要提供贸易信贷和营运资金，此外也可以通过注入流动性稳定离岸人民币市场以及为签署国提供人民币储备资产。第三，活跃期间不同。除了与加拿大、英国、日本、欧洲和瑞士央行等签订的常备互换安排外，美联储货币互换协议大多在危机期间签署，持续时间一般为6个月，具有临时性特征；而中国人民银行的货币互换持续时间一般为3年，持续时间更长。第四，驱动因素不同。美联储倾向于与那些有着紧密贸易投资关系的经济体签订互换协议，而且这些国家一般具有高资本账户开放、低主权债务违约风险等特征。对于新兴市场国家，美联储与其签订货币互换协议的主要考量在于美国银行对该国的风险敞口。与此不同，中国人民银行倾向于选择跟中国有密切贸易关系的国家签署互换协议，双边投融资关系、政治关系、政治稳定性等也是重要参考因素。第五，对象范围不同。美联储的货币互换对象大多是发达经济体，而中国人民银行的货币互换涵盖国家分布更为广泛。

（二）跨境贸易人民币结算与人民币国际化

人民币国际化起步于跨境贸易人民币结算。2009年7月，中国人民银行与相关部门联合发布《跨境贸易人民币结算试点管理办法》（银发〔2009〕10号），最初的结算试点在上海、广东、港澳和东盟的部分地区，经过一段时间探索，跨境人民币结算试点逐渐扩大到全国，业务范围也从货物贸易扩展到全部经常项目。自 2009 年试点以来，跨境贸易人民币结算金额累计突破 50 万亿元。2020 年，经常项目下跨境人民币收付金额合计 6.77 万亿元，同比增长 12.09%。人民币贸易计价结算职能也成为推动人民币国际化的核心驱动力。

随着跨境结算政策逐渐放开，境内机构使用人民币到境外开展直接投资的需求也不断增强。2011 年 1 月，中国人民银行发布了《境外直接投资人民币结算试点管理办法》（中国人民银行公告〔2011〕第 1 号），正式允许境内机构使用人民币到境外进行直接投资，允许境内银行向境内机构在境外投资的企业或项目发放人民币贷款，同年 10 月发布《外商直接投资人民币结算业务管理办法》（中国人民银行公告〔2011〕第 23 号），进一步扩大人民币在跨境贸易和投资中的使用，规范银行和境外投资者办理外商直接投资人民币结算业务。从 2013 年起，境外人民币放款、跨国企业人民币资金池、全口径跨境融资等相关融资业务也根据市场需要陆续放开。至此，企业在以经常项目为主的跨境使用人民币的政策实现全覆盖和充分便利化。2013 年，国务院批准《中国（上海）自由贸易试验区总体方案》，建立中国（上海）自由贸易试验区，"一行三会"随之出台了多项金融创新举措以促进自贸区发展，为人民币国际化创造了有利条件。随后，全国相继设立了多个自由贸易试验区，相关的制度创新扩大了人民币的跨境使用。例如，广东自贸区提出推动人民币作为自贸区与港澳地区及国外跨境大额贸易和投资计价、结算的主要货币，推动自贸区与港澳地区开展双向人民币融资等；天津自贸区提出稳妥推进境外机构和企业发行人民币债券等产品，吸引主权基金等境外投资者投资境内人民币资产。

随着金融市场开放程度逐步提高，人民币跨境使用从贸易和投资逐步拓展至金融交易领域。一方面，人民币国际化水平的提高使境外主体持有人民币的数量逐步增加，衍生出投资境内金融市场的需求；另一方面，国内经济稳定增长，金融市场快速发展，利率水平相对较高，人民币金融资产的吸引力提高，境外主体对国内金融市场的投资意愿增加（潘功胜，2019）。2010年8月，中国人民银行发布了《关于境外人民币清算行等三类机构运用人民币投资银行间债券市场试点有关事宜的通知》（银发〔2010〕217号），允许香港、澳门地区人民币业务清算行、跨境贸易人民币结算境外参加银行和境外中央银行或货币当局申请进入银行间债券市场进行投资。充分试点后，相关部门逐渐允许境外央行类机构不受额度限制地进入中国银行间债券市场和中国银行间外汇市场进行投资。2011年12月，中国人民银行在中国香港开展以RQFII方式投资境内证券市场试点，并于后续扩大试点，增加投资范围，解除额度、试点国家和地区等限制。2014年11月，中国证券监督管理委员会和香港证券及期货事务监察委员会批准上海证券交易所和香港证券交易所开展沪港股票市场交易互联互通机制，允许两地投资者通过交易所买卖港股和A股，"沪港通"正式推出。为了进一步完善互联互通机制，"深港通"和"沪伦通"在此后相继推出，境外人民币在资本领域的流通和使用得到加强，人民币国际化稳步推进。经过多年发展，境外投资者已有多种渠道投资中国金融市场，包括RQFII、直接入市投资、债券通、基金互认、"沪港通"、"深港通"和"沪伦通"以及特定品种期货等。

　　2016年，人民币加入SDR货币篮子是人民币国际化进程中具有里程碑意义的事件。随之而来的是境外央行类机构投资境内人民币金融资产的意愿不断上升，人民币国际储备功能得以进一步体现。据不完全统计，全球超过75个国家和地区的货币当局将人民币纳入外汇储备。截至2022年底，人民币在全球储备资产中的份额为2.69%，较 2016 年刚加入 SDR 篮子时提升了 1.18 个百分点，成为全球第五大储备货币。

二、双边货币互换能够推动人民币国际化吗？

中国人民银行的双边货币互换主要为了促进人民币在贸易和投资中的使用，更好地服务实体经济。但是，双边货币互换能否真正推动货币国际化？现有研究尚无一致意见。部分研究认为，中国人民银行签订的货币互换协议很少被使用（McDowell，2019），其更多意味着一种货币盟友关系（李巍和朱艺泓，2014），无助于提升人民币在离岸外汇市场中的使用（Chey and Hsu，2020）。当然，也有研究认为双边货币互换可以推动货币国际化。双边货币互换可以提升人民币国际支付的概率（Bahaj and Reis，2020），增加人民币直接使用的内涵边际和人民币间接使用的外延边际（王孝松等，2021）。这意味着，双边货币互换可以为本国货币的海外使用提供流动性支持（Lin et al.，2016），提升国外对本国货币市场稳定的信心（Aizenman et al.，2011），增加本国货币在贸易计价结算中的使用（Song and Xia，2020；Georgiadis et al.，2021），增强人民币汇率的锚效应等（朱孟楠等，2020），进而提升人民币国际化水平。可以看到，既有文献从不同角度实证分析了双边货币互换的作用，但仍存在一定局限：一是对于双边货币互换促进人民币国际使用的内在逻辑和影响机制，缺乏较为系统的理论阐释和实证检验；二是研究视角仅仅聚焦于双边货币互换对贸易、支付等个别经济金融变量的影响，没能更全面地研究其对人民币国际化及其货币职能的影响。

鉴于此，本章基于人民币全球跨境支付信息，使用真实交易数据度量人民币国际支付，并结合三大国际货币职能的视角，更为全面和准确地衡量人民币国际化程度。在此基础上，实证研究了双边货币互换对人民币国际化的影响及其作用机制，并使用不同的变量和计量方法证明结论的稳健性。相比已有研究，本章可能的边际贡献在于：其一，基于 SWIFT 交易数据构建了更可信的人民币国际化度量指标，在此基础上系统地实证分析了双边货币互换对人民币国际化的影响，并验证了基于流动性、信心和网络外部性的影响机制；其二，在分析双边货币互换对人民币国际化总体影响的基础上，进一步基于交易媒介、计价单位和价值贮藏的国际货币职能进行了结构化分析，为在新阶段顺应货币国际化演进逻辑、有序推进人民币国际化提供了经验证据；其三，进一步研究了汇率市场化对于双边货币互换效果的影响，为当前在新一轮高水平开放进程中，协调推进人民币国际化、汇率市场化和资本账户开放提供了重要的政策启示；其四，使用倾向得分匹配进行样本数据预处理，并使用双重差分法处理内生性问题，使实证结果更加可信。

（一）理论分析与研究假说

理论上讲，流动性、信心和网络外部性是影响货币国际化的三大经济因素（Chey，2012；Eichengreen et al.，2019），但是鲜有文献基于此系统梳理双边货币互换能否推动货币的国际使用。鉴于此，本章尝试从上述三大经济因素入手，分析双边货币互换对人民币国际化的可能影响。从流动性角度看，随着中国与各国经贸关系不断加深，进出口额逐年提高，越来越多的企业倾向于使用人民币进行贸易融资和计价结算，以规避汇率风险，降低汇兑费用，提高融资效率。而双边货币互换可以提供更多潜在的人民币流动性，支持跨境贸易，进一步增加人民币国际使用。从货币信心角度看，作为新兴市场国家货币，国外市场对于人民币的信心可能会影响人民币的国际使用，人民币能否在外部冲击下保持稳定仍然有待检验。而双边货币互换不仅可以在危机时恢复金融市场对一国流动性和偿付能力的信心，甚至在非危机时期也可以有助于维持市场信心（Aizenman et al.，2011），从而增加人民币在跨境贸易和储备货币中的使用。这意味着，双边货币互换可以增强进口商和银行对于人民币市场稳定的信心，推动人民币在贸易结算中的使用（Song and Xia，2020），也有助于吸引国外央行选择人民币作为锚定货币或者储备货币（Dabrowski，2020）。从网络外部性角度看，随着一种货币使用范围扩大，更低的交易成本、更高的可兑换程度等因素会推动该货币被更多使用，产生自我强化效应（Lai and Yu，2015）。双边货币互换短期内主要影响中国与协议签署国双边人民币交易情况。随着海外人民币存量增加，在网络外部性作用下，不同国家之间也会更多地使用人民币交易，推动人民币国际化水平进一步提升。基于此，本章提出以下假说：

假说1a：双边货币互换能够推动人民币国际化。

中国人民银行与全球其他货币当局积极开展合作，双边货币互换协议总数和总额度逐年攀升，但是直观证据表明，双边货币互换的作用可能并不大。据与中国签署双边货币互换协议的部分央行查证，互换协议实际很少被使用（McDowell，2019）。部分国家在使用货币互换获得人民币外汇储备后，又将人民币储备资产换成美元。这与中国人民银行期望通过双边货币互换推进人民币在双边贸易投资中的使用进而有效服务实体经济的目标相悖，而且大量抛售人民币资产还可能造成汇率波动，影响外界对于人民币的信心。此外，也有研究认为中国人民银行的货币互换协议实质上是中国的货币盟友外交，其目的在于增强人民币国际使用的信任和政治支持，并没有产生经济影响（李巍和朱艺泓，2014），短期对人民币国际化的直接影响将非常有限。值得一提的是，尽管双边货币互换无法显著提升人民币在离岸外汇市场的使用，但同为基础设施的 RQFII 和人民币清算行却产生了显著影响（Chey and Hsu，2020）。

事实上，货币国际化需要经历现行国际货币体系当中"霸权守成"和"力量新兴"之间的长期角力与制衡，这一过程中存在诸多阻碍因素。一方面，金融市场深度对于货币国际化至关重要（Frankel，2012；宋科等，2021），资本账户不可兑换也会阻碍人民币成为具有支配地位的国际货币（高海红和余永定，2010）。而金融市场发展和资本账户开放绝非通过推进双边货币互换而在短期内得到重大进展，因此其对人民币国际化的实际影响将颇为有限。另一方面，双边货币互换尚无法打破现有国际货币使用惯性对于人民币国际化的阻碍。历史经验表明，一种国际货币的使用惯性一旦形成，将很难改变。例如，20世纪 20 年代以后，英镑作为交换媒介持续存在，而现行国际货币体系当中的美元更是如此（Chinn and Frankel，2005；邓富华和霍伟东，2017）。对于人民币而言，在中国大量的贸易伙伴长期使用美元计价结算并在美元远期市场上套期保值的情况下，转而使用人民币需要付出较高的调整成本（何帆等，2011）。可见，在国际货币使用惯性影响下，双边货币互换对于人民币国际化的推动作用可能较为有限。基于此，本章提出：

假说 1b：双边货币互换并未推动人民币国际化。

货币国际化意味着其交易媒介、计价单位和价值贮藏等功能在世界范围延伸。从历史经验看，货币国际化进程中各项基本职能并非同步发展，其发展顺序符合一定自然规律。人民币国际化应该遵循货币发展规律，通过"三步走"战略拓展人民币国际化功能（陈雨露，2013）：首先，实现"贸易结算化"，使人民币在贸易结算当中充当国际结算货币；其次，实现"金融投资化"，使人民币在国际投资领域中作为投资货币；最后，实现"国际储备化"，人民币成为国际最重要的储备货币之一。跨境贸易和境外直接投资人民币结算试点推出后，人民币在国际市场上作为交易媒介的职能逐步显现，计价单位职能发展相对滞后，而价值贮藏职能作为更高层次的职能，以交易媒介和计价单位职能的发挥为前提，发展最为缓慢。

既然不同货币职能的发展阶段存在差异，那么双边货币互换对于三大职能的影响也可能存在结构性差异。中国人民银行推动货币互换是为了促进人民币在跨境贸易和投资中使用。双边货币互换可以为国外提供人民币流动性，直接满足其使用人民币贸易和投资的需要，促进人民币在跨境贸易计价结算中使用，因此可能对交易媒介和计价单位职能产生更大影响。对于价值贮藏功能，2016 年人民币加入 SDR后，人民币资产才逐渐被越来越多国外的官方和私人部门持有，双边货币互换很难在短期内显著提升一国持有人民币储备资产的意愿，该职能目前仍处于较低水平。基于此，本章提出：

假说2：双边货币互换对于人民币在国际范围内承担不同货币职能的影响存在结构性差异。在人民币国际化初期，双边货币互换主要通过发挥人民币交易媒介与计价单位职能来推动人民币国际化，而对价值贮藏职能影响相对有限。

金融开放会产生"信号效应"，向市场宣示该国将致力于实施强有力的经济金融政策以维护金融稳定（Gourinchas and Jeanne，2006）。例如，资本账户开放可能意味着未来会推出更高质量、更市场化、更高开放水平的政策，强化对于积极政策的承诺。对于人民币国际化而言，人民币非市场化的定价机制会抑制各国拓展人民币业务的积极性，进而阻碍人民币国际化进程，只有较高的汇率市场化程度才能更有利于人民币国际化。一方面，人民币汇率市场化可以提升汇率政策的规则性，稳定汇率预期，增强市场主体对于人民币的信心，进而提升人民币全球使用意愿。另一方面，人民币汇率市场化改革能够向市场释放未来将进一步推出高质量政策以推进高水平金融开放的"信号"，形成更为稳定的市场预期，激发全球市场对于人民币资产的需求。因此，汇率市场化更有利于双边货币互换通过流动性、信心、网络外部性等渠道促进人民币国际使用，进而提升人民币国际化水平。基于此，本章提出：

假说3：人民币汇率市场化能够提升双边货币互换对于人民币国际化的影响程度。

（二）研究设计

1. 识别策略

本章将2010年10月至2017年12月与中国人民银行签订双边货币互换协议的国家归为处理组，将历史上从未与中国人民银行签订双边货币互换的国家归为控制组。理论上讲，处理组国家签订协议前后人民币使用情况的变化量，与如果这些国家没有签订协议时人民币使用情况的变化量之差，即为双边货币互换的政策效果。但事实上，研究者无法观察到处理组国家如果没有签订协议时的人民币使用情况，因此需要将控制组国家在双边货币互换签订前后人民币使用情况之差，作为处理组国家如果没有签订协议时人民币使用情况之差的反事实，从而构建双重差分。鉴于中国人民银行与各国签订货币互换协议时间不同，本章使用渐进双重差分法。具体模型设定如下：

$$Y_{i,t} = \beta_0 + \beta_1 DID_{i,t} + \gamma X_{i,t} + \mu_i + \eta_t + \varepsilon_{i,t} \qquad (3.1)$$

其中，$Y_{i,t}$表示i国在t时间的人民币使用情况，回归时做对数化处理；$DID_{i,t}$表示接受处理的虚拟变量，具体来讲，若i国在t时间与中国人民银行的双边货币互换协议有效，则$DID_{i,t}$取1，否则取0；$X_{i,t}$为一系列控制变量；$\varepsilon_{i,t}$为残差项。μ_i和η_t分别表示国家固定效应和时间固定效应。

中国人民银行与不同国家和地区签署的双边货币互换额度存在较大差异，而且后续部分国家和地区同中国人民银行签订补充协议，提高了双边货币互换额度。为了进一步考察不同政策强度对各国人民币使用情况的影响，本章将基准回归中的双重差分项替换为双边货币互换额度（Swap_quota），并做对数化处理。具体模型设定如下：

$$Y_{i,t} = \beta_0 + \beta_1 Swap\_quota_{i,t} + \gamma X_{i,t} + \mu_i + \eta_t + \varepsilon_{i,t} \quad (3.2)$$

控制变量方面，参考 Song and Xia（2020）、王孝松等（2021）等，加入了经济特征、制度特征以及金融特征等变量，具体包括实际GDP、通货膨胀、与中国进出口总额、与中国直接投资总额、政府治理质量、资本账户开放水平、金融发展水平等。其中，政府治理质量是一个国家言论自由、政治稳定、政府效率、监管质量、法制程度和腐败程度六项指标的平均值，资本账户开放水平用伊藤指数衡量，金融发展水平通过该国每10万人享有的商业银行数目衡量。变量定义及数据来源如表3-2所示。

表 3 - 2　主要变量定义

变量名称	变量说明	数据来源
实际 GDP	实际国内生产总值	世界银行 WDI 数据库
通货膨胀	国内生产总值平减指数	世界银行 WDI 数据库
与中国进出口总额	中国与该国双边贸易总额，即进出口之和	Comtrade 数据库
与中国直接投资总额	中国与该国双边直接投资总额，即外商直接投资与对外直接投资之和	IMF CDIS 数据库
政府治理质量	包括一个国家的言论自由、政治稳定、政府效率、监管质量、法制程度和腐败程度，取六项指标的平均值	世界银行全球治理指标（Worldwide Governance Indicators, WGI）数据库
资本账户开放水平	资本账户开放程度	The Chinn - Ito Index
金融发展水平	每10万人享有的商业银行数目，反映该国金融发展水平	世界银行 GDF 数据库

续表

变量名称	变量说明	数据来源
相对通货膨胀	中国与该国通货膨胀之差	世界银行 WDI 数据库
相对汇率波动率	使用 GARCH（1，1）模型计算的中国与该国月度双边汇率的条件方差，并做标准化处理	国际货币基金组织 IFS 数据库
双边政治距离	双边政治距离。使用 Bailey et al.（2017）构建的指标，根据中国和该国在联合国大会上的投票情况衡量	Bailey et al.（2017）
双边文化距离	使用 Hofstede 的文化距离概念，并通过 Kogut and Singh（1988）的方法测度	Hofstede 的个人网站
自由贸易协定	中国是否与该国签署自由贸易协定	根据商务部官方网站整理
地理距离	中国与该国的地理距离	CEPII 数据库
是否接壤	中国与该国是否接壤	CEPII 数据库
对人民币的信心	境外工商企业中打算提升人民币使用比例的企业占比	中国银行《人民币国际化白皮书（2019）》
人民币对美元汇率单日浮动幅度限制（%）	人民币对美元汇率单日浮动幅度限制	中国人民银行官网
人民币对美元汇率单日最大浮动（%）	每日人民币对美元汇率最高点与最低点之差，相较最低点的比例，取月度均值	彭博客户端
人民币对美元汇率中间价与上日收盘价的偏离	人民币对美元汇率中间价与上日收盘价之差，求月度均值，并取绝对值	彭博客户端

在平行趋势假设得到满足的情况下，即协议签订前后控制组人民币使用量的变动，与这一期间处理组如果没有签订协议时人民币使用量变动无显著差异，β_1 就可以识别协议签订对人民币使用的影响，但事实上这一假设经常无法满足。Liao and Daniel（2015）研究表明，在国际贸易和直接投资领域严重依赖中国的国家，更有可能寻求与中国人民银行建立双边货币互换协定，中国也更有可能批准与重要的跨境贸易和直接投资伙伴的双边货币互换协议。事实上，经济因素、政治和制度特征等都会影响双边货币互换协议签署对象的选择（Lin et al.，

2016），可见协议的签订并非是随机的。正因如此，并非所有的控制组个体都适合作为处理组个体反事实趋势的推断，平行趋势假设很可能无法成立。如果在接受处理之前，可以使处理组和控制组中的个体在关键控制变量的取值更为接近，那么这些控制组个体就更适合作为处理组个体更好的反事实，此时平行趋势假设更有可能得到满足。匹配（Matching）的主要思想是从控制组个体中寻找与处理组个体在接受处理前的协变量 X 上更为接近的个体，通过使处理组和控制组在核心控制变量上更平衡，增加平行趋势假设可信度（Caliendo and Kopeinig，2008），从而更好地识别政策效果。本章控制变量数目较多，直接进行协变量匹配会产生"维度诅咒"问题（Curse of Dimensionality），因此本章使用倾向得分匹配（PSM）。

由于处理组个体接受处理的时点存在较大差异，本章在所有处理组接受处理之前（Pre – treatment）的时间点进行匹配。具体地说，本章匹配的时间为 2010 年 12 月，采用核匹配方式，并施加了共同支撑限制。在此基础上，本章在稳健性检验部分也尝试了其他匹配方法，调整匹配时间、匹配方式、匹配变量等，结果均表明本章结论不受匹配方法选择的影响。

2. 变量说明

人民币国际化指标。目前，已有大量文献对人民币国际化水平进行了度量。部分文献直接采用人民币在跨境贸易结算、外汇市场交易以及金融投资等方面的使用情况进行衡量（李建军等，2013；吴舒钰和李稻葵，2018；段世德和胡文瑶，2020）；另有文献考虑了人民币的不同职能，并通过普通加权、主成分分析等方法构建人民币国际化指数（彭红枫和谭小玉，2017）。但是，上述方法最终构建的都是衡量人民币国际化水平的单一时间序列指标，无法满足本章研究需要。本章参照王孝松等（2021），使用 SWIFT 数据中 MT103、MT103 +、

MT103R、MT202、MT300、MT400 和 MT700 之和表示人民币的总体使用,衡量人民币国际化水平。这一衡量方法涵盖了跨境支付(MT103 和 MT202)、银行间外汇交易(MT300)以及贸易融资(MT400 和 MT700)。各国使用人民币交易金额和笔数越多,代表人民币国际化水平越高。在稳健性检验部分,本章还使用了其他替换指标,如排除套利套汇动机的指标、人民币使用占比指标等,相关结论仍然成立。

人民币国际化的三大货币职能指标。在 SWIFT 官方建议下,Batten and Szilagyi(2016)根据 SWIFT 数据中交易类型的信息,构建了分别衡量交易媒介、计价单位和价值贮藏指标:(1)交易媒介,包括银行跨境结算(MT202、MT300、MT320)和证券交易支付(MT540、MT541、MT543);(2)计价单位,包括贸易计价(MT700)和金融产品计价(MT300、MT400);(3)价值贮藏,包括跨境存款和证券投资(MT540、MT541、MT543)。本章沿用这一分类方法。

3. 样本选择

本章使用 2010 年 10 月至 2017 年 12 月 137 个国家银行间交易数据作为研究样本,所有数据均来自 SWIFT 数据库。将不同信息类型下的原始数据分别加总,得到各国人民币交易金额和交易笔数的月度数据,其中交易金额、交易笔数均包括发送和接收跨境交易数据。

(三)基准结果分析

1. 匹配变量的平衡性检验

表 3 - 3 报告了倾向得分匹配后的结果。经过匹配后处理组和控制组大部分协变量的差距都大幅缩小,标准偏差基本都小于20%,符合 Rosenbaum and Rubin(1983)的要求。由此可见,使用倾向得分

匹配对样本进行预处理后，基期控制组和处理组在各协变量上的取值更为接近，这让后续双重差分模型的回归结果更为可信。

表 3 - 3　倾向得分匹配结果

协变量	样本	平均值		标准偏差（%）	标准偏差绝对值减少（%）	t 值
		处理组	控制组			
实际 GDP	匹配前	57.8179	32.1058	19.5488	79.00	0.9696
	匹配后	55.8585	50.4599	4.1046		0.1540
通货膨胀	匹配前	6.4068	7.3865	-11.9884	33.27	-0.6885
	匹配后	6.5523	5.8985	8.0001		0.3540
与中国进出口总额	匹配前	0.5714	0.3460	19.7579	43.45	0.9895
	匹配后	0.5698	0.4423	11.1723		0.4574
与中国直接投资总额	匹配前	0.3812	0.3505	2.5145	-184.32	0.1234
	匹配后	0.3848	0.2976	7.1494		0.3827
政府治理质量	匹配前	0.6056	0.4277	85.6491	99.32	4.8299
	匹配后	0.6026	0.6014	0.5807		0.0248
资本账户开放水平	匹配前	1.1558	0.2444	57.8881	93.91	3.1354
	匹配后	1.1285	1.0730	3.5231		0.1641
金融发展水平	匹配前	27.6462	13.6793	83.3257	74.49	4.8242
	匹配后	26.0629	29.6262	-21.2585		-0.7596

注：实际 GDP、进出口和直接投资单位为百亿美元。

2. 双边货币互换对人民币国际化的影响

表 3 - 4 报告了双边货币互换对人民币使用的影响，结果显示双边货币互换可以显著增加人民币交易总金额和总笔数。整体上讲，相比控制组国家，处理组国家在签署双边货币互换后，人民币交易总金额增加 131.75%，人民币交易总笔数增加 44.8%。进一步地，双边货币互换额度每增加 1%，人民币交易总金额和总笔数会分别增加 15.52% 和 6.29%。可见，双边货币互换可以增加人民币国际使用，提升人民币国际化水平，验证假说 1a。本章基准结论与 Bahaj and Reis（2020）和王孝松等（2021）的基本一致，而与 Chey and Hsu

（2020）结果产生差异的可能原因在于，本章使用的全球跨境支付信息可以更准确地衡量人民币国际化程度，而且样本国家范围更广，而Chey and Hsu（2020）仅在有限国家范围内使用离岸外汇市场数据。

表3-4 双边货币互换对人民币国际化的影响

变量	人民币交易金额		人民币交易笔数	
	（1）	（2）	（3）	（4）
DID	1.3175 ***		0.4480 ***	
	(0.3544)		(0.0845)	
Swap_quota		0.1552 ***		0.0629 ***
		(0.0539)		(0.0130)
控制变量	控制	控制	控制	控制
国家固定效应	控制	控制	控制	控制
月份固定效应	控制	控制	控制	控制
样本量	11832	11832	11832	11832
R^2	0.8618	0.8613	0.9481	0.9480

注：括号内为残差聚类在国家一年份层面的稳健标准误。***、**、* 分别代表1%、5%、10%的显著水平。回归中被解释变量和货币互换额度均使用对数化后的数值。以下各表同。

3. 双边货币互换对三大货币职能的影响

本章进一步考察基于三大货币职能划分的结构性差异。回归结果显示，双边货币互换显著提升了人民币交易媒介和计价单位职能。对于交易媒介职能而言，双边货币互换会使人民币交易金额提升78.55%，交易笔数提升30.65%；对于计价单位职能而言，双边货币互换会使人民币交易金额提升101.99%，交易笔数提升35.24%。与此不同的是，双边货币互换并未对人民币价值贮藏功能产生显著影响。可见，双边货币互换对基于三大货币职能划分的人民币国际化影响具有显著的结构性差异，验证假说2。上述结论基本符合预期。从历史经验看，货币国际化进程中各项基本职能并非同步发展，而是基本遵循从"贸易结算化"到"金融投资化"再到"国际储备化"的基本路径。在人民币国际化初期，起始于跨境贸易和境外直接投资人民币结算试点，在双边货币互换推动下，人民币在国际市场上作为交易媒介和计价单位的职能开始显现，而价值贮藏职能的发挥相对滞后。中国人民银行在2012年度报告中明确指出，签署货币互换协议旨在推进人民币在双边贸易投资中的使用。可见，增加人民币在国际贸易投资中的使用是中国人民银行构建货币互换网络的基本出发点，也是双边货币互换主要推动人民币交易媒介和计价单位职能的根本原因。价值贮藏职能作为更高层次的职能，以交易媒介和计价单位职能发挥为前提，其影响因素更为复杂，不仅受经济金融因素影响，更会受到政治、军事、文化等因素影响，需要经过更为长期的累积才能得以实现。现阶段，无论是国外官方还是私人部门持有的人民币储备资产都处于较低水平，双边货币互换协议签署显然也无法显著改变这一格局。

表3-5 双边货币互换对人民币不同职能的影响

变量	人民币交易金额		人民币交易笔数	
	(1)	(2)	(3)	(4)
Panel A：交易媒介				
DID	0.7855**		0.3065***	
	(0.3911)		(0.0855)	
Swap_quota		0.0776		0.0449***
		(0.0582)		(0.0129)
样本量	11745	11745	11745	11745
R^2	0.8460	0.8457	0.9431	0.9431
Panel B：计价单位				
DID	1.0199***		0.3524***	
	(0.3805)		(0.0801)	
Swap_quota		0.1229**		0.0530***
		(0.0575)		(0.0123)

续表

变量	人民币交易金额		人民币交易笔数	
	（1）	（2）	（3）	（4）
样本量	11832	11832	11832	11832
R^2	0.8490	0.8488	0.9463	0.9463
Panel C：价值贮藏				
DID	−0.2979		−0.2174 *	
	（0.5206）		（0.1164）	
Swap_quota		−0.0117		−0.0276
		（0.0792）		（0.0181）
样本量	7482	7482	7482	7482
R^2	0.7499	0.7498	0.8991	0.8990
控制变量	控制	控制	控制	控制
国家固定效应	控制	控制	控制	控制
月份固定效应	控制	控制	控制	控制

（四）影响机制分析

1. 流动性

本章将各国使用人民币贸易融资（MT400 和 MT700）的交易金额和交易笔数作为流动性代理变量。中国人民银行通过双边货币互换将人民币流动性注入外国金融体系，使外国进口商获得人民币融资。相较于控制组国家，若处理组国家签订货币互换协议后，人民币贸易融资交易金额和交易笔数显著增加，则表明协议签署国获得的人民币流动性更充裕。本章将基准模型式（3.1）和式（3.2）中的被解释变量替换为贸易融资，以验证这一机制。回归结果显示，相比控制组国家，处理组国家签署货币互换协议后，使用人民币贸易融资的交易金额和笔数都显著提升。此外，双边货币互换额度的增加也可以进一步增加人民币贸易融资，这表明双边货币互换可以通过流动性渠道推动人民币国际化。

表3-6　双边货币互换影响人民币国际化的机制分析：流动性

变量	人民币交易金额		人民币交易笔数	
	（1）	（2）	（3）	（4）
DID	0.7981 **		0.2577 ***	
	(0.3486)		(0.0693)	
Swap_quota		0.1310 **		0.0423 ***
		(0.0560)		(0.0109)
控制变量	控制	控制	控制	控制
国家固定效应	控制	控制	控制	控制
月份固定效应	控制	控制	控制	控制
样本量	11832	11832	11832	11832
R^2	0.6509	0.6511	0.7739	0.7745

2. 信心

由于无法获得能够衡量不同国家对于人民币信心程度的数据，本章借助调节效应对于信心机制进行间接推断。中国银行发布的《人民币国际化白皮书》通过问卷调查的方式考察了2013年以来境内外3000余家工商企业对于人民币的看法。其中，"境外工商企业中打算提升人民币使用比例的企业占比"体现了境外市场主体对于人民币的使用意愿，反映了其对于人民币的信心。本章分别在基准模型式（3.1）和式（3.2）基础上，将核心解释变量与上述衡量信心的代理变量$Confidence_i$做交互，并纳入基准模型。如果当国外对人民币信心不足时，双边货币互换对人民币全球使用的影响反而更强，则表明双边货币互换可以提升对人民币的信心。回归结果（见表3-7）显示，交互项的系数基本均显著为负，表明国外对人民币信心不足时，双边货币互换对于人民币交易金额和交易笔数的提升幅度更大；而国外对人民币信心较强时，提升幅度反而更小。由此验证信心机制。

表3-7　双边货币互换影响人民币国际化的机制分析：信心

变量	人民币交易金额		人民币交易笔数	
	（1）	（2）	（3）	（4）
DID	3.5859 ***		1.4285 ***	
	（1.3784）		（0.2492）	
DID × Confidence	－3.4021 *		－1.3684 ***	
	（2.0606）		（0.3676）	
Swap_quota		0.4703 **		0.1891 ***
		（0.1946）		（0.0361）
Swap_quota × Confidence		－0.4529		－0.1726 ***
		（0.2897）		（0.0528）
控制变量	控制	控制	控制	控制
国家固定效应	控制	控制	控制	控制
月份固定效应	控制	控制	控制	控制
样本量	8220	8220	8220	8220
R^2	0.8843	0.8841	0.9660	0.9658

注：中国银行《人民币国际化白皮书》的相关数据自2013年起公布，因此上述回归使用的样本为2013—2017年数据。

3. 网络外部性

本章将各国与中国大陆和港澳台地区以外国家和地区的人民币总体使用，作为网络外部性代理变量。双边货币互换体现了中国与协议签署国的双边货币合作关系，主要通过促进两国之间以人民币计价结算的贸易和投资，推动人民币国际化。在网络外部性作用下，更低的交易成本、更高的可兑换程度可以进一步扩大人民币使用范围，促进人民币在中国以外国家使用。各国与中国大陆和港澳台地区以外国家和地区的人民币交易金额和交易笔数越大，表明网络外部性越强。回归结果显示，相比控制组国家，签署货币互换协议后，处理组国家与中国以外其他国家的人民币交易金额和交易笔数都显著提高，表明人民币使用范围在货币互换影响下进一步扩大，产生了显著的网络外部性效应。双边货币互换额度的结果与此保持一致。

表 3-8　双边货币互换影响人民币国际化的机制分析：网络外部性

变量	人民币交易金额		人民币交易笔数	
	（1）	（2）	（3）	（4）
DID	0.9761 **		0.4297 ***	
	（0.4115）		（0.0882）	
Swap_quota		0.1167 *		0.0658 ***
		（0.0634）		（0.0135）
控制变量	控制	控制	控制	控制
国家固定效应	控制	控制	控制	控制
月份固定效应	控制	控制	控制	控制
样本量	11832	11832	11832	11832
R^2	0.8335	0.8333	0.9387	0.9388

上述影响机制分析结果表明，双边货币互换并非实际作用有限（李巍和朱艺泓，2014；McDowell，2019），而是通过多种机制促进了人民币国际化。双边货币互换通过向海外市场提供人民币流动性促进了人民币贸易融资，增加了人民币国际支付。在此基础上，双边货币互换增强了海外市场对人民币的信心，提升了使用人民币意愿。此外，双边货币互换有助于增强人民币网络外部性，进一步推动人民币国际化。尽管境外中央银行或货币当局实际动用的人民币金额占货币互换总额度的比重并不高，但并非只有真正动用双边货币互换才能增加人民币的全球使用量，信心和网络外部性机制的影响同样不容忽视。

（五）稳健性检验

1. 平行趋势检验及动态效果

平行趋势假设是双重差分模型的前提。鉴于双边货币互换签订时点不同，本章参照 Beck et al.（2010）检验平行趋势假设，同时分析双边货币互换的动态效果。具体回归模型设定如下：

$$Y_{i,q} = \beta_0 + \beta_1 D_{i,q}^{-8} + \beta_2 D_{i,q}^{-7} + \cdots + \beta_{23} D_{i,q}^{15} + \beta_{24} D_{i,q}^{16} + \mu_i + \eta_q + \varepsilon_{i,q}$$

$$(3.3)$$

　　由于样本时间跨度为 87 个月，双边货币互换协议签订时间较为分散，数据量较为有限，为了扩充可供考察的时间范围，本章以季度 q 为时间单位进行平行趋势假设检验，并分析双边货币互换动态效果。式（3.3）中，$Y_{i,q}$ 为 i 国在 q 季度的人民币使用情况。$D_{i,q}^{-k}$ 表示相较于首次签署协议时间的虚拟变量，具体而言，若季度 q 为 i 国协议签署之前的第 k 个季度，$D_{i,q}^{-k}$ 则取 1，否则取 0；若季度 q 是 i 国协议签署之后的第 k 个季度，$D_{i,q}^{k}$ 则取 1，否则取 0。对于协议签署之前 9 个季度以上的观测值，$D_{i,q}^{-9}$ 取 1；对于协议签署之后 16 个季度以上的观测值，$D_{i,q}^{16}$ 取 1。此外，以协议签署前第 9 期为基期。回归结果如图 3－2 所示，虚线代表 95％的置信区间。

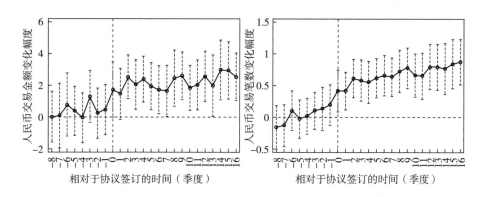

图 3－2　平行趋势假设检验及双边货币互换的动态效果

　　回归结果显示，当横坐标小于 0 时，所有虚拟变量的系数都不显著，表明在双边货币互换签订前，处理组和控制组人民币交易并无显著差异，平行趋势假设成立。在签订双边货币互换协议之后，人民币交易笔数显著增加，而交易金额提升存在一个季度的滞后。一般而言，重新签订以人民币计价结算的新合同需要时间，新合同生效后人民币使用才会增加，因此产生时滞。大额订单的谈判和决策时间相比小额订单更久，而小额订单可能只体现为人民币交易笔数的增加，无法引起交易金额的显著增加。随着时间推移，双边货币互换对人民币使用的推动作用也在逐渐扩大，这可能是由于双边货币互换影响力不断扩大，海外对人民币信心提升以及人民币网络外部性拓展等因素。

2. 替换被解释变量

本章进一步采用更多人民币国际化度量方法，替换被解释变量进行稳健性检验。（1）排除套利套汇动机后的指标。在人民币国际化进程中，跨境人民币使用受到离岸与在岸人民币市场之间套汇与套利的影响。一方面，套利或套汇不具备持续性，不足以真正推动人民币国际化；另一方面，这种方式与通过人民币国际化服务实体经济的期望相去甚远。为了真实度量人民币国际化水平，本章将样本国家的人民币交易金额和交易笔数中，与中国香港、中国澳门和中国台湾三个地区的数据剔除，以排除套利套汇动机下的人民币跨境使用。（2）人民币使用占比指标。采用人民币交易占该国使用所有货币交易总额或笔数的比重，衡量人民币国际化水平。（3）人民币跨境结算指标。本章借鉴 Bahaj and Reis（2020），使用 MT103 与 MT202 之和衡量人民币国际化水平。（4）包含更多信息类型的指标。将衡量三种货币职能所使用的所有信息类型直接加总，具体包括 MT103、MT202、MT300、MT320、MT400、MT540、MT541、MT543、MT700，得到包含更多信息的人民币国际化指标。替换上述指标后的回归结果与基准回归结果保持一致。

表 3 – 9 替换被解释变量

变量	人民币交易金额		人民币交易笔数	
	(1)	(2)	(3)	(4)
Panel A：排除套利套汇动机的指标				
DID	1.3175 ***		0.4480 ***	
	(0.3544)		(0.0845)	
Swap_quota		0.1552 ***		0.0629 ***
		(0.0539)		(0.0130)
样本量	11832	11832	11832	11832
R^2	0.8618	0.8613	0.9481	0.9480
Panel B：人民币使用占比指标（%）				
DID	0.1937 ***		0.0913 ***	
	(0.0636)		(0.0214)	
Swap_quota		0.0307 ***		0.0153 ***
		(0.0089)		(0.0030)
样本量	11832	11832	11832	11832
R^2	0.6726	0.6727	0.8205	0.8205
Panel C：人民币跨境结算指标				
DID	1.4937 ***		0.4730 ***	
	(0.3792)		(0.0964)	
Swap_quota		0.1983 ***		0.0725 ***
		(0.0591)		(0.0153)
样本量	11832	11832	11832	11832
R^2	0.8514	0.8510	0.9320	0.9321
Panel D：包含更多信息类型的指标				
DID	1.1813 ***		0.3647 ***	
	(0.3667)		(0.0850)	
Swap_quota		0.1358 **		0.0516 ***
		(0.0555)		(0.0130)
样本量	11832	11832	11832	11832
R^2	0.8547	0.8544	0.9471	0.9470
控制变量	控制	控制	控制	控制
国家固定效应	控制	控制	控制	控制
月份固定效应	控制	控制	控制	控制

注：在使用"人民币使用占比指标（%）"时，为了排除极端值的影响，本章也额外估计了对被解释变量缩尾1%和5%后的回归，结论仍然稳健。

3. 校正样本选择偏误

鉴于使用样本中存在人民币使用情况为零的观测值，本章进一步运用 Heckman 两步法来解决可能存在的样本选择偏误问题。回归结果显示，双边货币互换签署不仅显著增加了人民币使用概率，也显著提升了人民币使用规模。在此基础上，货币互换额度提升也会进一步增加人民币全球使用。可见，使用 Heckman 两步法校正样本选择偏误后，本章结论仍然成立。

表 3 - 10　Heckman 两阶段选择模型

Panel A：人民币交易金额				
变量	使用方程	选择方程	使用方程	选择方程
	（1）	（2）	（3）	（4）
DID	1.3654 ***	0.7046 ***		
	(0.1085)	(0.0501)		
Swap_quota			0.1686 ***	0.1010 ***
			(0.0156)	(0.0077)
逆米尔斯比率	3.2391 ***		3.1659 ***	
	(0.1572)		(0.1559)	
控制变量	控制	控制	控制	控制
月份固定效应	控制	控制	控制	控制
样本量	11919	11919	11919	11919
Panel B：人民币交易笔数				
变量	使用方程	选择方程	使用方程	选择方程
	（1）	（2）	（3）	（1）
DID	1.3178 ***	0.9628 ***		
	(0.0970)	(0.0639)		
Swap_quota			0.1814 ***	0.1507 ***
			(0.0138)	(0.0110)
逆米尔斯比率	3.2286 ***		3.1221 ***	
	(0.1569)		(0.1513)	
控制变量	控制	控制	控制	控制
月份固定效应	控制	控制	控制	控制
样本量	11919	11919	11919	11919

4. 替换匹配方法

不同匹配方法可能会产生不同样本，导致后续回归结果不同，从而影响结论稳健性。为此，在基准匹配方法的基础上，分别改变匹配时间和匹配方式，并在新匹配样本下进行双重差分回归，以检验匹配方法稳健性。一方面，在保持基准匹配方式不变情况下，更改匹配时间。（1）参考 Heyman et al.（2007），使用滞后一期的协变量进行逐期匹配；（2）参考贾俊雪等（2018），使用处理前各期协变量均值进行匹配；另一方面，在保持基准匹配时间不变的情况下，更改匹配方式。（3）采用 1:3 最近邻匹配；（4）采用半径匹配（R = 0.25）。如表 3 – 11 回归结果显示，不同匹配时间和匹配方式都没有改变结论，表明本章基准回归结果是可靠的。

表 3 – 11　替换匹配方法

变量	人民币交易金额		人民币交易笔数	
	（1）	（2）	（3）	（4）
Panel A：逐期匹配				
DID	1. 2794 ***		0. 5531 ***	
	(0. 3682)		(0. 0816)	
Swap_quota		0. 1587 ***		0. 0843 ***
		(0. 0565)		(0. 0126)
样本量	11161	11161	11161	11161
R^2	0. 8499	0. 8494	0. 9503	0. 9503
Panel B：协变量均值匹配				
DID	1. 3662 ***		0. 5803 ***	
	(0. 4011)		(0. 0870)	
Swap_quota		0. 1608 ***		0. 0894 ***
		(0. 0588)		(0. 0127)
样本量	11049	11049	11049	11049
R^2	0. 8510	0. 8505	0. 9489	0. 9490

续表

变量	人民币交易金额		人民币交易笔数	
	(1)	(2)	(3)	(4)
Panel C：最近邻匹配				
DID	1. 3118 ***		0. 4516 ***	
	(0. 3759)		(0. 0876)	
Swap_quota		0. 1592 ***		0. 0657 ***
		(0. 0561)		(0. 0132)
样本量	7830	7830	7830	7830
R²	0. 8670	0. 8666	0. 9476	0. 9476
Panel D：半径匹配				
DID	1. 8155 ***		0. 5054 ***	
	(0. 3612)		(0. 0874)	
Swap_quota		0. 2332 ***		0. 0727 ***
		(0. 0542)		(0. 0132)
样本量	6090	6090	6090	6090
R²	0. 8796	0. 8791	0. 9553	0. 9552
控制变量	控制	控制	控制	控制
国家固定效应	控制	控制	控制	控制
月份固定效应	控制	控制	控制	控制

5. 遗漏变量检验

在原有变量的基础上，进一步引入相对通货膨胀、相对汇率波动率、双边政治距离、双边文化距离、地理距离、是否与中国接壤的虚拟变量、是否与中国签署自由贸易协定的虚拟变量等，进行匹配和回归。如表 3 − 12 所示，回归结果表明，在纳入更多遗漏变量后，本章结论依然成立。

表 3 − 12　遗漏变量检验

变量	人民币交易金额		人民币交易笔数	
	(1)	(2)	(3)	(4)
DID	1. 0174 *		0. 2379 **	
	(0. 5428)		(0. 1152)	

续表

变量	人民币交易金额		人民币交易笔数	
	（1）	（2）	（3）	（4）
Swap_quota		0. 1326 *		0. 0393 **
		(0. 0758)		(0. 0155)
控制变量	控制	控制	控制	控制
国家固定效应	控制	控制	控制	控制
月份固定效应	控制	控制	控制	控制
样本量	6003	6003	6003	6003
R^2	0. 8399	0. 8397	0. 9496	0. 9497

（六）异质性分析

为进一步探究双边货币互换对人民币国际化的异质性影响，本章基于"一带一路"倡议、与中国贸易关系进行实证分析。其一，根据"一带一路"倡议，将样本分为"一带一路"国家和非"一带一路"国家；其二，根据与中国贸易关系，将样本分为贸易紧密国家与贸易疏远国家。具体按照 2010 年与中国进出口总额占该国 GDP 的份额进行划分，大于中位数为贸易密切国家，否则为贸易疏远国家。对于"一带一路"国家，定义变量 *Dummy*1 为 1，否则为 0；对于贸易密切国家，定义变量 *Dummy*2 为 1，否则为 0。将上述两个虚拟变量分别与基准回归中的 *DID* 项做交互，并加入基准回归，具体回归结果如表 3 - 13 所示。

1. 基于"一带一路"倡议

回归结果表明，双边货币互换提升了"一带一路"国家人民币交易金额和交易笔数，但对于非"一带一路"国家，双边货币互换的影响主要体现在人民币交易笔数上。总体上看，双边货币互换对于非

"一带一路"国家的影响较为有限。"一带一路"倡议涵盖政策沟通、设施联通、贸易畅通、资金融通、民心相通。在"五通"之中，资金融通是"一带一路"倡议的重要支撑。随着中国与"一带一路"国家经济合作不断深化，贸易和投资额不断增加。出于规避汇率风险，便利贸易和投资需要，"一带一路"国家逐渐产生了使用人民币计价结算需求。在此基础上，中国也鼓励国内金融机构在相关国家进行网络化布局，为"一带一路"建设提供长期的、可靠的金融支撑。在"一带一路"国家组成的资金融通网络当中，双边货币互换更能有效地通过为"一带一路"国家提供潜在的人民币流动性和信任支持等方式，推动沿线国家的人民币使用。

2. 基于与中国贸易关系

回归结果表明，对于与中国贸易往来密切的国家，双边货币互换对人民币交易金额和笔数的影响更大。与中国进行贸易往来时，使用第三国家的货币会带来汇率风险和汇兑费用，而且贸易往来越密切，可能的风险和损失越大。与中国贸易往来密切的国家更有动力使用人民币贸易融资和计价结算，因此双边货币互换对于这些国家人民币使用程度的影响更大。

表 3–13　异质性分析：基于"一带一路"倡议以及与中国贸易关系

变量	人民币交易金额		人民币交易笔数	
	（1）	（2）	（3）	（4）
Panel A："一带一路"倡议				
$DID \times Dummy1$	2.3688***	2.2841***	0.1819	0.2268*
	（0.6476）	（0.6396）	（0.1293）	（0.1328）
DID	0.6202*	0.3034	0.7115***	0.6083***
	（0.3731）	（0.3848）	（0.0817）	（0.0905）
样本量	11919	11919	11919	11919
R^2	0.8478	0.8503	0.9420	0.9429

续表

变量	人民币交易金额		人民币交易笔数	
	(1)	(2)	(3)	(4)
Panel B：与中国贸易关系				
$DID \times Dummy2$	1.3743 **	1.3362 **	0.3795 ***	0.4178 ***
	(0.6348)	(0.6204)	(0.1224)	(0.1226)
DID	1.0571 **	0.8748 *	0.6094 ***	0.5095 ***
	(0.4752)	(0.4578)	(0.1005)	(0.1021)
样本量	11919	11919	11919	11919
R^2	0.8472	0.8485	0.9422	0.9431
控制变量	不控制	控制	不控制	控制
国家固定效应	控制	控制	控制	控制
月份固定效应	控制	控制	控制	控制

三、汇率市场化与双边货币互换的政策效应

在中国金融市场开放程度和人民币国际化程度不断提升的大背景下，继续推进汇率市场化也成为市场发展的必然选择。2013 年，党的十八届三中全会通过了《中共中央关于全面深化改革若干重大问题的决定》，要求完善人民币汇率市场化形成机制，明确了汇率市场化改革方向。人民币汇率市场化改革的重点在于汇率单日浮动幅度限制和中间价形成机制。一方面，2005 年 7 月以来，人民币对美元汇率日内浮动幅度限制逐渐放宽，从上下 0.3% 扩大至上下 2%。另一方面，2015 年 8 月，中国人民银行宣布改革人民币汇率中间价形成机制，由原来做市商报价基础上加权决定的不透明定价，转变为做市商在银行间市场开盘前参考上日收盘价，综合考虑外汇供求情况以及国际主要

货币汇率变化形成的透明定价。理论上讲，人民币非市场化定价机制会打击全球其他国家使用人民币的积极性，阻碍人民币国际化进程，而高度市场化的外汇市场能够在一定程度上促进人民币国际化。在汇率市场化改革的大方向下，研究汇率市场化对双边货币互换政策效果的影响具有重大的现实意义。

为此，本章在基准模型基础上增加了双重差分项与人民币汇率市场化水平的交互项。具体模型设定如下：

$$Y_{i,t} = \beta_0 + \beta_1\, DID_{i,t} \times Market_t + \beta_2\, DID_{i,t} + \gamma\, X_{i,t} + \mu_i + \eta_t + \varepsilon_{i,t}$$

$$(3.4)$$

具体地，参考 Das（2019），本章构建了以下衡量人民币汇率市场化水平 $Market_t$ 的代理变量。（1）人民币对美元汇率单日浮动幅度限制。中国人民银行在 2005 年 7 月起允许人民币对美元汇率围绕中间价在每天上下 0.3% 的范围内波动，并于 2007 年、2012 年和 2014 年进一步放宽幅度限制至 0.5%、1% 和 2%。浮动幅度限制的放宽意味着外汇交易价格区间的扩大，反映了更高的汇率市场化水平。（2）人民币对美元汇率单日最大浮动，即每日人民币对美元汇率最高点与最低点之差，相较最低点的比例，取月度均值。Das（2019）发现，虽然人民币汇率单日浮动幅度限制逐步得到放宽，但是汇率每天都相当稳定，允许的弹性范围没有被最大限度使用，一般不会接近区间的边缘。因此，仅使用浮动幅度限制可能会高估汇率市场化水平，需要通过日度市场指标进一步衡量汇率市场化程度。（3）人民币对美元汇率中间价与上日收盘价的偏离。本章将人民币对美元汇率中间价与上日收盘价之差，求月度均值，并取绝对值，衡量汇率市场化程度。偏离越大，表明汇率干预程度越高，市场化水平越低。图 3-3（a）显示，人民币对美元汇率单日最大浮动总体呈现增长的趋势，人民币汇率弹性逐步增强，市场化程度逐步提升。

虽然2005年"7·21"汇改规定汇率中间价"参考上日收盘价确定"，但是人民币中间汇率形成机制仍然相对"不透明"。图3-3（b）显示，2015年"8·11"汇改之前，人民币对美元汇率中间价与上日收盘价存在较大偏离，表明汇率干预程度较高，人民币汇率市场化程度相对较低；"8·11"汇改后，汇率中间价形成机制得以完善，偏离程度大幅缩小，前一日收盘价向当日中间价的传导性上升，人民币市场化水平大幅提高。

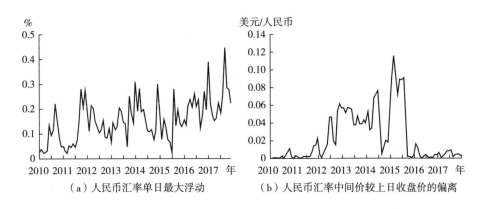

（a）人民币汇率单日最大浮动　　　（b）人民币汇率中间价较上日收盘价的偏离

图3-3　人民币汇率市场化指标走势

回归结果显示，交互项的方向均符合预期，且大多在5%的水平上显著，表明汇率市场化水平更高时，双边货币互换对人民币国际化的推动作用更大，验证假说3。可能原因在于，汇率市场化水平的提高会产生"信号效应"，一方面可以提升人民币汇率政策的连续性、前瞻性和透明度，稳定汇率预期，增加国内外市场主体对于使用人民币的信心；另一方面也有利于市场形成对于政策部门进一步推进中国高水平开放并不断提升金融市场深度与广度的稳定预期，最终提升境外市场持有和使用人民币的意愿。在此大背景下，双边互换协议向海外提供人民币流动性，满足其使用人民币的需求，因此政策效果随着汇率市场化的提升而得到强化。

表3－14　汇率市场化对双边货币互换政策效果的影响

变量	人民币交易总金额			人民币交易总笔数		
	（1）	（2）	（3）	（4）	（5）	（6）
DID	－ 0.4591	0.7489 *	1.7669 ***	－ 0.3621 *	0.1621	0.6212 ***
	（0.7157）	（0.4448）	（0.4168）	（0.1922）	（0.1029）	（0.0970）
*DID × Market*1	1.1612 ***			0.4944 ***		
	（0.4090）			（0.1092）		
*DID × Market*2		4.3839 **			1.8122 ***	
		（1.8474）			（0.4208）	
*DID × Market*3			－ 7.8741			－ 4.5963 ***
			（5.3335）			（1.2295）
控制变量	控制	控制	控制	控制	控制	控制
国家固定效应	控制	控制	控制	控制	控制	控制
月份固定效应	控制	控制	控制	控制	控制	控制
样本量	11832	11832	11832	11832	11832	11832
R^2	0.8547	0.8545	0.8544	0.9461	0.9456	0.9456

四、本章小结

本章基于 SWIFT 提供的 2010 年 10 月至 2017 年 12 月人民币全球跨境支付信息，使用真实交易数据度量人民币国际支付，并结合三大国际货币职能的视角，更为全面和准确地衡量人民币国际化程度。在此基础上，使用倾向得分匹配进行样本数据预处理，并使用双重差分法识别双边货币互换对于人民币国际化的因果效应，同时采取了一系列稳健性检验证明了本文结论的可靠性。研究发现：（1）双边货币互换可以显著增加协议签署国人民币交易金额和笔数，推动人民币国际化。政策效果随着双边货币互换额度的提升而增加。双边货币互换不仅通过向海外提供人民币流动性促进了人民币贸易融资，增加人民币交易，而且增强了海外市场对人民币的信心，提升了使用人民币意愿。此外，双边货币互换显著提升了协议签署国与中国以外的全球其他国家人民币交易金额和笔数，反映了人民币网络外部性。对于"一带一路"国家、与中国贸易往来密切的国家，双边货币互换对于人民币国际化的推动效果更强。（2）双边货币互换对人民币在全球范围内承担三大货币职能的推动作用存在结构性差异。双边货币互换对交易媒介和计价单位职能有显著的推动作用，而对价值贮藏职能没有显著影响。增加人民币在国际贸易投资中的使用是中国人民银行构建货币互换网络的基本出发点，也是双边货币互换主要推动人民币交易媒介和计价单位职能的根本原因。价值贮藏职能作为更高层次的职能，影响因素更为复杂，双边货币互换协议签订无法显著提升这一职能。（3）汇率市场化提升了双边货币互换对于人民币国际化的推动作用，进一步强化双边货币互换的政策效果。汇率市场化水平的提高会产生"信号效应"，提升海外市场持有和使用人民币的意愿。在此大背景下，双边货币互换通过向海外提供人民币流动性，满足其使用人民币的需求，使政策效果随着汇率市场化水平的提升而得到强化。

本章为双边货币互换推动人民币国际化提供了新的理论基础和经验证据，弥补了现有研究的不足，具有较为明确的政策启示。

第一，要继续稳步推进与全球其他央行或货币当局的货币合作，扩大双边货币互换深度和广度，增强双边货币互换的影响，从而更好地发挥相关政策在人民币国际化进程中的重要作用。当然，人民币国际化是顺应市场发展的自然过程，政策规范无法超越市场规律，要通过妥善的制度安排找准市场方向、激发市场潜力、引导市场发展，消除限制人民币使用的障碍，真正满足全球市场对于人民币的需求，切实推动人民币国际化。鉴于双边货币互换对于"一带一路"沿线国家、与中国贸易往来密切的国家人民币国际化的推动作用更强，要在后续政策制定过程中因地制宜，推出更符合国家实际的政策，切忌"一刀切"。

第二，要遵循货币国际化历史进程和国际货币职能演进规律，有序推进人民币国际化。（1）要以服务实体经济为根本，坚持"本币优先"，在跨境经贸投资中推动人民币国际化。积极探索跨境人民币计价结算和融资产品创新，促进跨境经贸投资便利化，帮助相关市场主体规避汇率风险、节省汇兑费用，引导市场主体在跨境经贸投资中更多地使用人民币计价结算和投融资。注重人民币国际化与重大国家战略的协同，通过"一带一路"倡议等带动人民币在跨境经贸投资中的使用。（2）要有序推动国内金融市场建设和开放，拓展人民币在国际投资领域中的使用。逐步提升境内外资本市场互联互通，拓宽人民币回流渠道，为离岸市场提供各类有吸引力的人民币金融产品。依靠中国大宗商品消费大国地位，大力发展商品期货交易市场，提升人民币在大宗商品交易中的计价结算功能，加快推动国内商品期货市场开放。进一步完善金融基础设施，加强专业人才队伍建设，吸引更多符合资质条件的境内外投资者参与人民币金融产品交易。（3）进一步推动高质量发展并保持人民币币值相对稳定，以此提升人民币的国际储备货币地位。要切实提升中国企业在全球价值链分工的地位，增强在国际贸易中的主导权和定价权。保持人民币汇率政策稳定性和连续性，切实维护人民币币值相对稳定。

第三，要始终坚持高水平开放大方向，更加注重相关政策协调性与连续性，协调推动资本账户开放、汇率市场化改革与人民币国际化。在推进高水平开放进程中，要注重防范跨境资本流动冲击和外汇市场大幅波动，提升在资本账户开放条件下的宏观审慎管理能力和风险防控能力，维护外汇市场和金融市场稳定，确保不发生系统性风险。要通过妥善制度安排形成境外对于人民币和中国金融市场稳定的预期，通过"信号效应"提升市场主体持有和使用人民币的信心，进一步有序推进人民币国际化。

第四章　资本账户开放
与人民币国际化

历史经验表明，资本账户开放对于货币国际化具有重要影响，但是基于法定与事实资本账户开放程度的差异化开放历程，资本账户对于货币国际化的推动作用具有显著的国别差异。当前，在资本账户尚未完全开放的大背景下，人民币国际化稳步发展，走出了一条具有鲜明中国特色的货币国际化道路。本章基于不同国家的资本账户开放历程对比，重点探讨了资本账户开放对人民币国际化的影响。结果发现，人民币国际化更依靠于事实资本账户的开放，法定资本账户开放的影响并不明显。事实资本账户开放会提升人民币币值，倒逼制度改革完善，从而推进人民币国际化进程。相比之下，美元、欧元等中心货币国际化程度的提升更依赖于法定资本账户开放。本章丰富和拓展了资本账户开放对人民币国际化影响的研究，为"十四五"时期有序推动人民币国际化和资本账户开放，提供了新的经验事实和政策启示。

一、资本账户开放：经验事实与国别对比

（一）资本账户开放：基于中心国家和外围国家对比

在金融制度尚未建立完善期间，英国采用了资本账户管制。随着

1979 年经济形势逐步恢复，宏观经济管控有效性提升，英国加速推动了资本账户开放，采用了三年内激进开放策略，法定资本账户开放进程加速，极大地推动了英镑国际化进程（见表 4 - 1）。

表 4 - 1　英国资本账户开放进程

年份	资本账户开放情况	措施方向
1958	英镑成为可兑换货币	+
1961	对英镑区以外的直接投资进行管制	−
1967	放宽非居民资本汇出的限制	+
1971	对证券投资流入实行限制	−
1971	取消对证券投资流入的管制	−
1975	推迟放松针对欧共体成员的资本管制	−
1976	对银行向英国以外的国家之间的贸易融资实施限制；不再允许外币短期汇票通过银行兑换成英镑	−
1976	加严对外币兑换英镑的监督	−
1977	放宽用英镑借款对内直接投资提供资金支持及居民旅游用汇的限制	+
1977	放宽资本外流到其他欧共体国家的限制	+
1978	放宽居民机构投资者投资外币证券的限制	+
1979	取消对非居民控制的在英国从事经营活动的公司进行英镑贷款的限制	+
1979	放宽对外资本流动的限制	+
1979	取消对外直接投资的所有制限制，对外证券投资被大大放开	+

印度在债务危机后接受 IMF 援助，逐步开始放开资本账户，在 1994 年实现了经常项目可兑换。印度在外汇方面尝试从固定汇率制度转变为有管理的浮动汇率制度，再逐步放开外汇管制。1997 年，Tarapore 委员会提出了印度分 3 年实现资本账户开放的时间表，但随后爆发了亚洲金融危机，印度对国际资本流动的"双刃剑"效应有了更深刻的认识，因此在外汇管理上还是沿用了宏观管理政策。2007 年和 2010 年，印度当局对外国投资者在借款和债务投资等资本账户开放的进程中开展了一定限制措施，使内部改革和开放政策相配套，完成了最终的资本账户开放进程（见表 4 - 2）。

表4-2 印度资本账户开放进程

年份	资本账户开放情况	措施方向
1991	制定一揽子经济自由化改革方案	+
1991	限制债务性资本尤其是短期债务资本的流入	-
1993	实行有管理的浮动汇率制度	-
1994	接受《国际货币基金组织协定》第八条款要求，实现经常项目可兑换	+
1997	全面推进资本项目开放	+
2000	颁布《外汇管理法案》承诺并巩固经常项目自由兑换成果	+
2007	为国内公司设置外币转化为卢比的规模上限，对居民外币借款实行数量控制	-
2010	对向外国投资者出售的短期债券总额实行限制	-

对于资本账户开放和货币国际化的关系，英国和印度的案例有重要的启示意义。

第一，货币国际化初期往往需要有管控的开放模式。英国推动资本账户开放的前期，在金融体系尚未完全建立时，多采用宏观经济管控，防止资金大量外逃。同样，作为外围货币发行国家的印度，面对世界经济波动，多采用宏观调控对外资进出进行管制，并通过外汇市场的政策限制保证经济整体稳定。其他国家也是如此。《广场协议》后日本加速资本账户的开放，导致短期跨境资本流出，国内投资低迷，使日元贬值加速，国际影响力下降（严佳佳和黄文彬，2014；严佳佳等，2018）。而以波兰、智利为代表的外围国家，都曾有过激进的资本开放时期，但在其造成经济危机后，又转向渐进的资本账户开放，而使国家摆脱危机。鉴于此，当制度不健全、政府治理能力和国内环境不能够适应外资进入时，外围国家不可随意开放资本账户，需要有所管制，这样推进外围货币国际化的方式往往能够事半功倍（张斌和徐奇渊，2017）。

第二，中心国家多采用"名松实紧"的资本账户开放策略，而外围国家多采用"名紧实松"的资本账户开放策略。在这种策略下，部分中心货币资本账户开放度在实际执行中将会降低，而对于外围货币而言，虽然法定资本账户开放度较低，但其实际资本流动性较强。对于中心国家而言，由于资本账户开放进程具有不可逆的特征，在开放进程中各国对某些子项留有部分管制。从 IMF 监管框架分析来看，美国、英国等国家分别在资本市场证券交易、货币市场工具、直接投资和商业银行信贷等子项中进行管制。具体以美国为例，美国在资本账户开放进程中，不仅采用了对朝鲜、伊拉克、苏丹等列入名单的国家和居民实施冻结账户等管制措施，而且在直接投资方面，美国始终强调自身主权安全，"如果外国资本控股威胁到国家安全，将会被暂停或者禁止"。对于以中国为代表的外围国家资本账户开放路径而言，则多采用"名紧实松"的审慎监管策略。这种策略为外围国家在资本账户监管下开展国际化进程提供了思路。中国虽然在法定上对很多资本账户中的子项保持着较为严格的管制，但是在实践中，资本账户管制却较为宽松。例如，在直接投资子项中，仅对中资对外投资具有一定管制，对于外资在华直接投资管制较为宽松，外商在华投资企业的清算、撤资、转股后仍然属于外商投资者资金，待国家外汇管理局审核其真实性后，便可以现汇方式进行汇出。对于证券投资而言，境外投资者可以通过成为合格境外机构投资者（QFII）以及 RQFII 的方式对 A 股进行买卖，同时对于非居民购买 B 股的交易基本完全放开。这一制度的实施，一方面，实现了资本账户下各项目的流动性，拓宽了资本流动的渠道；另一方面，稳定外资进入退出的服务和频率，使金融系统所受冲击可控，维持国内金融制度稳定和健康发展。

中国资本账户开放进程与实体经济发展需求相结合，在子项目中，呈现"先直接后间接"的特点。目前我国在衍生品项目和跨境贷款项目中仍具有较高的管控力度，但是在 2001 年中国就率先放松与实体经济活动密切关联的直接投资，鼓励中国企业出海投资，随后对股权类证券投资采用 QFII、合格境内机构投资者（QDII）、RQFII、合格境内有限合伙人（QDLP）、合格境外有限合伙人（QFLP）等制度，放松了对外资投资限制。从外资流动方向来看，呈现"先引进后出海"的特征，对于证券投资项目而言，先引入 QFII 后引入 QDII，同样对于直接投资而言，先鼓励企业出海，后引入外商投资。同时，中国资本账户进程具有弹性和灵活性，在开放进程中实施"先试点后推广"的方式，对于资本账户开放范围、金额逐步扩大，显著降低了开放带来的风险。同时，资本账户开放进程与金融改革配套，2010—2013 年中国资本账户稳健推进，但 2015 年"8·11"汇改后，出现大量资金外撤，人民银行逐步加强对外商投资的管理，同时暂停内保外贷等试点工作。

表 4-3　中国资本账户子项目开放进程

年份	直接投资	证券投资	其他投资
1973—1983	严格实行个案审批制度	—	—
1984—1990	初步建立起境外直接投资管理体系	发布《中国人民银行关于中国境内机构在境外发行债券的管理规定》	国家外汇管理局发布施行《外债统计监测暂行规定》
1991—1998	建立境外投资新审批制度，明确审批权限	1997 年发布《境内机构发行外币债券管理办法》	1998 年对贸易信贷进行详细规定
1998—2001	直接投资放开，企业"走出去"	允许境内居民投资 B 股	明确跨境债务债权相关政策
2001—2004	开展境外投资外汇管理改革	允许境外机构投资者投资 A 股，并发布《国有企业境外期货套期保值业务管理办法》	细化跨境债务债权管理政策
2005	扩大境外投资改革试点	允许境外商品期货套期保值	对外担保、放款实行余额管理
2006—2007	开放房地产；国内境外直投	QDII	对短期外债规模进行控制

续表

年份	直接投资	证券投资	其他投资
2008—2009	初步建立起以登记为核心的境外直接投资外汇管理框架	QFII 境内证券投资上限提高至 10 亿美元	自 2008 年起，完善企业货物贸易项下外债登记管理制度
2010—2012	鼓励民间投资；改进直接投资；规范外商投资合伙企业管理	推出 RQFII 制度；允许境内个人参与境外上市公司股权激励	对短期外债余额进行管理
2013—2015	境外央行等机构均可用人民币投资银行间市场；外商投资企业资本金结汇管理方式改革	2014 年启动"沪港通"；2015 年允许境外交易者从事境内期货交易；内地与香港开通基金互认	调整境内机构短期外债余额指标；规范跨境担保制度；完善外债转贷款的登记和汇兑
2016—2018	加强对外商投资事中事后协同监管	开放债券市场；启动"深港通""债券通"；RQDII 境内证券投资	保险机构内保外贷；资本工具创新；规范融资租赁外汇管理
2019—2021	《外商投资法》实施；允许律师事务所在境外设立分支机构	取消 QFII 和 RQFII 投资额度限制；实施 QDLP 和 QFLP 试点	调整全口径跨境融资宏观审慎调节参数；开展外债便利化试点等

（二）法定和事实资本账户开放的测度

根据现有文献，法定和事实资本账户的差异主要体现在测度目的、测度数值以及测度方法等方面。

1. 测度目的不同

法定资本账户开放主要反映国家法律制度层面是否对资本流出或流入的数量等存在限制，而事实资本账户开放则体现了资本账户下各子项目真实的流动情况。资本账户开放事实结果关注于"资本自由流动"，法定结果是关注"资本管制放松"（娄伶俐和钱铭，2011）。为此，法定指标往往根据各个国家的官方文件进行编制，采用 0－1 变量进行衡量，数据颗粒度较大（徐国祥和蔡文靖，2018）。而事实开放程度采用事后资本流动的测量来反映一国真实的开放水平。

2. 测度数值不同

多数论文指出法定开放指标一般比较稳定，构建具有一定的主观性，因此较少被在实证中考虑（彭红枫等，2017）。从雷达和赵勇（2008）的研究结果来看，在样本期间中国法定资本账户开放程度处于较高平稳状态，而事实开放程度呈现出波动较大的趋势。王曦等（2015）研究也发现，虽然中国资本流出和流入规模不断提升，但法定意义上仍没有完全开放。通过整理现有数据发现，法定资本账户开放度缺乏季度或月度数据，难以准确体现出资本账户的实时状态。为此可以认为，中国事实开放程度更能够体现出真实的资本账户开放情况。

3. 测度方法不同

根据编制所用数据的差异，衡量法定开放程度主要有三类方法。一是基于 AREAER 资本账户管制信息延伸出的指标体系，例如 AREAER 资本账户管制、Chinn – Ito 指数、Ckaopen 指标等。二是采用 OECD 每两年一期《资本流动自由化法规》衡量资本账户开放程度。三是利用国家股票市场指数衡量，例如国际金融公司和 Bekaert et al. （2001）对股票市场自由化的衡量。类似地，事实资本账户开放主要有三种方法。一是占比法，利用国家外部财富数据库（The External Wealth of Nations Mark II），衡量直接投资、间接投资和其他投资的总流量之和与 GDP 之比。二是储蓄投资方法，通过一国储蓄率和利率相关性大小衡量资本账户开放程度，相关性越大资本账户开放程度越低。三是基于利率平价理论的方法。该理论认为若一国或地区资本实现完全自由流动，则该国或地区内部利率应与国际利率相等（姜波克，1999；王晓春，2001），差值越大则资本账户开放程度越低。

目前，也有部分学者将法定测度和实际测度相结合，构造混合测度法衡量资本账户开放程度。如 Dreher 构建的 Economic Integration Index，对实际资本流动和政策法规限制状况指标分别赋予了50%的权重。

表4－4　不同资本账户开放测度简表

类型	名称	来源	描述	变量区间	样本年份	缺点
	AREAER	IMF AREAER E.2行	资本跨境流动是否存在管制	0（完全管制）；1（完全开放）	1999—2020	仅为0，1变量
	SHARE	IMF AREAER E.2行	资本账户年份的占比	0（完全管制）；1（完全开放）	1999—2020	仅为0，1变量
	Quinn	Quinn（1997）；Quinn and Toyoda（2008）	在AREAER基础上构建了0～4的指标体系	0～4，越大，意味着越开放	1958，1973，1982，1988	仅涵盖63个国家，且样本年份不连续
法定资本账户开放	MR	Montiel and Reinhart（1999）	资本账户管制程度	0（完全管制）；1（温和管制）；2（完全开放）	1990—1996	仅限于发达国家
	Chinn－Ito指数	Chinn and Ito（2008）	利用主成分分析法对AREAER指标体系进行处理	－2～2，越大意味着越开放	1970—2017	指数在长时间内保持不变
	CKAOPEN	Karcher and Steinberg（2013）	Chinn－Ito指数的完善	－2～2，越大意味着越开放	1970—2019	指数在长时间内保持不变
	OECD	《资本流动自由化法规》	资本账户交易的11种限制	0（完全管制）；1（完全开放）	1986，1988，1990，1993，1995	仅涉及21个国家
	BHL	Bekaert et al.（2001）	股票市场自由化日期	开放年份比重	1980—1997	少部分国家自由化

续表

类型	名称	来源	描述	变量区间	样本年份	缺点
法定资本账户开放	IFC	国际金融公司	全球指数（IFCG）和可投资指数（IFCI）	0（完全开放）；1（完全管制）	1988—2020	仅涉及新兴市场国家
	KA	Klein and Olivei (2008)	对中国43个资本项目交易子项分析	KA取值为0时表示"完全开放"；取值为1~6时表示"宽松限制"；取值为7~11时表示"限制"；取值为12时表示"完全禁止"	1950—1997	仅用于中国分析
事实资本账户开放	占比法	Lane and Milesi‐Ferretti (2007)，国家外部财富数据库	直接投资、间接投资和其他投资的总量与GDP之比	GDP比重	1970—2020	计算过于简单
	储蓄投资相关性	Feldstein and Horioka (1979)	储蓄率利率差值大小	越大，管制程度大	2005—2020	间接性的测度
	利率平价理论	姜波克 (1999)	国家或地区内部利率与国际利率差值	越大，管制程度大	2005—2020	对于发展中国家更适合

资料来源：引自陈雨露和罗煜（2007）。

（三）资本账户开放与人民币国际化

主流经济学理论普遍认为，资本账户开放是货币国际化不可或缺的条件。国内学者对于人民币国际化的研究表明，资本账户开放可以降低人民币交易障碍（甄峰，2014），加速人民币国际化进程（尹继志，2013；杨荣海和李亚波，2017）。Tavlas（1997）通过对美元国际化影响因素进行分析指出，对于货币可兑换的限制将会提升货币转换的交易成本，从而降低货币的流动性，阻碍货币国际化进程。Frankel（2012）对美元、日元、德国马克国际化进程总结认为，金融市场的开放是货币国际化的关键因素。彭红枫和谭小玉（2017）利用美元、欧元等8种货币构成的面板数据分析得出，资本账户开放是货币国际化进程的关键基础，未来需要稳步推进资本账户自由化。对于人民币国际化进程而言，杨荣海和李亚波（2017）发现，资本账户开放将提升人民币币值，提升人民币隐性"货币锚"地位，从而加速推动人民币周边化和国际化。同样，王曦等（2015）运用有序 Probit 模型实证研究认为，中国资本账户实际开放程度远低于理论开放程度，我国适度开放资本账户的时机已经成熟。

虽然资本账户开放对货币国际化的影响较为明确，但是现实中资本账户开放的作用往往受到货币发展阶段和客观环境的限制。正因如此，部分研究表明资本账户开放可能无法推动人民币国际化（林乐芬和王少楠，2016；王孝松等，2021）。严佳佳等（2018）通过对德国、日本两国资本账户开放进程的对比总结认为，资本账户开放增加了货币币值波动程度，导致国际风险传导到本币，从而成为货币国际化的新掣肘。阙澄宇和黄志良（2019）对人民币资本账户开放作用的研究发现，资本账户开放需要综合考虑制度质量等因素，在较差制度水平下，盲目推动直接投资等资本账户开放，不利于人民币国际化的进程。王孝松等（2021）利用SWIFT交易数据进行研究的结果表明，资本账户的开放并不必然增加人民币的国际使用。邓敏和蓝发钦（2013）利用门槛模型评估中国资本账户开放时机时发现，目前中国股票投资、直接投资、债券投资等条件尚不具备开放的基础。

二、资本账户开放与人民币国际化：基于法定与事实的对比

新冠疫情暴发以来，全球主要经济体增长放缓，全球贸易和投资持续疲软，全球金融系统脆弱性显著上升，但是人民币国际化发展势头强劲。2022年5月IMF宣布将人民币在SDR篮子中的权重由10.92%上调至12.28%，仅次于美元和欧元。2022年6月，SWIFT发布的数据显示，人民币在全球支付货币中占比2.15%，保持全球第五大活跃货币的地位。虽然近年来人民币国际化取得了丰硕的成果，但是海外学者对于人民币国际化的前景并不乐观，重要原因是中国资本账户不可兑换对人民币国际化的阻碍（Kawai and Takagi，2011；Frankel，2012）。事实上，虽然中国法定资本账户开放程度并不高，人民币尚未实现完全自由兑换，但是中国资本流出和流入规模不断提升，意味着资本账户开放始终在稳步推进。"十四五"规划明确提出，要稳慎推进人民币国际化，并将推进金融双向开放作为未来经济工作的重要任务之一。近年来资本账户开放是否促进了人民币国际化，资本账户开放能否助推人民币国际化迈上新的台阶？上述问题对于资本账户开放和人民币国际化具有重大的理论意义和现实意义。

长久以来，有关资本账户开放与人民币国际化的研究始终是持续讨论的热点问题，但尚未形成统一的结论。部分研究认为，资本账户开放有助于货币融入世界发展格局，提升货币国际化进程（尹继志，

2013；杨荣海和李亚波，2017）。中国资本账户开放程度与发达国家相比仍具有一定的差异（杨子晖和陈创练，2015；王曦等，2015），加大资本账户开放能够促进人民币国际化。但中国目前资本账户开放的基础设施不完善，制度建设不完全，开放资本账户的时机尚未成熟（余永定，2014；贾宪军，2014），如果盲目加速开放资本账户将会导致金融状况的不稳定，更加不利于持续推进人民币国际化。针对上述争论，部分学者提出按照不同维度测算的资本账户项目，在不同情形下，对于货币国际化影响程度不同（Bumann and Lensink，2016；阙澄宇和黄志良，2019）。可以看出，现有文献从不同角度分析了资本账户对人民币国际化的影响，但存在一定的局限性：一是只关注单一事实资本账户或法定资本账户开放的影响，并未对比分析其对于人民币国际化影响的差异；二是缺乏文献讨论资本账户开放对于中心货币和外围货币的影响效果的差异。

鉴于此，本章利用 SWIFT 的全球货币跨境支付信息，使用真实交易数据度量美元、欧元和人民币国际化程度，并基于此研究法定资本账户开放和事实资本账户开放对中心货币和外围货币国际化进程的影响。本章的边际贡献在于：（1）利用 SWIFT 数据构建了更令人信服的国际化指标，并基于此系统性分析了法定和事实资本账户开放对人民币国际化程度的影响；（2）对比分析了资本账户开放对于中心货币和外围货币的影响异质性；（3）进一步深入研究了资本账户开放对于人民币国际化的影响机制，为推动人民币国际化提供相关启示。

（一）理论分析与研究假设

区分法定与事实资本账户开放更有助于厘清资本账户开放与人民币国际化的关系。法定资本账户开放意味着资本跨国界自由流动和汇兑限制的放开，存在较高的政策调整成本。目前，中国金融体系尚未成熟，法定资本账户开放带来的跨境大规模资本流动可能会对金融市场产生巨大冲击，加剧金融脆弱程度，从而引发系统性金融危机，不利于人民币国际化（邓敏和蓝发钦，2013；Eichengreen and Kawai，2014；宋暄，2017；阙澄宇和黄志良，2019）。此外，法定资本账户开放引发的大量对外直接投资净流出可能增加投资风险，影响海外对于人民币的信心，无益于推动货币的国际化（杨荣海，2014）。

相比之下，事实资本账户开放反映的是在政策监管下渐进式的资本账户开放。事实上，在法定开放程度不高的情况下，中国资本流出和流入规模仍然不断提升，表明事实资本账户开放的稳步推进（王曦等，2015）。"名紧实松"的审慎监管策略可以缓解资本账户开放对于资本市场和实体经济的冲击，在保持金融体系稳定的前提下，增加海外人民币的使用，推动人民币国际化。

假说1：法定资本账户和事实资本账户开放对人民币国际化程度影响不同。

不同货币国际化时期对资本账户开放的程度有不同要求。资本账户开放是一个循序渐进的过程，是一个动态往复的过程，从经验事实可以看到，各国资本账户开放进程也是松紧交替的过程（杨荣海，2014）。在货币不同发展阶段，需要采用不同资本账户开放模式。在货币国际化的初期，需要采用一定资本管制，而后期则需要放松资本账户监管，需要适时改变策略和方式（郭威，2007；张礼卿，2009）。

中心国家金融制度相对成熟，在岸和离岸金融体系较为完善，金融产品较为丰富，金融市场效率较高，为此能够对本国货币国际化进程产生积极的影响（Prasad et al.，2007；Raddatz，2007；Huang et al.，2014）。中心国家积极推动资本账户开放主要有三点原因：一是提升国内经济发展，促进金融体系发展，提升自身货币吸引力（Gilal et al.，2015）；二是降低交易频率，使货币能够更好融入全球经济发展，提升本国货币在贸易中的占比（杨荣海，2014；Frankel，2012）；三是通过资本账户开放形成了美元的回流体系，从而捆绑奠定了美元世界货币的地位（张纯威，2008）。

由于外围国家的金融市场发展程度尚处于较低阶段，资本大量涌入将会对经济发展带来波动，使产品价格产生扭曲，从而面临金融危机（Mukerji and Tallon，2003；Aizenman，2002）。此外，如果对外商直接投资过度开放，会导致经济陷入"低增长、高波动"的陷阱（孙俊和于津平，2014）。为此，在时机成熟的条件下，外围国家需要按照一定次序审慎开放资本账户（Hauskrecht and Le，2005；Nistor et al.，2011）。

假说2：资本账户开放对中心货币国家和外围货币的国际化程度影响不同。

事实资本账户开放可以通过提升人民币币值、促进制度改善，从而提升人民币国际化水平。一方面，资本账户有序推进过程中，将伴随外资涌入，增加本国货币的投资需求，抬升货币币值。同时，采用审慎的开放进程，会使本国整体风险降低，引导投资者形成理性预期，更加注重长期投资，从而使货币币值更加稳健，提升人民币的吸引力（李巍和张志超，2008）。另一方面，事实资本账户开放可以促进国内金融制度的优化，提升制度效率，增强金融制度抗风险能力（Kose et al.，2009）。在此基础上，事实资本账户开放能够倒逼国内制度环境优化，形成较为透明和规范的营商环境。制度环境的优化可以提升海外对于人民币的信心，提升人民币国际化水平（Menzie and Chinn，2014；彭红枫和谭小玉，2017）。

假说3：事实资本账户开放可以稳定人民币币值，改善中国制度治理水平，进而推动人民币国际化进程。

（二）研究设计

1. 模型构建

为研究不同类型资本账户开放对货币国际化影响，参考杨荣海和李亚波（2017）的研究，构建以下计量模型：

$$lnamount_{i,t} = \beta_0 + \beta_1 LCAO_{i,t} + \beta_2 X'_{i,t} + \lambda_i + \varepsilon_{it} \qquad (4.1)$$

$$lnamount_{i,t} = \beta_0 + \beta_1 FCAO_{i,t} + \beta_2 X'_{i,t} + \lambda_i + \varepsilon_{it} \qquad (4.2)$$

其中，$lnamount_{i,t}$ 为 t 时期货币 i 的国际化程度，$LCAO_{i,t}$ 表示 t 时期货币 i 发行主体的法定资本账户开放程度，$FCAO_{i,t}$ 表示 t 时期货币 i 发行主体的事实资本账户开放程度，X' 为控制变量，λ_i 为国家固定效应，ε_{it} 为随机误差项。

2. 变量说明

本章被解释变量参考王孝松等（2021）的做法，选取 MT103、MT103＋、MT103R、MT202、MT300、MT400 和 MT700 之和表示某种货币在全球跨境交易中的交易规模，以反映货币国际化程度。其中 MT103 和 MT202 表示跨境支付，MT300 表示银行间外汇交易，MT400 和 MT700 表示贸易融资。

本章选取资本账户开放作为被解释变量，具体分为法定资本账户开放（De jure）和事实资本账户开放（De facto）指标。其中，法定资本账户开放基于 Fernández et al.（2016）构建，该指标以 Schindler（2009）的数据为基础，并根据 IMF《外汇安排和外汇限制年度报告》，拓展了资产类别、国家数量和时间跨度。由于该指标越低，表示资本账户开放程度越高，为了方便与其他指标对比，对其进行相反数处理。事实资本账户开放变量参考 Lane and Milesi－Ferretti（2007）的做法，采用直接投资、金融衍生品投资、证券投资以及债务投资在国际投资头寸表中各个子项目下资产与负债存量的总和与 GDP 的比值来表示其子项目开放程度。

本章采用实际 GDP、通货膨胀、与中国之间的双边进出口总额、与中国之间的双边直接投资总额、政府治理质量、资本账户开放水平、金融发展水平为控制变量，变量具体含义参见表4－5。

表4－5　变量含义

变量类型	变量	指标含义	数据来源
被解释变量	$lnamount_{i,t}$	表示在 t 时间 i 国货币的使用情况，采用对数化处理	SWIFT 数据库
解释变量	LCAO	法定资本账户开放程度	Fernández et al.（2016）
	FCAO_A	直接投资总资产和总负债/GDP	IMF COFER 数据库
	FCAO_B	金融衍生品投资总资产和总负债/GDP	IMF COFER 数据库
	FCAO_C	证券投资总资产和总负债/GDP	IMF COFER 数据库
	FCAO_D	债务类证券投资总资产和总负债/GDP	IMF COFER 数据库
控制变量	GDP	该国实际 GDP	世界银行 WDI 数据库
	inflation	该国通货膨胀	世界银行 WDI 数据库
	Trade	该国与中国的双边进出口总额	Comtrade 数据库
	Invest	该国与中国双边直接投资总额，包括外商直接投资和对外直接投资	IMF COFER 数据库
	GOV	该国政府治理质量	Worldwide Governance Indicators 数据库
	Kaopen	该国资本账户开放水平	Chinn－Ito index
	Finance	该国金融发展水平	世界银行 GDF 数据库

（三）基准结果分析

1. 资本账户开放对人民币国际化的影响

表4－6展示了法定资本账户开放和事实资本账户开放对人民币国际化程度的影响。第（1）列报告了法定资本账户开放对人民币国际化影响，估计系数表明法定资本账户的开放并未对人民币国际化进程产生显著影响。第（2）列至第（5）列结果显示，事实资本账户

开放显著推动了人民币国际化进程。具体而言，直接投资、金融衍生品投资、证券投资、债务类证券投资等总资产和总负债占 GDP 的比重提升 1 个百分点，会使人民币交易总金额分别增加 2.886%、1.509%、29.729% 和 6.112%。由此可见，事实资本账户和法定资本账户开放程度对人民币国际化影响程度不同，事实资本账户的开放更能够促进国际化进程，验证假说 1。

表 4-6　资本账户开放对人民币国际化影响

变量	$lnamount_{i,t}$	$lnamount_{i,t}$	$lnamount_{i,t}$	$lnamount_{i,t}$	$lnamount_{i,t}$
LCAO	1.333 (1.259)				
FCAO_A		2.886 *** (0.877)			
FCAO_B			1.509 * (0.884)		
FCAO_C				29.729 *** (5.348)	
FCAO_D					6.112 * (3.625)
样本量	4023	4320	4204	4995	4204
R^2	0.994	0.850	0.893	0.966	0.893
控制变量	YES	YES	YES	YES	YES
国家固定效应	YES	YES	YES	YES	YES

注：括号内为残差聚类在国家层面的稳健标准误，*** 、** 、* 分别代表 1%、5%、10% 的显著水平。下同。

2. 资本账户开放对中心货币国际化的影响

美元和欧元作为公认的中心货币，在全球贸易计价、储备货币等领域扮演着最为重要的角色。过去 20 年间，美元和欧元作为全球出口计价货币的份额均超过 40%，表明美元和欧元在全球贸易计价中的巨大影响力。IMF 于 2022 年 5 月公布的 SDR 篮子货币权重中，美元和欧元分别为 43.38% 和 29.31%，远超人民币、日元、英镑的 12.28%、7.59% 和 7.44%①。鉴于此，本章选取美元和欧元作为中心货币的代表，采用美元和欧元全球跨境交易样本，进一步研究资本账户开放对中心货币国际化的影响。

表 4 - 7 显示，与人民币回归结果不同，事实资本账户开放对于中心货币国际化没有显著影响，而法定资本账户开放会显著推动货币国际化进程。这验证了假说 2，对于以美元和欧元为主的中心货币而言，法定资本账户开放更能够促进其国际化程度。对于以人民币为主的外围货币，受到制度不健全、金融市场不发达等因素制约，采用"名紧实松"的开放策略更能够在保证经济体系安全情况下，促进人民币国际化进程。

表 4 - 7　资本账户开放对中心货币国际化影响

变量	$lnamount_{i,t}$	$lnamount_{i,t}$	$lnamount_{i,t}$	$lnamount_{i,t}$	$lnamount_{i,t}$
LCAO	20.245 *** (2.483)				
FCAO_A		- 0.043 (0.045)			
FCAO_B			- 0.074 (0.058)		
FCAO_C				1.005 (0.804)	
FCAO_D					- 0.153 (0.096)
样本量	8640	8638	8629	8629	8638
R^2	0.856	0.888	0.736	0.833	0.946
控制变量	YES	YES	YES	YES	YES
国家固定效应	YES	YES	YES	YES	YES

---

① 资料来源：https：//www.imf.org/zh/News/Articles/2022/05/14/pr22153 - imf - board - concludes - sdr - valuation - review。

（四）影响机制分析

基于理论分析，本章从人民币币值和制度环境改善的角度探究了事实资本账户开放对人民币国际化的影响机制。

本章采用人民币实际有效汇率作为人民币币值的代理变量。该指标不仅考虑了人民币对主要贸易伙伴国货币的变动，而且剔除了通货膨胀因素，能够更加真实地反映人民币的对外价值。数据来自 CEIC 数据库，采用直接标价法。本章采用世界银行发布 WGI 衡量中国的制度环境。该指标从腐败控制、政府有效性、政权稳定性、法治、监管质量、话语权及问责 6 个维度对全各经济体的制度环境进行了测度。该指标各维度指数的取值范围均为 0～100，数值越大，表明制度环境越好，反之则越差。本章采用 6 个维度指数进行简单加权平均来计算制度环境。

在基准回归模型的基础上，将被解释变量替换为人民币币值（VC）和制度环境指标（GOV_C），从而检验事实资本账户开放对人民币国际化的影响机制。具体模型如下：

$$VC_{it} = \beta_0 + \beta_1 \times LCA\,O_{i,t} + X'\Gamma + \lambda_i + \varepsilon_{it} \qquad (4.3)$$

$$GOV\_C_{it} = \beta_0 + \beta_1 \times LCA\,O_{i,t} + X'\Gamma + \lambda_i + \varepsilon_{it} \qquad (4.4)$$

回归结果如表 4-8 所示。第（1）列至第（4）列结果表明，中国事实资本账户开放可以显著提升人民币币值。这有助于吸引人民币投资，提升人民币的使用范围和规模，推动人民币国际化进程。第（5）列至第（8）列结果显示，中国事实资本账户开放可以显著优化制度环境。中国制度环境优化可以降低投资者面临的不确定性和交易成本，增强外界对于人民币的信心，扩大人民币使用范围，从而对人民币国际化起到提振作用。

表 4 - 8　资本账户开放的影响机制检验

变量	VC	VC	VC	VC	GOV_C	GOV_C	GOV_C	GOV_C
FCAO_A	0. 012 ***				0. 108 ***			
	(0. 002)				(0. 014)			
FCAO_B		0. 017 ***				0. 164 **		
		(0. 002)				(0. 080)		
FCAO_C			1. 303 ***				5. 877 ***	
			(0. 036)				(1. 014)	
FCAO_D				0. 077 *				1. 316 ***
				(0. 036)				(0. 178)
样本量	4023	4023	4316	2995	4316	4023	4316	4023
R^2	0. 624	0. 595	0. 632	0. 907	0. 727	0. 905	0. 721	0. 918
控制变量	YES	YES	YES	YES	YES	YES	YES	YES
国家固定效应	YES	YES	YES	YES	YES	YES	YES	YES

（五）内生性分析

1. 工具变量回归

由于可能存在资本账户开放和人民币国际化进程互为因果导致的内生性问题，本章首先参考王孝松等（2021）的做法，采用滞后一期的被解释变量（$lnamount_{i,t-1}$）作为工具变量进行两阶段最小二乘法估计。表 4 - 9 展示了第二阶段的回归结果，可以发现，与基准回归中结果相同，原始回归结果保持稳健。

表 4 - 9　工具变量回归

变量	$lnamount_{i,t}$	$lnamount_{i,t}$	$lnamount_{i,t}$	$lnamount_{i,t}$	$lnamount_{i,t}$
LCAO	185. 523				
	(263. 897)				
FCAO_A		42. 589 ***			
		(10. 842)			
FCAO_B			728. 230 ***		
			(257. 892)		

续表

变量	$lnamount_{i,t}$	$lnamount_{i,t}$	$lnamount_{i,t}$	$lnamount_{i,t}$	$lnamount_{i,t}$
$FCAO\_C$				492.829 ***	
				(101.709)	
$FCAO\_D$					1401.185 **
					(570.572)
样本量	3888	4176	4176	2167	2932
控制变量	YES	YES	YES	YES	YES
国家固定效应	YES	YES	YES	YES	YES

2. 广义矩估计法（GMM）

考虑到货币惯性导致的滞后一期被解释变量（$lnamount_{i,t-1}$）和原始被解释变量（$lnamount_{i,t}$）之间存在的一阶相关性，以及人民币国际化与资本账户开放互为因果产生的内生性问题，本章参考阚澄宇和黄志良（2019），采用广义矩估计法（GMM）进行估计。从表4－10中可以看出，本章所关注的核心解释变量资本账户开放程度的系数均显著为正，表明基准结论是稳健的。

表4－10　广义矩估计法回归

变量	$lnamount_{i,t}$	$lnamount_{i,t}$	$lnamount_{i,t}$	$lnamount_{i,t}$	$lnamount_{i,t}$
$LCAO$	185.523				
	(263.897)				
$FCAO\_A$		260.359 ***			
		(99.327)			
$FCAO\_B$			868.848 ***		
			(175.141)		
$FCAO\_C$				23464.082 **	
				(10651.177)	
$FCAO\_D$					1520.353 ***
					(290.961)
样本量	3888	4176	4176	4176	4176
控制变量	YES	YES	YES	YES	YES
国家固定效应	YES	YES	YES	YES	YES

（六）稳健性分析

1. 替换被解释变量

在基准回归中，使用人民币跨境交易规模衡量人民币国际化程度。为了结论的稳健性，额外采用占比指标，即各国使用人民币跨境交易金额占该国使用所有货币跨境交易金额的比重衡量人民币国际化程度。表4-11显示，直接投资、金融衍生品投资、证券投资等事实资本账户开放可以显著提升人民币全球跨境支付占比，推动人民币国际化，这表明本章的基准结论是稳健的。

表4-11　稳健性分析：替换被解释变量

变量	Traderatio	Traderatio	Traderatio	Traderatio	Traderatio
LCAO	-5.016 (2.753)				
FCAO_A		0.919*** (0.331)			
FCAO_B			1.620* (0.876)		
FCAO_C				29.160** (11.906)	
FCAO_D					2.382 (1.787)
样本量	3780	3536	3536	3780	3780
R²	0.681	0.746	0.745	0.657	0.461
控制变量	YES	YES	YES	YES	YES
国家固定效应	YES	YES	YES	YES	YES

2. Heckman 回归

对于样本而言，存在部分国家人民币使用情况为零，导致样本选择偏误问题。参考马述忠和房超（2021）的研究，选择使用 Heckman

两步法进行回归，考察人民币国际使用的集约边际和扩展边际。具体
而言，将扩展边际定义为事实资本账户开放对人民币使用可能性影
响，将集约边际定义为事实资本账户开放对人民币使用金额的影响。
表4-12回归结果显示，事实资本账户开放不仅显著增加了人民币使
用的规模，而且显著提升了人民币使用的概率，说明事实资本账户开
放后，将会从概率和数量两个方面提升人民币的使用，提升人民币国
际化进程。由此可见，在利用 Heckman 回归纠正了样本选择偏误后，
基准回归结果仍然成立。

表 4 – 12　Heckman 回归结果

变量	$lnamount_{i,t}$		$lnamount_{i,t}$		$lnamount_{i,t}$		$lnamount_{i,t}$	
	扩展边际	集约边际	扩展边际	集约边际	扩展边际	集约边际	扩展边际	集约边际
FCAO_A	2.777 ***	2.908 ***						
	(0.424)	(0.924)						
FCAO_B			2.756 ***	7.560 ***				
			(0.788)	(1.066)				
FCAO_C					242.570 ***	248.396 ***		
					(39.928)	(49.680)		
FCAO_D							11.811 ***	19.709 ***
							(2.259)	(3.708)
mills	1.082 *		4.993 ***		2.763 ***		4.003 ***	
	(0.641)		(1.084)		(0.974)		(1.079)	
样本量	2220	1124	2220	1124	2220	1124	2220	1124
R²		0.650		0.675		0.657		0.651
控制变量	YES	YES	YES	YES	YES	YES	YES	YES
国家固定效应	YES	YES	YES	YES	YES	YES	YES	YES

三、本章小结

本章采用了 2010 年 10 月至 2017 年 12 月各国货币全球跨境支付

信息，采用经验事实与实证研究相结合的方法，对比分析了法定和事实两种类型的资本账户开放对于中心货币和外围货币国际化的影响，并在此基础上考察了事实资本账户开放对人民币国际化的影响机制。研究发现：（1）不同类型的资本账户开放对人民币国际化进程影响不同。法定资本账户开放对人民币国际化进程没有实质性的推动作用，事实资本账户开放将会提升人民币国际化进程。（2）对于不同的货币而言，中心货币国际化进程更依赖于法定资本账户开放，以人民币为代表的外围货币国际化进程则主要依靠事实资本账户开放，这与现有的经验事实研究结论符合。（3）机制检验结果发现，事实资本账户开放能够提升人民币币值，倒逼中国经济制度转型，从而提升人民币吸引力，推动人民币国际化进程。

本章为资本账户推动人民币国际化提供了新的经验证据，丰富了现有研究结论，为有序推动人民币国际化进程，提出以下三点政策建议。

第一，坚持推动资本账户开放。资本账户开放对于货币国际化至关重要，无论是中心货币还是外围货币，资本账户的开放都将有利于货币国际化水平的提升。尤其是对于外围货币国家而言，要持续推动事实资本账户的开放。

第二，稳慎开放法定资本账户。人民币国际化进程不是一蹴而就的，目前人民币资本账户开放的硬件和软件尚未完全准备就绪，中国金融配套基础设施尚不完善，欠缺成熟的金融市场体系和有效的金融监管政策，盲目制定资本账户开放的"时间表"是没有根据的。与中心国家货币国际化进程不同，人民币资本账户开放进程应当采用渐进式的开放历程，利用"先试点，后推开"的推动模式，先扩大事实资本账户开放，再推动法定资本账户放开，利用宏观审慎政策维持国内金融市场稳定，实现经济长期可持续增长，从而推动资本跨境流动。

　　第三，资本账户开放进程中需持续推进金融和制度环境完善。资本账户开放进程中需要有完善的金融市场和稳健的国内制度体系作保障，需要不断提高金融市场信息透明度，提升政治制度的效力可信度，以丰富的金融工具和健全的政策工具包，降低政治风险、经济风险和金融风险带来的冲击，保障基本面的健康和持续发展，推动人民币国际化进程。

第五章 "一带一路"倡议与人民币国际化

2013 年，在访问哈萨克斯坦期间，习近平主席提出了"一带一路"倡议，主张建立有效的区域合作平台，积极发展与沿线各国的经济合作关系。九年多来，中国与"一带一路"沿线国家的合作日趋紧密，与超过 140 个国家和地区签订了"一带一路"合作文件，为有序推动人民币国际化提供了新的机遇。本章实证研究了"一带一路"倡议对于人民币国际化的影响。结果发现，"一带一路"倡议可以显著提升沿线国家人民币跨境交易金额和笔数，推动人民币国际化。对于海上丝绸之路国家、邻近"一带一路"沿线国家和高资本账户开放国家，"一带一路"倡议对人民币国际化的推动作用更为明显。分货币职能来看，"一带一路"倡议显著提升了人民币在国际市场上承担交易媒介和计价单位职能的作用，而对价值贮藏职能没有显著影响。"一带一路"倡议主要通过政策沟通、设施联通、贸易畅通、资金融通和民心相通的"五通"渠道推动人民币国际化进程。本章为在新时期进一步深化"一带一路"合作以及有序推进人民币国际化提供了新的理论和经验证据。

一、"一带一路"倡议：经验事实与经济效应

（一）"一带一路"倡议的经验事实

"一带一路"倡议借用丝绸之路的历史文化符号，构建中国和沿线国家的区域合作平台，从政策沟通、设施联通、贸易畅通、资金融通、民心相通五个方面创新合作模式，逐步实现贸易、投资、金融和文化等领域的区域大合作。具体来看，政策沟通方面，截至 2020 年底，中国已经与 138 个国家和 31 个国际组织签署 200 余份共建"一带一路"合作文件。数字丝路、标准联通、税收合作、知识产权、法治合作、能源合作以及农业海洋等专业领域的对接合作不断推进。设施联通方面，截至 2020 年底，中国对"一带一路"沿线国家直接投资累计超过 1300 亿美元。国家基础设施互联互通取得了重大进展，新亚欧大陆桥、中蒙俄、中国—中亚—西亚、中国—中南半岛、中巴和孟中印缅六大国际经济合作走廊加强了亚欧大陆的联系，在铁路、公路、港口、航空、能源、通信等方面的合作取得丰硕成果。截至 2020 年底，中国已经与 80 个"一带一路"沿线国家签订了双边投资协定，占沿线国家总数的 58%。贸易畅通方面，中国与"一带一路"沿线国家货物贸易进出口总额从 2013 年的 1.04 万亿美元增加到 2021 年的 1.8 万亿美元，双边贸易关系不断加深。截至 2020 年底，中国已与"一带一路"沿线 19 个国家签署了自由贸易协定，占沿线国家总数的 14%。资金融通方面，丝路基金、亚洲基础设施投资银行、金砖国家开发银行和上合组织开发银行为"一带一路"建设提供资金保障。截至 2020 年底，已有 11 家中资银行在 29 个"一带一路"沿线国家设立了近 80 家一级机构。同期，中国人民银行与 22 个"一带一路"沿线国家签署了双边货币互换

协议，与 8 个沿线国家建立了人民币清算机制。民心相通方面，"一带一路"倡议推动了中国与相关国家在文教、旅游、医疗、科技等多方面的交流。以旅游为例，据统计，"十三五"期间，我国居民在"一带一路"国家旅游消费超过 2000 亿美元，"一带一路"沿线国家已成为中国最大的海外旅游目的地。

在"一带一路"倡议的推动下，人民币国际化在沿线国家取得积极进展。以阿联酋为例，中阿双方于 2018 年 7 月签署共建"一带一路"谅解备忘录以及近 20 项合作文件，涵盖能源、经贸、农业、金融、人工智能科技等多个领域。双方同意在"一带一路"倡议下加强产业政策沟通，推进更深层次的合作。基础设施建设方面，双方积极推动哈利法港二期集装箱码头和中阿产能合作示范园的建设，以促进国际贸易与产业聚集。金融合作方面，中国人民银行授权中国农业银行迪拜分行成为人民币业务清算行。双方同意在阿布扎比建设首个"一带一路"国际交易所，以推动两国金融合作。民间交往方面，双方同意互设文化中心，通过"百校教中文"等项目促进民心相通。截至 2020 年底，中阿两国的贸易额已超过 486 亿美元，超过 6000 家中国企业在阿联酋开展业务或进行投资，中阿交易额中超过 70% 使用人民币进行结算。

（二）"一带一路"倡议的经济效应

从既有文献来看，已有大量关于"一带一路"经济效应的研究，其中与本书较为相关的是关于国际贸易和对外直接投资的两方面文献。国际贸易方面，陈继勇和刘燚爽（2018）发现，"一带一路"倡议提升了沿线国家贸易便利化程度，促进了沿线国家与中国贸易量的增长。值得一提的是，"一带一路"倡议产生的贸易互补效应大于贸易竞争效应，沿线国家与中国的产业联系得到加强（李敬等，2017；

毛海欧和刘海云，2019）。此外，部分文献还讨论了影响中国与"一带一路"沿线国家贸易关系的因素。中国与沿线各国文化、法律、经济等方面的制度差异限制了双边贸易发展，而经济规模、经济距离是影响中国与贸易伙伴国依赖程度的主要因素（许家云等，2017；张雨佳等，2017）。对外直接投资方面，吕越等（2019）研究表明，"一带一路"倡议显著推动了中国企业对外投资，主要表现为对已有投资项目经济体的投资增长，并且这种推动作用主要通过"五通"实现。金刚和沈坤荣（2019）指出，"一带一路"倡议增加了中国企业的对外交通投资，但并未造成部分西方媒体所渲染的沿线国家债务增长。蒋冠宏（2017）研究了国内企业对沿线国家的进入策略，结果表明，国内企业多通过并购或合资对制度质量高、研发资源丰富、营商环境优越的沿线国家进行投资。此外，地理距离、制度距离、沿线国家经济发展水平和金融开放程度等都是影响中国企业对沿线国家直接投资的重要因素（方慧和赵甜，2017）。

目前，关于货币国际化影响因素的研究也已经比较成熟。既有文献普遍认为，GDP 规模、贸易规模和结构、金融市场发展水平、外汇交易量、资本账户自由化程度、汇率波动等因素显著影响货币国际化水平（Goldberg and Tille，2008；Ito and Chinn，2013；Eichengreen et al.，2019；李稻葵和刘霖林，2008）。王孝松等（2021）的实证研究进一步发现，贸易和直接投资显著提高了人民币国际使用范围和强度。宋科等（2021）基于全球失衡条件下的货币政策视角，为进一步推动人民币国际化提供了新的理论和经验证据。在此基础上，部分文献直接考察了"一带一路"倡议与人民币国际化的关系。在倡议提出初期，文献多从政策视角分析人民币国际化的实现路径（陈雨露，2015；孟刚，2017；曲凤杰，2017；刘一贺，2018）。随着"一带一路"倡议推进，部分研究从不同角度进行了实证分析。刘刚和张友泽

（2018）发现，"一带一路"倡议提升了人民币锚效应。程贵和张小霞（2020）研究表明，"一带一路"通过缩小贸易顺差、扩大对外投资等方式促进人民币国际化，但金融市场开放对人民币国际化的影响有限。蔡彤娟和林润红（2018）研究了人民币与沿线国家货币的汇率动态联动性，发现人民币向沿线国家的辐射能力并不强，人民币受认可程度仍然有限。

二、"一带一路"倡议能否推进人民币国际化？

2020 年，中国与"一带一路"沿线国家人民币跨境收付金额超过 4.53 万亿元，同比增长 65.9%，占同期人民币跨境收付总额的 16.0%。那么，"一带一路"倡议能否切实推动人民币国际化？在多大程度上推动人民币国际化？如何推动人民币国际化？在当前持续推动高水平开放、构建命运共同体的大时代背景下，厘清上述问题具有重要的理论价值和现实意义。

从既有文献来看，"一带一路"倡议能否推进人民币国际化仍然存疑。在"一带一路"倡议下，中国企业在沿线国家积极开展基础设施建设投资项目，有助于提升国际市场对人民币的结算和投融资需求（陈雨露，2015）。"一带一路"合作协议签订能够降低中国与沿线各国的关税水平，由此带来的国际贸易往来有利于推动人民币成为贸易计价结算货币。此外，"一带一路"倡议推动了中国与相关国家在双边货币互换、跨境结算、投资信贷业务等金融领域合作，有助于促进我国资本账户开放与资本自由流动，降低人民币交易成本，并利用网络外部性促进人民币在贸易、投融资和储备货币中的使用（Meissner and Oomes，2009）。但也有证据表明，"一带一路"倡议对于人民币国际化的推动作用有限。一方面，中国与"一带一路"沿线国家在贸易、对外直接投资等方面合作依赖于当地制度环境和金融发展状况（刘志东和高洪玮，2019）。法律制度不完善、经济相对封闭均会增加国际贸易与对外直接投资成本，限制"一带一路"倡议对人民币国际化的推动作用。另一方面，在现有国际货币格局下，美元仍然是"一带一路"沿线大部分国家的主要计价结算货币和远期汇率市场上的套期保值货币，使用人民币计价结算需要支付较高调整成本，人民币国际化难免受到货币使用惯性影响。此外，中国资本账户尚未完全开放，人民币国际化依然缺乏深度金融市场作为支撑（Frankel，2012），人民币向沿线国家的辐射能力并不强，受认可程度仍然不高（蔡彤娟和林润红，2018）。可以看到，既有文献从不同角度对"一带一路"倡议与人民币国际化的关系进行了分析，但还存在一定局限：一是有关"一带一路"倡议对人民币国际化的影响多定性而少定量分析，尤其缺失可信的影响机制研究；二是仅仅将"一带一路"倡议作为政策背景探讨，而非将其作为政策变量直接纳入模型，进而量化其对人民币国际化的影响；三是限于数据可得性等问题，对人民币国际化程度的度量不够全面和准确。

鉴于此，本章使用2010年10月至2018年4月的SWIFT数据，考察了"一带一路"倡议对人民币国际化影响。研究结果表明：（1）"一带一路"倡议显著提升了人民币跨境交易金额和笔数，推动了人民币国际化。对于海上丝绸之路国家、邻近"一带一路"沿线国家和高资本账户开放国家，"一带一路"倡议对人民币国际化推动作用更强。（2）"一带一路"倡议对人民币在国际市场上发挥三大货币职能的推动作用存在结构性差异，显著提升了人民币在国际市场上承担交易媒介和计价单位职能的作用，而对价值贮藏职能没有显著影响。事实上，人民币国际化始终以服务实体经济、促进贸易投资便利化为导向，"一带一路"倡议对人民币交易媒介和计价单位职能的促进作用符合人民币国际化的基本政策逻辑，而价值贮藏作为更高层次职能处于较低水平，"一带一路"倡议尚无法显著改变这一格局。（3）基于"五通"的影响机制分析表明，"一带一路"倡议主要通过政策沟通、设施联通、贸易畅通、资金融通和民心相通渠道推动人民币国际化。本章使用倾向得分匹配（PSM）对数据样本进行预处理，并使用双重差分法（DID）处理内生性问题。经过一系列稳健性检验，本章结论仍然可靠。

相较已有研究，本章的边际贡献主要体现在以下三个方面。（1）基于 SWIFT 交易数据，考察了"一带一路"倡议对人民币国际化的影响。该数据能够反映人民币在全球不同国家和地区的真实交易情况，数据频率高，涵盖国家范围广，可以相对准确地衡量人民币国际化程度。（2）进一步利用 SWIFT 数据中的信息种类度量三大货币职能发展水平，并据此分析了"一带一路"倡议对人民币在全球范围内承担交易媒介、计价单位和价值贮藏等职能的影响，有效拓展了基于货币职能的结构化分析。（3）从政策沟通、设施联通、贸易畅通、资金融通和民心相通（"五通"）的角度，实证分析了"一带一路"倡议对人民币国际化的影响机制。本章所得结论为进一步深化"一带一路"合作以及有序推进人民币国际化提供了新的理论和经验证据。

（一）理论分析与研究假设

在"一带一路"倡议下，中国与沿线国家在政策沟通、设施联通、贸易畅通、资金融通、民心相通方面开展了各项合作，人民币国际化也随之稳步发展。政策沟通方面，"一带一路"倡议加强了政府间合作，推动了中国与沿线国家各项协议签订。中国人民银行与沿线国家的合作不断深化，双边货币互换、RQFII、境外人民币清算行等人民币基础设施进一步完善，有效促进了海外人民币使用，提升了人民币国际化水平（Chey and Hsu，2020；Bahaj and Reis，2020；Song and Xia，2020）。设施联通方面，中国在"一带一路"沿线国家开展的基础设施建设有助于增加企业"走出去"过程中对人民币的需求，推动人民币成为投资货币，提升国际市场对人民币的结算和投融资需求（陈雨露，2015）。在此基础上，交通设施网络的完善降低了贸易成本，带动了我国贸易出口（洪俊杰和詹迁羽，2021），促进了人民币在贸易计价和结算中使用。以石油、天然气、电力等搭建起来的能源互通设施网络又促进了人民币在大宗商品计价中的使用。贸易畅通方面，"一带一路"倡议在很大程度上降低了中国与沿线各国的关税水平，密切双方贸易往来，有助于我国利用自身对农产品、石油、矿石等国际大宗商品的需求降低贸易顺差，推动人民币成为贸易计价货币（Eichengreen et al.，2019；彭红枫和谭小玉，2017）。资金融通方面，"一带一路"倡议推动了中国与沿线国家在跨境结算、信贷业务等方面合作，促进了中资金融机构在沿线国家布局，一方面有助于促进我国资本账户事实开放与资本跨境自由流动，发挥人民币储备货币职能（高海红和余永定，2010；Kawai and Takagi，2011；Frankel，2012）；另一方面有助于降低人民币交易成本，并利用金融市场产生的网络外部性促进人民币在结算、投融资和储备货币中的使用（Meissner and Oomes，2009）。民心相通方面，中国与"一带一路"国家的经济合作有助于推动文化旅游等全方位交流，增加文化产品贸易，提升人民币的使用。同时，文化合作有助于增强双方互信，进一步降低贸易与投资成本（Sala et al.，2008），提升沿线国家对人民币的使用意愿，为人民币国际化创造良好条件。据此，我们提出：

假设1a："一带一路"倡议能够推动人民币国际化。

中国与"一带一路"沿线国家的合作往往受到当地制度环境等因素的影响。当两国间制度差距较大时，贸易不确定性增加，此时中国与沿线国家的贸易更容易受到其他竞争性国家的影响（许家云等，2017）。当前"一带一路"沿线各国制度环境差异较大，这在很大程度上限制了我国通过双边贸易推动人民币国际化。此外，中国向"一带一路"沿线国家开展对外直接投资也受到当地政治、法律、经济金融等环境的限制（刘志东和高洪玮，2019），相关制度落后的国家对中国企业对外直接投资的吸引力较小，这也限制了"一带一路"倡议通过投融资促进人民币国际化的作用。与此同时，一国货币国际化程度受制于货币使用惯性，20世纪英镑与美元之间的货币地位转换具有重要借鉴意义（Chinn and Frankel，2005）。目前，"一带一路"沿线大部分国家仍使用美元进行计价结算和远期汇率市场上套期保值，转为使用人民币需要支付较高的调整成本。而且，人民币国际化需要有一定深度的金融市场作为支撑（Frankel，2012），目前中国金融市场深度仍然面临结构性限制。由此可见，"一带一路"倡议推进人民币国际化面临较大阻碍。据此，我们提出：

假设1b："一带一路"倡议无法推动人民币国际化。

一般而言，国际货币通常在国际市场上被广泛使用，并承担计价标准、支付手段、流通手段和贮藏手段等部分或全部职能（Cohen，1971）。因此，评价一国货币国际化水平应当综合衡量其在国际范围内发挥的交易媒介、计价单位、价值贮藏等功能的程度。这也意味着，三大货币职能均得到较好发挥的货币才是真正具有高国际化程度的货币。按照历史经验，在货币国际化进程中，三大职能往往不是同步发展的。人民币国际化可能的实现路径，首先是"贸易结算化"，推动人民币在国际市场中发挥交易媒介职能；其次推动"金融投融资化"，促进人民币成为国际市场的投融资货币，进一步发挥计价单位职能；最后实现人民币"国际储备化"，在前两个职能发挥的基础上实现价值贮藏职能。当然，这三者之间并不存在严格的次序关系，更多是交互进行的。

在"一带一路"建设中，中国与沿线国家贸易和投资合作对交易媒介职能可能产生更大的影响。计价单位职能方面，"一带一路"倡议可以促进中国企业高附加值产品出口，提升其在全球价值链中的地位。贸易结构的改变有助于提升中国企业的议价能力，提升人民币计价单位职能（Goldberg and Tille，2016；Chung，2016）。尽管如此，目前全球金融交易和国际大宗商品的定价权仍然集中于欧美发达经济体，中国进出口企业在国际贸易中的定价权仍然相对较弱（张明，2011），人民币计价单位职能的提升并非易事，"一带一路"倡议能否切实推动人民币计价单位职能实现仍然存疑。进一步地，人民币发挥价值贮藏职能面临着经济增长、交易需求、转换成本、收益率、货币储备规模等一系列门槛（宋科和杨雅鑫，2017；李军林等，2020），该职能的发挥是一个基于市场需求的长期过程，"一带一路"倡议在短期内可能很难对人民币价值贮藏职能提升产生显著影响。据此，我们提出：

假设2："一带一路"倡议对于人民币在国际市场上发挥交易媒介、计价单位和价值贮藏三大职能的作用方面存在结构性差异。

（二）研究设计

1. 数据、变量与样本

本章使用SWIFT数据库的人民币真实交易数据衡量人民币国际化水平，相较于以往文献，该数据涵盖了全球大部分跨境支付信息，反映了人民币的全球真实交易情况。而且，SWIFT数据库包含丰富的数据类型信息，可以在相同的口径下构建货币职能等指标，进一步区分基于货币职能的人民币国际化结构差异。将数据库中国家和地区、时间、交易货币、信息类型、交易金额和笔数等信息进行整理，获得了145个国家和地区2010年10月至2018年4月使用人民币交易笔数和交易金额的面板数据。参考王孝松等（2021），本章使用信息种类为MT103、MT103＋、MT103R、MT202、MT300、MT400 和 MT700 的数据衡量人民币跨境交易。各国和地区使用人民币的交易金额和交易笔数越多，代表人民币国际化水平越高。此外，本章使用其他衡量人民币国际化水平的指标进行稳健性检验。除了使用人民币跨境交易金额和笔数衡量人民币国际化水平外，还测度了衡量人民币交易媒介、计价单位和价值贮藏职能的指标。Batten and Szilagyi（2016）在 SWIFT 官方建议下，根据 SWIFT 数据库中的交易类型分别度量货币的交易媒介、计价单位和价值贮藏职能。具体内容包括：（1）交易媒介，包括银行跨境结算（MT300、MT320、MT202）和证券交易支付（MT540、MT541、MT543）；（2）计价单位，包括贸易计价（MT700）和金融产品计价（MT300 和 MT400）；（3）价值贮藏，包括跨境存款和证券投资（MT540、MT541、MT543）。本章沿用该方法进行测度。

2. 实证策略

本章使用倾向得分匹配与双重差分结合的方法，研究"一带一路"倡议对人民币国际化的影响。将 2010 年 10 月至 2018 年 4 月与中国签署"一带一路"谅解备忘录或合作文件的国家和地区作为处理组，从未与中国签署"一带一路"谅解备忘录或合作文件的国家和地区作为控制组。鉴于中国与各国和地区签署"一带一路"谅解备忘录或合作文件的时间存在较大差异，本章使用渐进双重差分方法。具体模型设定如下：

$$Y_{i,t} = \alpha_0 + \alpha_1 BR_{i,t} + \alpha_2 X_{i,t} + \mu_i + \eta_t + \varepsilon_{i,t} \qquad (5.1)$$

其中，$Y_{i,t}$ 表示 i 国在 t 月的人民币使用情况，用来衡量人民币国际化水平，回归时做对数化处理。$BR_{i,t}$ 表示接受处理的虚拟变量，具体来讲，若 i 国在 t 月与中国已经签署"一带一路"谅解备忘录或合作文件，则 $BR_{i,t}$ 取 1，否则取 0。μ_i 和 η_t 分别表示国家固定效应和月份固定效应。$\varepsilon_{i,t}$为残差项。控制变量方面,本章参考吕越等(2019)、Song and Xia(2020)、王孝松等(2021),加入了经济特征、制度特征以及金融特征三个层面的控制变量,具体包括实际 GDP、人均 GDP、GDP 增长率、GDP 平减指数、与中国进出口总额(% GDP)、与中国直接投资总额(% GDP)、政府治理质量、资本账户开放水平、金融发展水平等。变量定义与数据来源如表 5 - 1 所示。

表 5 - 1 变量定义及数据来源

变量	变量定义	数据来源
gdp	实际 GDP	世界银行 WDI 数据库
gdpper	人均 GDP	世界银行 WDI 数据库
gdpgrowth	GDP 增长率	世界银行 WDI 数据库
deflator	GDP 平减指数	世界银行 WDI 数据库
imexgdp	中国与 i 国双边贸易总额与 i 国 GDP 之比	UN Comtrade 数据库
fdigdp	中国与 i 国双边直接投资总额与 i 国 GDP 之比	IMF CDIS 数据库
gov	政府治理质量。包括一个国家的言论自由、政治稳定、政府效率、监管质量、法制程度和腐败程度,取六项指标的平均值	世界银行 WGI 数据库
kaopen	资本账户开放水平	The Chinn – Ito Index
banknumber	金融发展水平。使用每 10 万人享有的商业银行数目衡量	世界银行 GDF 数据库
political_distance	双边政治距离。使用 Bailey et al.(2017)构建的指标,根据中国和 i 国在联合国大会上的投票情况衡量	Bailey et al.(2017)
ber	人民币与 i 国货币的双边汇率	IMF IFS 数据库
ber_vol	相对汇率波动率。使用 GARCH(1, 1)模型计算的中国与 i 国月度双边汇率的条件方差,并做标准化处理	IMF IFS 数据库

目前,中国同"一带一路"沿线国家开展合作主要在合作备忘录、联合声明等框架下进行,虽然这有利于在倡议建设初期扩大吸引力并提高参与度,但是这种非正式条约安排对参与国的法律约束力低

（石静霞，2021）。将合作备忘录、联合声明提升为双边投资协定、区域贸易协定等各类正式条约可以增强合作文件的法律约束力，表明政策深度的提升。基于此，本章构建了衡量"一带一路"倡议政策深度的指标$BR\_deep_{i,t}$，进一步研究政策深度对人民币国际化的影响，回归方程如式（5.2）所示。如果一个国家在与中国签署"一带一路"谅解备忘录或合作文件的基础上，额外签订了自由贸易协定（FTA）以及双边投资协定（BIT），则表明两国间存在更深度的合作。式（5.3）中$FTA_{i,t}$和$BIT_{i,t}$分别表示自由贸易协定和双边投资协定的签署情况，具体来说，若i国在t月已与中国签署自由贸易协定或双边投资协定，则取1，否则取0。

$$Y_{i,t} = \alpha_0 + \alpha_1\,BR\_deep_{i,t} + \alpha_2\,X_{i,t} + \mu_i + \eta_t + \varepsilon_{i,t} \qquad (5.2)$$

$$BR\_deep_{i,t} = \begin{cases} BR_{i,t}+FTA_{i,t}+BIT_{i,t} & \text{若}i\text{国在}t\text{月已签署"一带一路"协议} \\ 0 & \text{其他} \end{cases}$$

$$(5.3)$$

双重差分方法需要满足平行趋势假设，但这在本章研究情境下很难成立。现实中，合作文件签署并不是随机的，各国家和地区经济水平、制度特征以及中国与不同国家和地区的经贸往来等因素都会影响"一带一路"合作国家选择。处理组和控制组国家在上述特征的系统性差异可能导致平行趋势假设失效，造成估计偏误。因此，在双重差分回归之前，使用倾向得分匹配进行样本数据预处理，使处理组和控制组在核心控制变量上更为平衡，从而使变量选择近似随机。鉴于处理组个体接受处理的时点存在较大差异，选择在所有处理组接受处理之前的时间点进行匹配。具体来看，匹配的时间为2010年12月，使用Logit模型估计倾向得分，采用核匹配方式，并且施加了共同支撑的限制。在稳健性检验部分也采取了其他匹配方法，以此确保本章的主要结论不受匹配方法的影响。

（三）基准结果分析

1. 匹配变量的平衡性检验

在回归之前，使用倾向得分匹配对数据预处理，结果如表 5 − 2 所示。匹配前，处理组和控制组在实际 GDP、人均 GDP、GDP 增长率、政府治理质量、金融发展水平等均存在较大差异。匹配后，大部分协变量在处理组和控制组的取值都更为接近。使用去除量纲后的标准偏差进行衡量，所有协变量的标准偏差都小于 20%，符合 Rosenbaum and Rubin（1983）的要求，平衡性检验通过。

表 5 − 2　倾向得分匹配结果

协变量	样本	平均值		标准偏差（%）	标准偏差绝对值减少（%）	t 值
		处理组	控制组			
gdp	匹配前	189.873	524.7049	− 26.7668	87.1861	− 1.3059
	匹配后	201.3161	158.4111	3.4299		0.5647
gdpgrowth	匹配前	5.2565	3.636	42.1705	96.9272	2.341
	匹配后	4.9127	4.863	1.2958		0.064
gdpper	匹配前	10762	14914	− 24.4146	86.6498	− 1.2938
	匹配后	11329	10775	3.2594		0.1724
deflator	匹配前	124.7852	138.9281	− 8.4713	98.1279	− 0.4284
	匹配后	125.4572	125.1924	0.1586		0.0125
imexgdp	匹配前	0.1306	0.0963	15.6243	− 8.8906	0.8401
	匹配后	0.1208	0.0835	17.0134		0.9301
fdigdp	匹配前	0.0254	0.11	− 16.7228	93.8235	− 0.8118
	匹配后	0.0192	0.014	1.0329		0.26
gov	匹配前	0.4277	0.4925	− 30.8157	99.0964	− 1.6972
	匹配后	0.4377	0.4383	− 0.2784		− 0.0135
kaopen	匹配前	0.4085	0.4882	− 5.0573	− 34.7152	− 0.2753
	匹配后	0.4764	0.3691	6.8129		0.3287
banknumber	匹配前	20.507	16.958	22.0314	87.7078	1.2216
	匹配后	18.1718	17.7355	2.7081		0.1278

注：上述变量均为 2010 年的数据。实际 GDP 单位为百亿美元，人均 GDP 单位为美元。

2. "一带一路"倡议对人民币国际化的影响

表5-3显示了"一带一路"倡议对人民币跨境交易金额和笔数的影响。结果显示，BR 和 BR_deep 的系数均显著为正，即"一带一路"倡议显著增加了人民币的交易总金额和总笔数。整体上讲，倡议实施后，相比其他经济体，沿线国家人民币交易总金额增加114.45%，人民币交易总笔数增加62.29%。"一带一路"倡议推动了我国对"一带一路"沿线国家的基础设施建设等直接投资，降低了我国与沿线各国的关税水平，增进了双方贸易往来。出于规避汇率风险、降低汇兑费用的需要，中国和外国企业增加了人民币在沿线国家的使用。金融市场方面，在"一带一路"倡议引领下，中国与沿线各国加强了在双边货币互换、跨境结算、信贷业务等方面的合作，促进了我国资本账户实际开放与资本自由流动，提升了人民币跨境交易金额和笔数。本章结论表明"一带一路"倡议能够推动人民币国际化，验证假设1a。

表5-3   "一带一路"倡议对人民币国际化的影响

变量	人民币交易总金额		人民币交易总笔数	
	（1）	（2）	（3）	（4）
BR	1.1445 ***		0.6229 ***	
	(0.3956)		(0.0928)	
BR_deep		0.4920 ***		0.2882 ***
		(0.1702)		(0.0444)
控制变量	控制	控制	控制	控制
国家固定效应	控制	控制	控制	控制
月份固定效应	控制	控制	控制	控制
样本量	11834	11834	11834	11834
R^2	0.8131	0.8130	0.9244	0.9245

注：括号内为残差聚类在国家—年份层面的稳健标准误。***、**、*分别代表1%、5%、10%的显著水平。下同。

3. "一带一路"倡议对货币职能的影响

进一步地，本章考虑"一带一路"倡议对人民币三大货币职能的结构化影响。将衡量交易媒介、计价单位以及价值贮藏的指标作为被解释变量，分别进行实证分析，回归结果如表5-4所示。签署"一带一路"谅解备忘录或合作文件显著提升了人民币交易媒介和计价单位职能，但是并未对人民币价值贮藏功能产生显著影响。由此可见，"一带一路"倡议对于人民币在国际市场上发挥交易媒介、计价单位和价值贮藏三大职能的推动作用存在结构性差异，验证假设2。

基于历史经验，货币国际化遵循贸易结算化、金融投融资化、国际储备化的发展路径。人民币国际化起始于跨境贸易和境外直接投资人民币结算试点，在"一带一路"倡议推动下，中国与沿线国家开展贸易和投资合作，人民币在国际市场上作为交易媒介的职能能够较快显现。"一带一路"可以促进中国企业进行高附加值产品出口，帮助中国实现价值链的中高端化（王恕立和吴楚豪，2018；王桂军和卢潇潇，2019；卢盛峰等，2021），这有助于企业使用本币出口计价（Ito et al.，2010），因此"一带一路"倡议提升了人民币作为计价单位的职能。事实上，人民币国际化始终以服务实体经济、促进贸易投资便利化为导向（易纲，2020），"一带一路"倡议对人民币交易媒介和计价单位职能的促进作用符合人民币国际化的基本政策逻辑。在样本期内，"一带一路"倡议对人民币价值贮藏职能的推动作用并未显现。一方面，人民币金融资产投资渠道不足，限制了"一带一路"沿线国家私人部门持有人民币储备资产；另一方面，出于避险的考虑，"一带一路"沿线国家更倾向使用美元、欧元等国际货币。此类国际货币在现行以"中心—外围"结构为特征的国际货币体系中占据中心位置，具有较强的网络性和使用惯性。目前，人民币价值贮藏职能发展程度较低，符合货币国际化发展的基本历史规律，"一带一路"倡议也难以在短期内促进人民币在全球范围内发挥价值贮藏职能。

表5-4 "一带一路"倡议对人民币不同职能的影响

	A：交易媒介			
变量	人民币交易金额		人民币交易笔数	
	（1）	（2）	（3）	（4）
BR	1.3683 ***		0.6870 ***	
	(0.4314)		(0.0966)	
BR_deep		0.4582 **		0.3082 ***
		(0.1886)		(0.0468)
控制变量	控制	控制	控制	控制
国家固定效应	控制	控制	控制	控制
月份固定效应	控制	控制	控制	控制
样本量	11834	11834	11834	11834
R^2	0.7893	0.7888	0.9177	0.9176

	B：计价单位			
变量	人民币交易金额		人民币交易笔数	
	（1）	（2）	（3）	（4）
BR	1.0876 ***		0.5512 ***	
	(0.3905)		(0.0866)	
BR_deep		0.4743 ***		0.2685 ***
		(0.1740)		(0.0435)
控制变量	控制	控制	控制	控制
国家固定效应	控制	控制	控制	控制
月份固定效应	控制	控制	控制	控制
样本量	11834	11834	11834	11834
R^2	0.8058	0.8058	0.9190	0.9194

	C：价值贮藏			
变量	人民币交易金额		人民币交易笔数	
	（1）	（2）	（3）	（4）
BR	-0.1292		-0.0103	
	(0.2192)		(0.0544)	

续表

变量	人民币交易金额		人民币交易笔数	
	（1）	（2）	（3）	（4）
BR_deep		0.0280		0.0277
		（0.0995）		（0.0308）
控制变量	控制	控制	控制	控制
国家固定效应	控制	控制	控制	控制
月份固定效应	控制	控制	控制	控制
样本量	9114	9114	9115	9115
R^2	0.7699	0.7699	0.9209	0.9210

C：价值贮藏

（四）稳健性检验

1. 替换被解释变量

为了确保人民币国际化指标的稳健性，本章替换被解释变量并进行回归。一是人民币使用占比指标。采用人民币交易占该国使用所有货币交易总额或次数的比重，衡量人民币国际化水平。为了剔除异常值的影响，将该数据进行 1% 的缩尾。二是排除与中国进行人民币交易后的指标。在基准被解释变量的基础上，分别将各国与中国大陆及港澳台地区的人民币交易剔除，得到各国与中国以外的其他国家人民币交易数据。这一指标更加聚焦人民币在全球范围内的扩张，而非中国与各国双边交易中的人民币使用。三是其他跨境结算指标。借鉴 Bahaj and Reis（2020），使用 MT103 与 MT202 之和衡量人民币国际化水平。回归结果如表 5 – 5 所示，将被解释变量替换为上述指标后，本章的基准结论仍然稳健。

表 5 - 5　稳健性检验：替换被解释变量

A：人民币使用占比指标（%）				
变量	人民币交易金额		人民币交易笔数	
	（1）	（2）	（3）	（4）
BR	0.1596 **		0.1114 **	
	(0.0715)		(0.0476)	
BR_deep		0.1036 **		0.0717 **
		(0.0418)		(0.0292)
控制变量	控制	控制	控制	控制
国家固定效应	控制	控制	控制	控制
月份固定效应	控制	控制	控制	控制
样本量	11834	11834	11834	11834
R^2	0.6445	0.6462	0.7096	0.7123

B：排除与中国人民币交易后的指标				
变量	人民币交易金额		人民币交易笔数	
	（1）	（2）	（3）	（4）
BR	1.4028 ***		0.6362 ***	
	(0.4388)		(0.1045)	
BR_deep		0.6801 ***		0.3211 ***
		(0.1975)		(0.0499)
控制变量	控制	控制	控制	控制
国家固定效应	控制	控制	控制	控制
月份固定效应	控制	控制	控制	控制
样本量	11834	11834	11834	11834
R^2	0.7666	0.7668	0.9044	0.9052

C：人民币跨境结算的指标				
变量	人民币交易金额		人民币交易笔数	
	（1）	（2）	（3）	（4）
BR	1.0105 ***		0.5954 ***	
	(0.3881)		(0.0932)	
BR_deep		0.4627 ***		0.2836 ***
		(0.1676)		(0.0439)
控制变量	控制	控制	控制	控制
国家固定效应	控制	控制	控制	控制
月份固定效应	控制	控制	控制	控制
样本量	11834	11834	11834	11834
R^2	0.8059	0.8059	0.9168	0.9171

2. 替换匹配方法

本章使用倾向得分匹配作为数据预处理手段，匹配时间、匹配方式的选择会产生不同样本，影响后续回归结果。为了表明回归结果的可信性和稳健性，在基准匹配方法的基础上，分别改变匹配时间和匹配方式，并在此基础上进行回归。对于匹配时间，一是参考 Heyman et al.（2007），使用滞后一期的协变量进行逐期匹配；二是参考贾俊雪等（2018），使用处理前各期协变量均值进行匹配。对于匹配方式，采用 1:3 最近邻匹配。回归结果如表 5 - 6 所示，不同的匹配方法并未改变结论，表明本章采取的匹配方法是稳健的。

表 5 - 6　稳健性检验：替换匹配方法

变量	A：人民币交易金额					
	逐期匹配		协变量均值匹配		最近邻匹配	
	（1）	（2）	（3）	（4）	（5）	（6）
BR	0. 8207 **		0. 9567 **		1. 1566 ***	
	(0. 4004)		(0. 4104)		(0. 4199)	
BR_deep		0. 3643 **		0. 4475 **		0. 5019 ***
		(0. 1707)		(0. 1751)		(0. 1817)
控制变量	控制	控制	控制	控制	控制	控制
国家固定效应	控制	控制	控制	控制	控制	控制
月份固定效应	控制	控制	控制	控制	控制	控制
样本量	11529	11529	10575	10575	9165	9165
R^2	0. 8257	0. 8257	0. 8265	0. 8266	0. 8083	0. 8083

变量	B：人民币交易笔数					
	逐期匹配		协变量均值匹配		最近邻匹配	
	（1）	（2）	（3）	（4）	（5）	（6）
BR	0. 5533 ***		0. 5964 ***		0. 6051 ***	
	(0. 0952)		(0. 0983)		(0. 0965)	
BR_deep		0. 2598 ***		0. 2788 ***		0. 2814 ***
		(0. 0458)		(0. 0467)		(0. 0462)

续表

变量	逐期匹配		协变量均值匹配		最近邻匹配	
	（1）	（2）	（3）	（4）	（5）	（6）
控制变量	控制	控制	控制	控制	控制	控制
国家固定效应	控制	控制	控制	控制	控制	控制
月份固定效应	控制	控制	控制	控制	控制	控制
样本量	11529	11529	10575	10575	9165	9165
R^2	0.9329	0.9330	0.9331	0.9333	0.9224	0.9225

B：人民币交易笔数

3. 平行趋势假设检验及动态效果

中国与各国家和地区签署"一带一路"谅解备忘录或合作文件的时点不同，本章参照 Beck et al.（2010），使用灵活估计形式检验平行趋势假设，同时分析"一带一路"倡议的动态效果。具体回归模型设定如下：

$$Y_{i,q} = \beta_0 + \beta_1 D_{i,q}^{-10} + \beta_2 D_{i,q}^{-9} + \cdots + \beta_{24} D_{i,q}^{14} + \beta_{25} D_{i,q}^{15} + \mu_i + \varepsilon_{i,q}$$

$$(5.4)$$

本章样本时间跨度为 91 个月，数据量却较为有限，因此以季度 q 为时间单位进行平行趋势假设检验，并分析双边货币互换动态效果。式（5.4）中 $Y_{i,q}$ 为 i 国在 q 季度人民币交易情况。$D_{i,q}^{-k}$ 表示相较于签署"一带一路"倡议时间的虚拟变量。具体而言，若 q 季度为 i 国协议签署之前的第 k 个季度，$D_{i,q}^{-k}$ 则取 1，否则取 0；若 q 季度是 i 国协议签署之后的第 k 个季度，$D_{i,q}^{k}$ 则取 1，否则取 0。

图 5-1 分别展示了被解释变量为人民币交易总金额和总笔数时，上述回归中 $D_{i,q}^{-10}$ 到 $D_{i,q}^{15}$ 系数的估计结果，虚线为 95% 的置信区间。当横坐标小于 0 时，所有虚拟变量的系数均不显著，说明在"一带一路"谅解备忘录或合作文件签署前，控制组和处理组的人民币使用情况并无显著差别，平行趋势假设成立。在签署"一带一路"谅解备忘

录或合作文件后，人民币交易笔数立刻显著增加，人民币交易金额从第五季度才开始显著增加。这可能由于重新签订以人民币计价结算的大额订单耗时更长，产生时滞。随着中国和"一带一路"沿线国家经贸合作程度加深，各国人民币交易金额和笔数逐渐增加，政策效果逐步扩大。

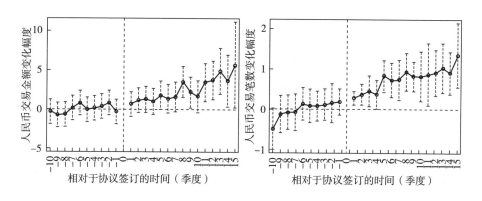

图5-1　平行趋势假设检验及"一带一路"倡议的动态效果

4. 政策唯一性检验

在"一带一路"谅解备忘录或合作文件签署期间，中国人民银行与部分"一带一路"沿线国家也签署了双边货币互换协议。双边货币互换协议可以提升各国使用人民币支付的概率，增加人民币的全球使用（Song and Xia，2020；Bahaj and Reis，2020；王孝松等，2021），从而提升人民币国际化水平。因此，"一带一路"倡议对人民币国际化的政策效果有可能与双边货币互换协议的效果相混淆。基于此，将样本中与中国签署双边货币互换协议的国家删去，重新通过倾向得分匹配进行数据预处理，并由双重差分法重新估计，以确保"一带一路"倡议对人民币国际化效果的唯一性。回归结果如表5-7所示，排除双边货币互换的影响后，"一带一路"倡议对人民币国际化的正向影响仍然显著，政策唯一性检验通过。

表 5 - 7　稳健性检验：政策唯一性检验

变量	人民币交易金额		人民币交易笔数	
	（1）	（2）	（3）	（4）
BR	1. 3398 * （0. 7036）		0. 3719 *** （0. 1332）	
BR_deep		0. 6104 ** （0. 2905）		0. 1560 *** （0. 0582）
控制变量	控制	控制	控制	控制
国家固定效应	控制	控制	控制	控制
月份固定效应	控制	控制	控制	控制
样本量	7431	7431	7431	7431
R^2	0. 7311	0. 7312	0. 8492	0. 8491

5. 校正样本选择偏误

进一步地，本章使用 Heckman 两步法处理可能存在的样本选择偏误问题。回归结果如表 5 - 8 所示，"一带一路"倡议可以显著增加一国使用人民币的概率和使用规模。在考虑校正样本选择偏误的情况下，回归结果仍然稳健。

表 5 - 8　稳健性检验：校正样本选择偏误

变量	人民币交易金额		人民币交易笔数					
	使用方程	选择方程	使用方程	选择方程	使用方程	选择方程	使用方程	选择方程
	（1）	（2）	（3）	（4）	（5）	（6）	（7）	（8）
BR	0. 8779 *** （0. 1912）	0. 4575 *** （0. 0585）	0. 6123 *** （0. 0988）	0. 1843 * （0. 0974）	1. 5264 *** （0. 1926）	0. 8727 *** （0. 0718）	0. 5548 *** （0. 0509）	0. 5365 *** （0. 1086）
逆米尔斯比率	4. 1251 *** （0. 3160）		0. 6059 *** （0. 1760）		4. 4448 *** （0. 3024）		1. 1050 *** （0. 0855）	
控制变量	控制	控制	控制	控制	控制	控制	控制	控制
国家固定效应	不控制	不控制	控制	控制	不控制	不控制	控制	控制
月份固定效应	控制	控制	不控制	不控制	控制	控制	不控制	不控制
样本量	11834	11834	11834	11834	11834	11834	11834	11834

6. 遗漏变量检验

为了排除遗漏变量的影响，本章额外引入双边汇率、双边汇率波动率、双边政治距离等，作为匹配的协变量和回归的控制变量。回归结果如表5-9和表5-10所示，重新匹配并回归后，核心解释变量的系数仍然显著为正。

表5-9 稳健性检验：遗漏变量检验（人民币总体使用）

变量	人民币交易总金额		人民币交易总笔数	
	（1）	（2）	（3）	（4）
BR	1.5869***		0.6573***	
	（0.4010）		（0.0961）	
BR_deep		0.6489***		0.3040***
		（0.1710）		（0.0465）
控制变量	控制	控制	控制	控制
国家固定效应	控制	控制	控制	控制
月份固定效应	控制	控制	控制	控制
样本量	11291	11291	11291	11291
R^2	0.8490	0.8488	0.9380	0.9382

表5-10 稳健性检验：遗漏变量检验（不同货币职能）

A：交易媒介

变量	人民币交易金额		人民币交易笔数	
	（1）	（2）	（3）	（4）
BR	1.7857***		0.7002***	
	（0.4203）		（0.0997）	
BR_deep		0.5794***		0.3139***
		（0.1795）		（0.0488）
控制变量	控制	控制	控制	控制
国家固定效应	控制	控制	控制	控制
月份固定效应	控制	控制	控制	控制
样本量	11291	11291	11291	11291
R^2	0.8313	0.8305	0.9339	0.9339

续表

	B：计价单位			
变量	人民币交易金额		人民币交易笔数	
	（1）	（2）	（3）	（4）
BR	1.4929 ***		0.5877 ***	
	（0.3816）		（0.0906）	
BR_deep		0.6144 ***		0.2856 ***
		（0.1617）		（0.0455）
控制变量	控制	控制	控制	控制
国家固定效应	控制	控制	控制	控制
月份固定效应	控制	控制	控制	控制
样本量	11291	11291	11291	11291
R^2	0.8463	0.8461	0.9359	0.9363
	C：价值贮藏			
变量	人民币交易金额		人民币交易笔数	
	（1）	（2）	（3）	（4）
BR	− 0.4214		− 0.0382	
	（0.2978）		（0.0574）	
BR_deep		− 0.0992		0.0162
		（0.0936）		（0.0319）
控制变量	控制	控制	控制	控制
国家固定效应	控制	控制	控制	控制
月份固定效应	控制	控制	控制	控制
样本量	8659	8659	8660	8660
R^2	0.7711	0.7710	0.9229	0.9229

（五）异质性分析

为进一步分析"一带一路"倡议对人民币国际化的异质性影响，本章基于海上与陆上丝绸之路、邻近与非邻近"一带一路"以及资本账户开放程度进行实证分析。（1）根据路线与运输方式，参照陈万灵和何传添（2014），将样本分为海上与陆上丝绸之路国家；（2）根据是否与中国接壤，将样本分为邻近"一带一路"沿线国家与非邻近"一带一路"沿线国家；（3）根据资本账户开放程度，将样本分为高资本账户开放国家和低资本账户开放国家。

1. 基于陆上与海上丝绸之路区分

回归结果显示，"一带一路"倡议对人民币国际化的影响主要体现在海上丝绸之路的沿线国家，对陆上丝绸之路沿线国家的影响相对较弱。海上丝绸之路指从中国沿海港口出发，与世界各国建立的海上贸易通道（陈万灵和何传添，2014）。海上丝绸之路沿线国家占全球总人口的六成以上，经济增速较快，经贸发展前景广阔。在海上丝绸之路建设不断推进、中国与沿线国家贸易往来不断加深的背景下，人民币在贸易计价结算和贸易融资中的使用规模逐步扩大，提升了人民币国际化水平。

2. 基于邻近"一带一路"沿线国家与非邻近"一带一路"沿线国家区分

回归结果显示，"一带一路"倡议对人民币国际化的影响主要体现在邻近"一带一路"沿线国家，对非邻近"一带一路"沿线国家的影响相对有限。一方面，地理距离会影响各国与中国的经贸关系，影响人民币在跨境贸易中的使用；另一方面，地理距离的增加意味着更多的信息不对称，以及更高的人民币交易成本，影响人民币的使用意愿。

3. 基于高资本账户开放国家和低资本账户开放国家区分

回归结果显示，"一带一路"倡议对人民币国际化的影响主要体现在高资本账户开放国家，对低资本账户开放国家的影响相对有限。一方面，低金融开放国家更倾向于使用本币或美元、欧元等传统国际货币，而高金融开放国家对人民币这种新兴市场国家货币的接纳程度更高。另一方面，高金融开放国家资本市场更为发达，善于通过各种货币的套期保值手段对冲风险，获取收益，这促进了这些国家对于人民币的使用。

表 5-11 "一带一路"倡议对人民币国际化的影响：异质性分析

	A：海上与陆上丝绸之路的区分考察							
分类	海上丝绸之路国家				陆上丝绸之路国家			
变量	人民币交易金额		人民币交易笔数		人民币交易金额		人民币交易笔数	
	(1)	(2)	(3)	(4)	(5)	(6)	(7)	(8)
BR	1.6485 ***		0.5275 ***		0.5800		0.3904 ***	
	(0.5935)		(0.1354)		(0.4189)		(0.1131)	
BR_deep		0.7271 ***		0.2283 ***		0.2568		0.2064 ***
		(0.2420)		(0.0546)		(0.1891)		(0.0580)
控制变量	控制	控制	控制	控制	控制	控制	控制	控制
国家固定效应	控制	控制	控制	控制	控制	控制	控制	控制
月份固定效应	控制	控制	控制	控制	控制	控制	控制	控制
样本量	9745	9745	9745	9745	11288	11288	11288	11288
R^2	0.8672	0.8673	0.9512	0.9512	0.8523	0.8522	0.9417	0.9419

	B：邻近"一带一路"沿线国家与非邻近"一带一路"沿线国家的区分考察							
分类	邻近"一带一路"沿线国家				非邻近"一带一路"沿线国家			
变量	人民币交易金额		人民币交易笔数		人民币交易金额		人民币交易笔数	
	(1)	(2)	(3)	(4)	(5)	(6)	(7)	(8)
BR	2.2581 ***		0.7741 ***		0.6068		0.3286 ***	
	(0.6629)		(0.1486)		(0.3998)		(0.1044)	
BR_deep		0.9979 ***		0.3444 ***		0.2784		0.1686 ***
		(0.2914)		(0.0625)		(0.1715)		(0.0507)
控制变量	控制	控制	控制	控制	控制	控制	控制	控制
国家固定效应	控制	控制	控制	控制	控制	控制	控制	控制
月份固定效应	控制	控制	控制	控制	控制	控制	控制	控制
样本量	9318	9318	9318	9318	11715	11715	11715	11715
R^2	0.8666	0.8665	0.9516	0.9516	0.8545	0.8545	0.9425	0.9425

C：资本账户开放程度的区分考察							
分类	高资本账户开放国家				低资本账户开放国家			
变量	人民币交易金额		人民币交易笔数		人民币交易金额		人民币交易笔数	
	(1)	(2)	(3)	(4)	(5)	(6)	(7)	(8)
BR	1. 5745 ***		0. 5597 ***		0. 0475		0. 2648 **	
	(0. 5221)		(0. 1157)		(0. 4854)		(0. 1180)	
BR_deep		0. 6039 ***		0. 2454 ***		0. 1540		0. 1556 ***
		(0. 2177)		(0. 0552)		(0. 2204)		(0. 0524)
控制变量	控制	控制	控制	控制	控制	控制	控制	控制
国家固定效应	控制	控制	控制	控制	控制	控制	控制	控制
月份固定效应	控制	控制	控制	控制	控制	控制	控制	控制
样本量	6360	6360	6360	6360	6265	6265	6265	6265
R^2	0. 8772	0. 8770	0. 9619	0. 9618	0. 7823	0. 7824	0. 9013	0. 9016

注：资本账户开放程度的高低由 2010 年各国 Chinn - Ito 指数划分，高于中位数为高资本账户开放国家，低于中位数为低资本账户开放国家。

三、"五通"与人民币国际化

政策沟通、设施联通、贸易畅通、资金融通和民心相通（又称"五通"）是中国与"一带一路"沿线国家开展合作的主要模式，也是主要的政策发力点。鉴于此，本章分别从这五个方面研究"一带一路"倡议促进人民币国际化的影响机制。（1）使用中国与样本国家是否有双边货币互换（swap）、人民币合格境外机构投资者（rqfii）以及境外人民币清算行（clearing_bank）的政策安排作为政策沟通的代理变量。数据根据中国人民银行历年《人民币国际化大事记》整理所得。（2）使用中资银行在样本国家的分支机构数量（branches）衡量资金融通的程度。数据由工商银行、农业银行、中国银行以及建设银行官方网站披露的信息整理所得。（3）使用样本国家的人民币贸易融资交易金额（tf_amount）和交易笔数（tf_tran）作为贸易沟通的代理变量。贸易融资使用 SWIFT 数据中 MT400 与 MT700 之和衡量。（4）使用样本国家与中国双边对外直接投资规模（fdi）作为设施联通的代理变量。数据来自 IMF CDIS 数据库。（5）借鉴吕越等（2019），利用联合国教科文组织公布的《2009 年 UNESCO 文化统计框架》，识别出贸易产品中的文化商品，然后使用中国与样本国家文化商品的进出口额（imex_culture），作为民心相通的代理变量。数据来自 UN Comtrade 数据库。回归时对贸易畅通、设施联通和民心相通的代理变量做对数化处理。将上述"五通"的代理变量分别作为被解释变量$FC_{i,t}$，研究"一带一路"倡议对"五通"的影响，回归模型如下：

$$FC_{i,t} = \alpha_0 + \alpha_1 BR_{i,t} + \mu_i + \eta_t + \varepsilon_{i,t} \tag{5.5}$$

表 5-12 报告了"一带一路"倡议促进人民币国际化的机制分析结果。第（1）列至第（3）列显示，"一带一路"倡议实施后，相比其他经济体，中国与沿线经济体的人民币相关政策沟通显著加强，货币互换、RQFII 以及境外人民币清算行等合作显著增加。货币互换可以向海外提供人民币流动性，RQFII 提供了人民币投资机会，境外人民币清算行为人民币结算服务提供便利，这些政策的实施都为人民币国际化创造了有利条件。第（4）列显示，"一带一路"倡议实施后，相比其他经济体，中资银行在样本国家的分支机构数量显著增加，表明倡议提升了海外市场的人民币资金融通能力。中资银行可以为海外市场主体提供跨境贸易人民币结算、人民币贸易融资、人民币衍生品等相关服务和产品，为海外人民币使用提供便利，促进人民币的全球使用。第（5）列和第（6）列显示，"一带一路"倡议实施后，相比其他经济体，人民币贸易融资的交易金额和笔数分别提升了 93.79% 和 30.71%，体现了倡议对于中国与沿线国家贸易畅通的积极影响。

第（7）列显示，倡议实施后，相比其他经济体，中国与沿线经济体的双边投资额显著提升。"一带一路"倡议促进了中国企业"走出去"，其中衍生出的大量投融资需求为人民币在沿线国家的流通和使用创造了条件。第（8）列显示，"一带一路"倡议实施后，相比其他经济体，中国与沿线经济体的文化产品进出口显著增加，表明双方文化交流更加密切。这不仅促进了相关产品的跨境贸易人民币计价结算，而且增进了沿线国家与中国的了解和互信，克服了信息不对称带来的成本，提升了沿线国家对人民币的信心，增加了其对人民币的接受程度。

表 5–12 "一带一路"倡议对人民币国际化的影响机制分析

变量	政策沟通			资金融通	贸易畅通		设施联通	民心相通
	$swap$	$rqfii$	$clearing\_bank$	$branches$	tf_amount	tf_tran	fdi	$imex\_culture$
	（1）	（2）	（3）	（4）	（5）	（6）	（7）	（8）
BR	0.1527***	0.0649***	0.0968***	0.1362***	0.9379***	0.3071***	0.3458**	0.1207**
	(0.0321)	(0.0224)	(0.0253)	(0.0476)	(0.2968)	(0.0701)	(0.1604)	(0.0603)
国家固定效应	控制	控制	控制	控制	控制	控制	控制	控制
时间固定效应	控制	控制	控制	控制	控制	控制	控制	控制
样本量	12194	12194	12194	12194	12194	12194	12194	11658
R^2	0.7370	0.4772	0.4971	0.9505	0.7401	0.8445	0.8747	0.7543

四、本章小结

本章使用 2010 年 10 月至 2018 年 4 月的 SWIFT 数据，实证研究了"一带一路"倡议对人民币国际化的影响。使用匹配与双重差分相结合的方法处理内生性问题，并且通过一系列稳健性检验表明了本章结论的可靠性。研究发现：（1）"一带一路"倡议提升了沿线国家人民币交易金额和笔数，推动了人民币国际化。采用不同变量和计量方法的回归结果表明本章结论具有稳健性。此外，对于海上丝绸之路国家、邻近"一带一路"沿线国家和高资本账户开放国家，"一带一路"倡议对人民币国际化推动作用更强。（2）"一带一路"倡议对人民币在国际市场上发挥三大货币职能的推动作用存在结构性差异。具体而言，"一带一路"倡议显著提升了人民币在国际市场上承担交易媒介和计价单位职能的作用，而对价值贮藏职能没有显著影响。（3）机制分析表明，"一带一路"倡议可以通过政策沟通、设施联通、贸易畅通、资金融通和民心相通机制影响沿线国家的人民币使用，推动人民币国际化进程。

本章为"一带一路"倡议推动人民币国际化提供了新的理论和经验证据，补充了现有研究的不足，具有明确的政策启示：第一，要继续深入推行共建"一带一路"，加强与沿线国家的经贸合作，提升人民币在沿线国家的使用，有序推进人民币国际化。要坚持市场驱动和企业自主选择，在经贸往来中培育市场主体对人民币的真实需求，帮助企业规避汇率风险，降低汇兑费用，更好地服务实体经济。"一带一路"倡议对各类沿线国家的影响不尽相同，要有针对性地制定切实有效的政策安排，防止过度的投机性外汇交易。

第二，以"五通"为抓手实现"一带一路"高质量发展，并以此推动人民币国际化。加强政策沟通，深化双边货币金融合作，积极完善金融基础设施建设，为人民币在海外的使用和流通创造条件。促进资金融通，发挥亚洲基础设施投资银行、金砖国家开发银行、丝路基金等机构的作用，鼓励国内金融机构在沿线国家布局。保持贸易畅通，推进中国与沿线国家的贸易合作，增强国内产品在沿线国家的吸引力与竞争力，强化人民币计价结算的功能。加快设施联通，鼓励企业"走出去"，建立常态化的基础设施开发融资多边合作协调机构，鼓励基础设施项目采用人民币投融资。增进民心相通，加强与沿线国家在文化交流、旅游观光、人才合作等领域的合作，增强沿线国家民众对中国的了解和认同，提升沿线国家使用人民币的信心。

第三，要巩固人民币交易媒介职能，加强人民币计价单位职能，并为价值贮藏职能的提升创造条件。对于交易媒介职能，要完善海外人民币金融基础设施建设，促进跨境经贸投资便利化，继续推进人民币在跨境贸易中的使用。要发挥我国在跨境电商、数字货币、移动支付等技术方面的优势，借助跨境电子商务的发展提升人民币的全球使用程度。对于计价单位职能，要通过"一带一路"倡议提升中国企业在全球价值链分工的地位，增加出口商品的异质性，从而强化人民币贸易计价职能。加强与沿线国家大宗商品合作，加快建设"一带一路"大宗商品交易平台，提升大宗商品交易的人民币计价结算。人民币成为国际储备货币的关键在于中国经济高质量发展和高质量开放。在此基础上，要进一步发展人民币债券市场，创新金融产品，增加人民币回流渠道。保持人民币汇率政策稳定性和连续性，维护人民币币值相对稳定，提升海外官方持有人民币资产的信心。

第六章 国际金融中心与人民币国际化

纵观伦敦、法兰克福、东京和纽约等国际金融中心的发展历程，大国金融开放必然伴随具有全球影响力的国际金融中心的崛起。当前，在推动新一轮高水平开放的大背景下，中国建立国际金融中心是大势所趋。它不仅符合历史上国际金融中心兴衰更替的客观事实和历史规律，也是在新时期有序推进人民币国际化的必然选择。本章系统梳理了历史上主要国际金融中心的发展历史与基本模式，并据此提出了未来推动人民币国际化过程中建设国际金融中心的目标特征与发展基石。在此基础上，本章认为上海国际金融中心建设是改革开放以来金融创新的先行者，也是有序推进人民币国际化的突破口。当前，无论从国际经验还是从经济发展阶段来看，上海建设国际金融中心迎来了难得的历史机遇，当然同样面临诸多挑战。本章为在新时期推动上海国际金融中心建设和人民币国际化提供了重要的经验证据和政策启示。

一、国际金融中心建设是货币国际化的必然选择

（一）大国金融开放与人民币国际化

纵观大国崛起历史，无不以金融兴盛为重要标志。金融之兴盛，无不有赖于国际金融中心的建立。货币国际化可以为国际金融中心建

设提供强有力的支撑。全球化进程开始后的世界历史表明，货币国际化是助推大国经济持续发展的强大动力。全世界有两个国家被公认为具有大国金融，一个是英国，在20世纪中叶之前强盛了200多年，这与其大国金融体系密切相关；另一个是美国，美国在全世界具有最重要的影响力，也是其大国金融体系决定的。这两个国家的共同特征之一，就是它们的货币是国际化的，它们的贸易市场和储备市场在国际上都占有非常重要的地位。在1917年之前，英镑是最重要的储备性货币。1944年布雷顿森林货币体系建立之后，美元正式超过英镑，在全球货币体系中占据核心地位。如果没有美元的国际化，美国的金融体系也就不能够如此强力地配置全球资源。因此，建立大国金融体系，首先要进行货币国际化，这是建立大国金融体系的一个重要前提。

从这个角度来看，推进人民币的国际化是中国深化改革开放、推动大国金融发展的重要举措。我国在过去十年里十分重视推进人民币国际化工作，取得了良好成效。2009年底，人民币国际化指数（RII）只有0.02%，人民币在国际市场上的使用十分有限。截至2021年底，RII达到5.05%，12年间增长了250多倍。目前在全球范围内，国际贸易的人民币结算份额为2.85%；在包括直接投资、国际信贷、国际债券与票据等在内的国际交易中，人民币计价交易的综合占比为9.52%；全球已有超过80家中央银行宣布直接或间接持有人民币储备资产，截至2022年第二季度末，全球央行持有的人民币储备规模为3223.8亿美元，占比为2.88%。据IMF统计，2022年第一季度，人民币在全球外汇储备中的占比达2.88%，2022年5月，IMF将人民币在SDR中的相对份额从10.54%上调至12.28%；据BIS 2022年发布的全球外汇市场调查数据，人民币为全球第五大外汇交易货币。整体上讲，人民币国际化趋势是不可逆转的，虽然这一过程有起伏，但随着中国经济的稳步提升和经济金融改革的不断深化，未来人民币国际化水平将不断提升。

人民币国际化虽然取得了很大的成绩，但人民币的国际地位依然与美元、欧元等相去甚远。真正综合反映一种货币的国际竞争力的，是该货币在全球储备货币中的地位。而从储备货币角度看，美元在全球储备货币中的优势地位最为突出，美元资产占比超过60%。从金融市场维度来看，中国与美国在金融市场的深度、广度与流动性方面依然有着较大的差距。当前，中国经济已经从高速发展阶段转向高质量发展阶段，这就要求更高质量的资源配置和经济循环。人民币国际化有着巨大的发展潜力，能够促进金融资源的高效合理配置，畅通货币的供需循环渠道，是供给侧结构性改革的重要组成部分，对于推动经济高质量发展具有重要作用。人民币国际化不是一蹴而就的，而是一个市场驱动的长期过程，在此过程中应当继续顺势而进，低调有为。不仅要积极稳妥地推动人民币国际化进程，也要做好风险防范，保障人民币国际化行稳致远。

（二）国际金融中心建设与人民币国际化

高水平金融开放是构建与大国经济相匹配的大国金融的必要条件。目前，我国金融开放程度相对较低，人民币还没有实现完全自由可兑换，金融市场开放程度较低，我国股票市场中境外投资者持有占比约为2.7%。金融市场的对外开放主要是通过 QFII、"深港通"和"沪港通"等管道完成。我国金融市场进一步开放的空间依然很大。未来还需要积极创造条件推进人民币自由交易，降低人民币资产投资门槛，提高资本市场投资价值，以此加快推动新一轮高水平对外开放和人民币国际化。

金融开放过程中往往伴随着国际金融中心的兴衰与交替，历史上威尼斯、阿姆斯特丹、伦敦、纽约和东京等都是最为典型的代表。东京由于受到 20 世纪末期泡沫经济的严重影响，其国际金融中心的地位已经受到严峻挑战。威尼斯和阿姆斯特丹作为国际金融中心已经成为历史，纽约和伦敦仍是当前具有重要影响力的国际金融中心。英国在历次争霸中取胜并确立了世界工厂的地位，伦敦毫无悬念地成为国际金融中心。英国在世界贸易中的重要地位，使伦敦集聚了大量金融机构、产品与人才，建立和完善了现代金融体系，促进了伦敦国际金融中心与英镑国际化的良性循环。19 世纪末，美国经济总量开始超过英国，世界经济版图重构，重心开始向美国倾斜，纽约作为新的国际金融中心开始加速发展。在此过程中，经济快速发展和稳定的货币环境为美国资本市场发展提供了重要的条件，美国也因此超越了包括英国在内的欧洲列强，成为世界上规模与影响力最大的经济体，纽约自 20 世纪初期以来一直保持着重要国际金融中心的地位。

不难看出，国际金融中心是世界经济和国际金融发展到一定程度的产物。对于全球或地区的资源配置和定价来说，国际金融中心有着不可替代的战略意义。无论是在资产定价、风险控制，还是信息传递、资本聚集与扩散等方面，国际金融中心都有很强的话语权和导向性。加快建设我国的国际金融中心，有助于发挥金融要素市场平台的作用，实现各要素市场的互联互通，增强金融资源配置能力，拓宽实体经济融资渠道，更好地服务经济社会发展；有助于提升金融市场影响力和辐射力，形成中外资金融机构共同竞争、良性发展的格局，支持企业更好地"走出去"，推动我国开放型经济发展；有助于发展具有广度和深度的多层次金融市场，探索开放经济条件下的金融风险防范和化解机制。

当前，作为世界第二大经济体的中国建立国际金融中心是大势所趋。它不仅符合历史上国际金融中心兴衰更替的客观事实和历史规律，也是中国金融不断开放和人民币国际化的必然选择。

二、国际金融中心：历史规律与发展基石

（一）货币国际化进程中的国际金融中心

主要国际金融中心建设的历史规律如下。

第一，国际金融中心历史发展脉络。从根本上说，国际金融中心是经济发展到一定程度的产物。金融伴随生产力的不断进步而产生、发展和成熟。以此为依据，可以将国际金融中心的建设历程划分为三个阶段。

表6-1　国际金融中心历史发展脉络

时间	阶段特征	主要国际金融中心	发展历程
13 世纪至 18 世纪中叶	这一阶段是国际金融中心的萌芽时期。民族国家的出现为统一金融市场奠定了基础，国际贸易的繁荣和国际金融中心的出现互相作用。	以意大利威尼斯与佛罗伦萨、荷兰阿姆斯特丹为代表，英国伦敦逐渐显露。	13～14 世纪，欧洲的社会生产力不断进步，商业极大发展。商人阶级的兴起、国家重商主义等制度安排相继产生，结算制度和现代公司形式开始出现，国际金融中心开始萌芽并发展。17 世纪，新航线的开辟使国际贸易中心转移到大西洋沿岸，伴随意大利商业地位的衰落，荷兰兴起成为海上霸主，阿姆斯特丹由此成为国际金融中心。18 世纪，英国开辟了世界上最繁荣的港口贸易，为其后数百年的国际金融中心霸主地位奠定了基础。
18 世纪中叶至 20 世纪 80 年代	这一阶段是国际金融中心的发展成熟时期。全球生产力大爆发，工业化时代来临，现代化市场形成，金融脱离对商业的依附而成为独立的产业。	以英国伦敦、美国纽约、日本东京和新加坡为代表。	随着工业革命的完成，英国伦敦首先成为国际金融中心，建立了现代金融体系。经过两次世界大战，美国成为全世界最大的资本输出国，布雷顿森林体系确立了美元的霸主地位，纽约取代了伦敦的主要国际金融中心地位。日本东京是在国家的计划和推动下建成的国际金融中心，这种模式使其成功走出两次石油危机；而过快的金融开放和与美国的贸易摩擦导致其泡沫崩溃，经济陷入衰退。

续表

时间	阶段特征	主要国际金融中心	发展历程
20世纪80年代至今	这一阶段是国际金融中心的全球竞争阶段。全球化和信息化是该时代的主要特征，全球资本流动成为时代内核，爆炸式的创新不断涌现。	伦敦、纽约、东京等依然屹立，新兴的迪拜、孟买、中国上海等迅速崛起。	70年代的"滞胀"宣告政府干预模式失败，美国从80年代开始进入金融自由化时代，实现了混业经营和监管。21世纪以来，特别是次贷危机后，美国的金融自由化面临收紧。英国则在80年代后实行了两次"大爆炸"改革，伦敦转型成为更加自由化的依托美元的国际金融中心。与此同时，众多新兴国家提出了建设国际金融中心的计划。以新加坡等国家主导模式的离岸金融中心为代表，各国可以建设不同类型的国际金融中心，而不受其是否为经济大国的限制。

资料来源：严晨（2013），作者整理。

　　第二，国际金融中心的形成模式。国际金融中心是一个国家或地区金融体系的有机组成部分，也是一个国家或地区金融体系健全和完善程度的重要标志。一个国家或地区金融体系的产生有两种途径：需求引导型和供给推动型。与之相对应，国际金融中心的形成也有两种基本模式，即自然形成模式和政府推动模式。两种模式并不是完全割裂的，二者相互联系、密不可分。近年来新出现的国际金融中心，大多采用自然形成与政府推动相结合的模式。

　　一是自然形成模式。国际金融中心的自然形成模式，指伴随经济发展，一个国家或地区对金融产品和服务的需求不断增加，吸引各类金融机构大量聚集并创造出更多的金融产品，提供更广泛的金融服务，促使金融市场不断扩张、金融制度和金融法规不断完善、金融业服务对象范围不断扩大，最终形成国际金融中心。自然形成模式下的国际金融中心一般遵循"经济发展—金融体系完善—国内金融中心形成—区域性金融中心形成—全球性金融中心形成"的渐进式发展历程。

在自然形成模式下，国际金融中心是由于经济发展而形成的，外部因素（如政府）在国际金融中心形成过程中不起主导作用。伦敦国际金融中心是自然形成模式的典型代表。

二是政府推动模式。国际金融中心的政府推动模式，指在实体经济规模相对较小且金融发展水平较低，还没有达到自然形成国际金融中心条件的情况下，政府有意识地通过行政立法、提供各种优惠政策以及资金支持等措施，发挥国家力量，创造或强化比较优势，实现金融机构和金融人才聚集，促进金融市场发展而形成国际金融中心。政府推动模式下形成的国际金融中心一般遵循"政府制度设计—金融业务国际化—国内金融业发展—国际金融中心形成—经济发展"的超前式发展历程。

政府推动模式的根本原因是，金融体系的产生发展具有一定的超前性。国际金融中心不是经济发展到一定阶段的自然产物，而是由政府的设计和推动而产生的，不是需求引发供给，而是供给刺激需求。新加坡国际金融中心是政府推动模式的典型代表。

国际金融中心的两种形成模式既有区别，又有联系。两者之间的区别首先是产生的条件不同。自然形成模式是在经济实力较强、金融发展水平较高的条件下自发形成的；政府推动模式是在经济实力不强、金融发展水平不高的条件下建立的。其次是主导因素不同。自然形成模式下起主导作用的是经济金融自身的发展，而政府推动模式下起主导作用的是政府积极推动。

三是自然形成与政府推动相结合的模式。两种形成模式的区别并不绝对，而是存在联系。首先，两种形成模式都对金融发展水平有着必要的要求，在根本上两种模式要以金融自身的发展为基础。其次，在国际金融中心形成和发展的不同阶段，两种模式可以同时发挥作用。在一定的阶段，金融机构的经营和聚集成本增加，仅靠内在因素很难保证国际金融中心进一步发展。此时发挥政府的作用，通过制定优惠政策等措施帮助机构降低成本，推动国际金融中心实现新的发展。如果以自然形成模式启动的金融中心发展速度过快，导致金融风险增大，那么政府必须在适当的时候加强监管，以促进金融市场更好地发展。这可以称作是另一个角度的"政府推动"。

东京国际金融中心就是自然形成与政府推动模式结合的产物，日本经济的腾飞对金融业的内在需求与政府对金融业的外在推动几乎是同步开始的。日本的国际金融中心的建设进程与经济发展需求相匹配，自然形成与政府推动相辅相成，既促进了经济的快速发展，又建设成了仅次于伦敦、纽约的全球第三大国际金融中心。

表6-2　主要国际金融中心形成模式比较

国际金融中心	形成历史与条件	形成模式
伦敦	工业革命；世界强国和海上霸主；英镑的国际货币地位；欧洲货币市场的繁荣；金融"大爆炸"	自然形成
纽约	优越的海港条件；发达的贸易；雄厚的经济实力；创新能力；美元的国际货币地位	自然形成
东京	地理位置优越；制造业的腾飞；跨国投资的兴盛；金融自由化政策；金融市场的成熟；日元国际化水平的提高	自然形成与政府推动同步进行
新加坡	地理位置优越；良好的金融业基础；政府的大力支持；亚洲美元市场的创立	政府推动
香港	成熟的转口贸易和加工工业；政府不干预的态度；较高的金融自由化与国际化水平；政府适时的监管	先自然形成后政府推动

资料来源：周光友和罗素梅（2011），作者整理。

（二）国际金融中心的发展基石

1. 国际金融中心的货币基石

建立一个以市场供求为基础的、有管理的浮动汇率制度，维护人民币汇率在合理、均衡基础上的基本稳定，也是国际金融中心建设的关键一环。国际金融中心发展的历史经验表明，无论是美国、英国、日本，还是新加坡，无不伴随汇率市场化进程。汇率作为金融市场上重要的价格指标，在调节市场供求、配置资源等方面起着重要的作用。人民币经历了1994年汇改、2005年"7·21"汇改和2015年"8·11"汇改，从单一的固定汇率制度到参考一篮子货币、有管理的浮动汇率制度。政府逐步退出常态化干预，市场逐渐发挥更大的作用。但在我国现行的汇率形成机制下，汇率实现自由浮动仍然存在障碍。一是人民币汇率中间价没有完全反映市场供求状况。二是汇率波动幅度限制依然存在。三是外汇市场避险工具的缺失使微观主体承受较大的外汇风险。四是完善的金融市场和市场化的利率水平的实现还需要较长的时间。

未来的中国汇率市场化改革任重道远。首先，要进一步完善人民币汇率的形成机制，让市场发挥决定性作用，减少政府干预，逐步扩大人民币汇率浮动区间，增强人民币汇率弹性。其次，要拓宽交易范围，满足实体经济和金融交易的套期保值需求，扩大外汇市场的投资交易功能，包括增加外汇市场交易主体，丰富外汇市场交易工具，扩大外汇市场双向开放。最后，需要继续深化外汇管理体制改革，坚持经常项目可兑换，依法支持真实合规的经常项目国际支付与转移。同时，还要完善功能监管，加强行为和市场监管，进一步创新监管手段。

在汇率市场化的进程中，也需要注意维护货币环境的稳定。如果货币不稳定、无影响力，或者影响非常小、功能单一，大国金融很难建立。维护美元的长期信用就是美国政府的重要国策，即使美联储多次采取量化宽松，最后还是会进行相应收缩。在政策层面上，要维护人民币的长期信用，保持人民币汇率的相对稳定。

2. 国际金融中心的经济基石

第一，经济综合实力。雄厚的经济综合实力是国际金融中心形成和发展的基础。历史经验表明，任何一个国际金融中心的崛起，背后都需要强有力的经济实力作为支撑。最早的国际金融中心威尼斯，其造船业、玻璃制造业、图书生产等工业十分发达。17世纪阿姆斯特丹成为国际金融中心，当时的荷兰是欧洲收入水平最高的国家。19世纪三四十年代，英国完成工业革命后成为"世界工厂"，经济实力长期保持世界第一，为伦敦成为国际金融中心奠定了坚实基础。1840年，英国工业产值占世界工业总产值的45%；1850年，英国生铁产量占世界总产量的50.9%，煤产量占世界总产量的60.2%；1860年，英国人均年收入达到32.6英镑，远高于欧洲其他国家。后来，美国在两次世界大战的背景下经济实力大增。1940年至1944年，美国的年工业增长率高达15%；1948年，美国以占世界6.3%的人口掌握着世界一半的财富；1950年，美国国内生产总值是英国、法国和德国总和的2倍多。伴随美国成为世界最强大的经济体，纽约完全确立了国际金融中心的地位。20世纪90年代，日本发展成为世界第二大经济国，其首都东京与伦敦、纽约一起被称为世界金融舞台的"金三角"。然而，随着日本经济泡沫破灭，经济陷入低迷，东京国际金融中心的地位受到了严峻挑战。

不难看出，一国经济发展水平是金融业发展的重要支柱，是推动国际金融中心形成的重要动力。一方面，国家总体的经济规模及发展程度决定了其金融制度的形成和金融市场的发展，直接影响着居民的资产选择偏好，从而决定对金融的需求。另一方面，发达的实体经济可以为金融业提供丰富的资源，产生巨大的资金需求和供给，进而促进金融交易规模的不断扩大。此外，跨国企业总部、外国银行的选址往往取决于实体经济的规模、增速及发展前景，国际资本流动也因此受到影响。

当前，中国已经成长为世界第二大经济体，无论从规模和单个经济指标来看，还是从影响力和未来增长率来看，都具有雄厚的经济实力。从经济总量来看，2022 年中国 GDP 折合约 18 万亿美元，稳居世界第二位。有不少经济学家及研究机构预测称，2030 年中国将超过美国，成为世界第一大经济体。从产业竞争力来看，我国产业结构以及各产业内部结构也在不断优化，2022 年，三类产业占比分别为 7.3%、39.9% 和 52.8%，为产业国际竞争力的提升奠定了基础。在制造业方面，中国被称为"世界工厂"，制造业规模连续 13 年居世界首位，高技术制造业和装备制造业占规模以上工业增加值的比重分别达 15.5% 和 31.8%。新能源汽车、光伏产量连续多年保持全球第一位。虽然我国是全世界唯一拥有全部工业门类的国家，但许多产品仍然处于区域价值链的中低端，部分环节受制于人。中国制造总体上以规模取胜，高端制造较为薄弱。相反，美国制造核心产业优势明显，具有全球影响力，如全球十大芯片企业就有 6 家是美国公司。

从各种指标来看，中国已经崛起为全球经济大国，但是如何维持经济长期稳定增长，是当前所面临的战略问题。要继续深化供给侧结构性改革，推动经济高质量发展，构建"双循环"新发展格局。要以创新驱动和改革开放为两个轮子，全面提高经济整体竞争力，加快现代经济体系建设，为国际金融中心建设和发展提供更强有力的支撑。

第二，国际贸易发展。回顾不同历史时期各国际金融中心形成的条件，可以发现国际金融中心往往同时也是国际贸易中心。14 世纪的意大利是强大的海洋帝国，威尼斯地理位置十分优越，是当时欧洲最发达的贸易中心。17 世纪的荷兰是实力雄厚的商业帝国，阿姆斯特丹作为著名的贸易港口，逐步发展成为国际贸易中心城市。19 世纪的英国历经殖民扩张和自由贸易，伦敦作为其首都成为国际贸易中心。20 世纪中后期，美国通过自由贸易和布雷顿森林体系迅速扩张国际贸易，其 1963 年的商品进口额占全球的 11.4%，出口额占 18.9%。美国成为世界最大贸易国，而纽约作为其最大的港口城市，成为新的全球贸易中心。同样，香港、东京和新加坡国际金融中心的形成也受益于它们的国际贸易地位。天然的交通区位优势使它们成为国际性的航运中心和空运中心，进而成为国际贸易枢纽和国际金融中心。

国际贸易是一个国家对世界经济产生影响的重要途径。国际贸易的外汇储备总量和货币的地位决定了一国的对外资本输出能力。同时，国际贸易对国际金融中心的产生和发展也有直接推动作用。国际贸易的发展带来大量的结算和融资需要，显著增加了对金融产品与服务的需求，直接促进了国际金融中心的形成。

新中国成立以来，特别是加入 WTO 以来，我国的对外贸易践行对等透明、互惠互利、公平竞争以及非歧视性等原则，取得了令人瞩目的成绩。总量方面，我国外贸进出口总额从 1950 年的 11.3 亿美元增长到 2022 年的超过 42.07 万亿美元，规模增长 4000 多倍，世界第一货物贸易大国地位稳固。结构方面，2022 年高新技术产品出口 20.66 万亿美元，增长 2.5%，占进出口总值的 49.1%，结构优化带来了质量和效益的提升。多元化战略方面，中国贸易伙伴不断扩充，"一带一路"建设和《区域全面经济伙伴关系协定》（RCEP）持续推进。不可忽视的是，我国的对外贸易发展还面临一些问题。例如，出口产品的结构和技术含量与贸易强国相比还有很大差距，多数出口企业不重视品牌的塑造和保护，部分企业还存在议价能力低等问题。近期中美贸易摩擦不断，逆全球化和贸易保护主义抬头，为我国对外贸易的持续稳定发展带来了较大的风险。外部环境的不确定性在制约和削弱我国出口贸易的同时，也将对国内实体经济发展和产业结构转型带来冲击，我国的对外贸易将迎来新的机遇和挑战。

总结成就和经验，直面困难与挑战，必须推动对外贸易稳中提质，引导企业开拓多元化出口市场。要降低关税总水平，发挥好自贸试验区改革开放试验田作用，推动建设海南自由贸易港，健全"一带一路"投资政策和服务体系。要主动参与全球经济治理变革，积极参与 WTO 改革，加快多双边自贸协议谈判。只有将开放向更宽领域、更深层次进一步推进，努力实现更高水平的对外开放，保持国际贸易数量的稳定增长和质量的有序提升，才能为实现建成国际金融中心的目标打下坚实的基础。

3. 国际金融中心的金融基石

现代金融体系有两种基本形态，即市场主导型（或直接融资主导型）和银行主导型（或间接融资主导型），前者以美英为代表，后者以德日为代表。伴随经济的高速增长，中国金融业经历了快速扩张阶段。目前，金融市场以间接融资为主和多层次金融市场发展不充分的问题已成为制约我国金融业进一步发展的重要因素。

当前，构建市场主导型的金融结构，是中国建设现代金融体系、扩大金融开放，进而发展成为国际金融中心的重要支撑手段。从根本上看，经济增长到更高阶段的富裕国家金融结构更倾向于市场主导型，其股票市场规模更大，市场更加活跃、效率更高。从产业结构来看，市场主导型金融结构在创新技术、改进技术和产业生命周期初期的投融资上具有比较优势，能够激励更多的研发投入从而带来经济增长。基于风险管理角度分析，市场能够提供很好的横向风险分担功能，银行则能提供有效的跨期风险分担功能，两者需要协调发展。而目前中国金融市场的发展尚不成熟，亟需促进金融市场特别是资本市场的发展。从家庭金融资产配置的角度来看，财富管理需求的趋势性增长也决定了我国应当构建市场主导型的金融体系。

美国在第二次世界大战后顺应经济形势变化的需要，经历了金融结构由银行主导型向市场主导型转变的过程，增强了金融在社会经济中的资源配置效率。1969 年至 1999 年，伴随利率市场化的完成，美国金融机构总资产规模从 15184 亿美元增至 361598 亿美元，商业银行的份额却从 31% 跌至 16.6%。20 世纪 80 年代起，美国的金融创新不断推进，货币互换、利率互换、期权交易等大量金融产品在美国市场最先发起并应用，与其国际金融中心地位相互动，如商品期货交易所就使美元掌握了大宗商品定价权。虽然美国在金融危机中受到了挫折，但国际金融中心的地位仍旧保持领先。与之相反，拥有银行主导型金融体系的日本，货币国际化进程和国际金融中心的发展进程则受到很大牵制。随着日本经济实力的增强和国际地位的提升，日元国际化被提上日程。然而，由于日本没有建立起相对成熟的金融市场，本国资产泡沫破裂导致大量银行机构破产，严重影响了本国企业融资，形成恶性循环。可见，有效发展直接融资市场，发挥资本市场在资源配置中的主导作用，是我国建设现代金融体系、实现建成国际金融中心目标的必由之路。

当前，中国金融在结构和功能方面都朝着市场化方向发生了不可逆转的根本性变化。证券化金融资产在总金融资产中的占比不断上升。相应地，我国金融功能也由以融资为主，过渡到融资与财富管理功能并重。深化金融供给侧结构性改革，增强金融服务实体经济能力，正是我国当前金融经济工作的重点。

具体而言，我们要构建以金融市场为核心的现代金融体系。首先，开放、透明具有成长性预期的资本市场将成为现代金融体系的重要基石，充分发挥存量资源调整、风险流动和分散、经济成长财富效应等功能。其次，随着金融市场特别是资本市场的发展，商业银行的传统业务在金融体系中居核心地位和起主导作用的格局将受到影响，进而带来商业银行资产与风险结构、经营管理上的调整与适应。另外，通畅的货币市场主要负责流动性管理，它与商业银行一起形成大国金融的血液循环系统。同时，发达的衍生品市场和成熟的外汇市场将满足丰富的金融服务需求，成为现代金融体系的重要组成部分。最后，现代金融体系在资产结构、风险结构和微观结构上的变化将产生对金融监管模式、架构、重点、方式的新要求。金融的主要功能将从以融资为主变为融资与财富管理并重，最终走向以财富管理为主；金融的风险结构将从资本不足风险演变为资本不足与透明度风险并存，最终形成以透明度风险为主。

4. 国际金融中心的制度基石

第一，法律制度与法治水平。要实现国际金融中心的稳定发展，就必须拥有规制健全、执行有力的法制环境，有效保护金融市场参与者的合法权益，防止金融业恶意竞争，确保金融体系安全高效地运行。伦敦、纽约等国际金融中心能够持续保持其竞争力，主要因素之一是其不断健全与完善的法律体系。我国金融市场现行条件下的法律制度与法治水平存在一定的短板。加快构建与大国金融发展相适应的配套法律法规及制度，是我国建设国际金融中心的重要基石。

法制的完善和对投资者利益的保护，是中国资本市场国际化的重要内容。目前，法律体系的不完善在很大层面上制约了资本市场的发展。首先，进一步完善股票的发行、披露和退市制度。在发行方面，需要完善发行的市场化定价机制，全面稳妥地推进注册制改革；在披露方面，需要鼓励上市公司及时披露，并加大信息披露的违规成本；在退市方面，需要建立集体诉讼制度与民事赔偿规则，完善投资者追偿机制，切实保护投资者利益。贯彻一退到底的原则，净化市场秩序。其次，基于市场化改革和国际化的战略目标，必须对包括《证券法》在内的与资本市场有关的法律、法规进行相应调整和修改，必须改革与资本市场投资资金来源相关联的资金管理规则和政策，要把成长性作为选择上市公司的重要标准。最后，加快相关制度规则与国际接轨，不断完善会计、税收等配套制度。加强顶层设计，统一规则，同类金融业务规则尽可能"合并同类项"。

从法治水平上来看，中国发展大国金融，资本市场一定要在法制轨道上运行，无论监管方还是参与者，各个市场主体都要守法。一方面，要加快与证券市场发展相配套的法律修订与完善。对于违法犯罪的控股股东、实际控制人、投资银行和中介机构等，要加大处罚的力度。另一方面，要处理好前台和后台的关系。交易所不仅要严格把关，更要利用好大数据平台，加大检查力度，要加强质量控制，查处内幕交易。对于操纵市场、内幕交易的违法犯罪者，要依法予以严惩，为资本市场营造一个干净透明的信用环境。

第二，政策连续性与透明度。过去的金融监管主要是资本的监管，金融市场的创新能力和证券化程度比较低，但是随着金融结构与功能逐步发生变化，需要适度调整监管重点和监管结构。

透明度是资本市场的灵魂，资本市场能不能存在下去，首先在于信息透明。有了透明度，市场才会有公平、公正、公开的秩序。对资本市场的监管重点在于透明度以及保证市场公平。

对于监管结构的调整，目前来看，中国资本市场信息披露和透明度法律及规则体系较为完整，但还不够缜密。一个重要缺陷就是规范调整的对象较为狭窄，主要集中在股票和上市公司发行的债券方面。其他类型的证券发行和交易以及衍生品适用不同的法律和规定，对于各类相近市场的"结合部"，各种新的类证券创新工具以及与资本市场相衔接的形式复杂、多样多变的各类接口，无法律或规则加以规范，而这些又是金融创新的重点地带，也是巨大风险的源头。由此可以从以下几个方面入手：一是要对证监会、交易所和行业协会之间的职责边界加以梳理，努力推动监管方式从以行政监管为基础逐步转向以自律为基础，建立以法律为依据的市场监管型运行机制。二是要补充各监管机构实施有效监管所必需的人力、物力，赋予其相应的权利。要借鉴发达国家监管部门作为原告提起民事诉讼的成功经验，赋予中国证监会起诉违规行为人、追究其民事责任的权利。三是资本市场上强调信息披露的完整性。2000 年美国《公平披露规则》明令禁止上市公司选择性信息披露行为。中国应对上市公司所需披露信息进行分类管理，分为常态信息、重大信息（重大事件）和可能对市场带来不确定性影响的临时个体信息，分别以不同的形式予以披露。

此外，符合现代市场经济准则的政策若能保持连续性，金融开放就不会有太大的波动。在国际金融中心的形成和发展过程中，政府在金融市场运行环境、体系结构、风险控制等方面发挥着重要的作用。对发展中国家来说，政府的推动作用显得尤为关键。因此，建立起推动资本市场对外开放的连续性经济政策是大国金融国际化发展的前提条件。

第三，营商环境与企业家精神。一个国家或地区想要保持可持续发展的活力，就必须有好的营商环境。当前，更多的经济体将创造更好的营商环境作为改革发展的突破口。世界银行发布的《2020 全球营商环境指标》显示，中国排名跃升至第 31 位。这说明我国在优化营商环境等方面的努力成效明显，激发了市场活力和社会创造力，获得了国际社会的广泛认可。不过，当前我国营商环境改革中仍存在一些不足。例如，我国仍有相当数量的法律法规需要修订，自贸区建设中授权不充分的问题程度不一，信息系统呈现碎片化，先进经验迅速推广的能力和机制不足等。

为进一步优化营商环境，激发市场主体活力，提升经济发展质量，应该关注以下两个方面的问题。一是要大力激发和保护企业家精神。首先，政府要简政放权，优化行政审批，提高审批过程的透明度和审批效率。其次，政府应当提供有效的公共服务，切实推进改革全面向纵深发展，实施政府职权的正面清单和市场准入的负面清单。最后，继续着力缓解民营和中小微企业融资难、融资贵问题，落实减税降费政策，帮助解决企业的流动性和中长期投资问题。二是要对自贸区充分授权，但授权要以风险可控为前提，鼓励其在海关、外贸、金融等管理上先行先试。同时，要打造快速有效的经验推广机制，及时把自贸区涌现出的好的做法和经验在全国推广。

三、上海国际金融中心：人民币国际化的突破口

随着我国国际经济地位的不断增强，我国需要有与自身经济实力相匹配的国际金融中心，以服务实体经济发展。而我国国际金融中心发展起步较晚，与经济实力极不匹配。2008 年国际金融危机以来，各主要国际金融中心的地位受到不同程度的影响，这给我国国际金融中心建设带来难得的机遇。目前，我国的国际金融中心特征已经初步凸显，金融体系具有系统性和复杂性特征，特别是在金融开放不断深入的大背景下，流动性和开放程度也不断增大。在未来建设过程中，要在对成熟大国与新兴大国建成国际金融中心的异同进行详尽对比和借鉴基础上，根据我国综合情况，包括经济实力、金融市场的发达程度、市场主体的宏微观结构、国家治理能力、开放程度、营商环境、社会环境、法律环境等诸多因素，寻找恰当的定位，并以此作为充分依据进行打造国际金融中心的战略安排。

当前，根据历史经验，应当采用自然形成与政府推动相结合的模式，建设以上海为主体、深圳等为重要组成部分的，具有国际竞争力的综合性大国国际金融中心集群。这需要新一轮的高水平对外开放，需要人民币走向国际化，需要稳定的经济金融环境等予以支撑。

（一）新时代上海建设国际金融中心的机遇与优势

1. 上海建设国际金融中心是我国经济社会发展的必然选择

世界经济格局深入调整是上海建设国际金融中心的外在推力。国际金融中心发展过程中基本上都借助了全球发展的历史机遇。新一轮的世界经济金融格局深度调整为上海建设国际金融中心提供了难得的历史机遇。以中国为代表的发展中国家和新兴市场经济体不断崛起，根据 IMF 统计，2001 年至 2021 年，发展中国家和新兴市场经济体占世界经济总量的比重从 21.15% 上升到 40.92%。预计到 2035 年，发展中国家和新兴市场经济体的 GDP 规模将超过发达经济体，在全球经济和投资中的比重将达到约 60%。随着发展中国家和新兴市场经济体在全球经济中地位越来越高，其希望提高自身参与全球治理的话语权，推动建立新的规则，以寻求全球经济治理结构的新平衡。我国经济实力不断壮大，积极参与全球治理体系的变革，为国际金融体系的稳定不断注入正能量，体现大国责任和担当，在国际上赢得了较好的声誉，这进一步提升了上海建设国际金融中心的国际接纳认可度。

我国经济迅速发展是上海建设国际金融中心的内生动力。从世界经济发展和国际金融中心演进的规律来看，经济实力雄厚的国家都会形成服务本国和参与全球经济发展的国际金融中心。一是上海建设国际金融中心，有利于发挥国际金融中心的聚集、规模和溢出效应，推动金融要素聚集，在全球范围内配置金融资产，增强中国金融业的竞争力，并为全球投资者提供多元化金融服务。二是上海建设国际金融中心有利于我国参与制定国际金融规则，积极推动建立公平、公正、合理的国际金融规则，维护好新兴市场经济体的安全利益和发展利益，掌握全球经济金融主动权。

2. 上海建设国际金融中心的优势

第一，国家经济实力雄厚。国际金融中心的形成与宏观经济发展密不可分。根据需求反应理论，金融体系的发展是对经济增长的自动反应。经济增长越快，企业对外部资金的需求就越大，对金融中介的需求也就越大。因此，国际金融中心的形成必然要以经济发展和金融资源为基础。

我国强大的经济实力为上海建设国际金融中心提供了国家保障。其一，我国经济总量在不断扩大。过去五年，我国 GDP 达到 121 万亿元，年均增长 5.2%，中国经济增长对世界经济增长的贡献率达 38.6%。其二，我国经济结构不断优化。随着供给侧结构性改革不断深化，我国消费拉动经济增长的作用进一步增强。2022 年，规模以上服务业企业营业收入比上年增长 2.7%，高技术产业、装备制造业增速明显快于一般工业，经济的质量和效益继续提升。其三，我国发展新动能快速成长。新兴产业蓬勃发展，传统产业加快转型升级。全面推进互联网与传统行业进行深度融合，创造新的发展生态。新动能正在深刻改变生产生活方式、塑造中国发展新优势，为金融发展提供新动能。

第二，重要区位条件优越。根据金融地理理论和区位经济理论，经济资源或金融资源的聚集在很大程度上是由地理条件决定的。当今世界很多金融中心都是世界大型商贸港口，优越的交通位置和广阔的经济腹地促使其成为国际金融中心。纽约是全美人口最密集、工商业最发达的地区，又外有天然的海港，以伊利运河连接五大湖区；新加坡则位处东西半球的天然要冲，是全球交通枢纽，又借力于亚太经济圈、东盟经济圈和中日韩自贸区等。伦敦是世界上最大的国际港口和航运市场所在地，可沟通内陆与沿海、本国与外洋的联系，同时依附于自身高度发达的金融与工业产业。

上海的地理区域优势是上海建设国际金融中心的重要影响和推动因素之一。从地理位置来看，上海是世界上最大的港口城市之一，素有"江海通津""东南都会"的美誉。它位于资源丰富的长江三角洲，是沿海经济带和沿江经济带的交汇点，集黄金海岸与黄金水道于一身，是国际物流与国内物流的节点，居于对内对外两个扇面辐射的枢纽地位。2022年7月，《新华·波罗的海国际航运中心发展指数报告（2022）》公布，上海以82.79的总得分继续排名第三位，逐步成为具有全球航运资源配置能力的国际航运中心。

从经济腹地来看，上海的经济腹地是长江三角洲，是区域经济学中理想的经济腹地。长江三角洲是我国经济发展最活跃、开放程度最高和创新能力最强的区域之一。《长江三角洲区域一体化发展规划纲要》数据显示，2022年上海GDP为44653亿元，人均GDP达到79610元，长三角27个中心区城市已经有10座城市迈入发达国家水平。长三角县域经济也极为发达，2021年长三角地区GDP千亿元以上的县域有27个。综合上海的地理区位优势和腹地广阔程度来看，上海的区位条件有利于国际航运中心和国际金融中心的建设。

第三，金融基础设施完善。从框架体系来看，上海国际金融中心的框架已基本建立，吸引了众多金融机构或组织落户上海。截至2022年6月末，上海持牌金融机构总数从2012年末的1227家增加到1719家。上海已经成为外资金融机构在华的主要集聚地。同时，各类国际化总部型功能性的金融机构不断在沪涌现，如新开发银行、全球清算对手方协会（CCP12）、人民币跨境支付系统（CIPS）等。支付清算功能方面，上海已成为人民币全球清算支付的核心枢纽，人民币的跨境支付系统二期全面投产，日均处理金额超过千亿元，业务覆盖160多个国家和地区，为人民币国际化进程提供了重要的支撑。

从发展环境来看，上海国际金融中心的环境生态持续优化，已成为我国金融发展环境最完善的地区之一。在金融法治环境方面，上海金融法院、金融审判庭、金融检察处（科）、金融仲裁院、中国人民银行金融消费权益保护局和金融消费纠纷调解中心等陆续成立。信用体系建设方面，在全国率先推出《上海国际金融中心法治环境建设》白皮书，信用体系建设取得重要进展，上海出台了全国首部地方综合性信用条例——《上海市社会信用条例》，落户上海的中国人民银行征信中心已建成全国集中统一的企业和个人金融信用信息基础数据库，上海市公共信用信息服务平台开通运行。在金融专业服务方面，金融专业服务机构体系不断健全，陆家嘴金融城、沿黄浦江金融集聚区建设成效明显。上海市设立并连续多年评选金融创新奖，在全国率先建立金融业联合会，成功举办了十届陆家嘴论坛，国际影响力进一步提升。

第四，社会主义制度优势。中国特色社会主义制度是真正体现人民意志和利益诉求的制度，是考虑"全国一盘棋"的制度，是能够集中力量办大事的制度。社会主义制度优势就在于有什么问题就能解决什么问题、有多少困难就能解决多少困难、有什么风险就能有效化解什么风险。

中国特色社会主义政治制度具有稳定性和连续性。首先，中国共产党组织紧密完备，决定了制度的稳定性和高效率。中国共产党从严治党，保持党的先进性和高度组织性，维护国家制度。其次，集中统一领导有利于制度的统一和连续。我国以坚持共产党的集中统一领导为基础，实行有监督和协商的社会主义新型民主，保证了我国同一政体的持续一致，有利于统一意见的贯彻执行。最后，国家执行力强。在党的统一领导下，我国对危机处理敏锐快捷，如对汶川地震的救助、在尼泊尔和利比亚进行的撤侨行动，以及对新冠疫情的控制等。社会主义政治制度表现出的稳定性与连续性，增强了投资者的信心，吸引全球金融机构落户我国，有利于上海建设国际金融中心。

中国特色社会主义经济制度不断巩固发展可以集中力量办大事的经济基础。我国实行社会主义市场经济体制，有机结合市场和政府调节的双重作用。实践证明，中国特色社会主义市场经济制度解决了很多困扰中国发展的金融难题和困境问题。改革开放期间，在国家的宏观调控下，市场充分发挥对资源配置的基础性作用，我国实现了经济迅速增长的目标。此外，社会主义制度下强大的政府宏观调控减少经济周期的波动，促进我国经济、金融业改革与发展，充分体现了社会主义市场经济的优越性。例如，2002 年，中央启动中国银行业全面改革，通过财务重组、公司治理改革和资本市场上市三个步骤极大地促进了中国现代银行的建立进程；2015 年，中央提出进行供给侧结构性改革，抓好去产能、去库存、去杠杆、降成本、补短板五大任务，取得阶段性成果。

在上海建设国际金融中心的问题上，做好顶层设计不仅重要而且必要。我国有了制度上的优势，就能更好地处理上海建设国际金融中心中的各种困难和风险，从而确保上海建设国际金融中心进程的平稳、渐进和可控。

第五，重大国家战略支撑。京津冀、长三角、粤港澳大湾区为上海建设国际金融中心提供金融服务需求。推动形成长三角地区高质量一体化发展，与京津冀协同发展、粤港澳大湾区发展等国家战略进行联动，显著地发挥了其推动区域一体化的龙头作用，可有力提升上海国际金融中心配置全球金融资源的功能、服务我国经济社会发展的能力，不断增强上海国际金融中心的辐射力和全球影响力。

"一带一路"倡议为上海建设国际金融中心提供重大机遇。一方面，"一带一路"推进中国区域内部及中国与周边国家的经济交流，如推进大规模交通设施网络建设，产生了大规模的资金需求。通过跨国金融公司在全球配置金融要素，上海与全球金融网络体系中的其他节点城市产生了广泛的金融联系，发挥全球资本配置能力，以适应金融资本的全球化。另一方面，沿线国家对配套的金融服务的需求日益增加。上海应牢牢抓住机遇，充分依托先行先试优势，吸引开发性金融机构集聚，促进全球互联互通、提升全球治理能力和资源配置能力，率先建设升级成为国际金融治理中心和全球资本控制中心。

上海"五个中心"协调发展，国际金融中心建设带来综合优势。2011年国家发布"十二五"规划，明确上海发展定位，到2020年上海要基本建成国际经济、金融、贸易和航运中心和社会主义现代化国际大都市。2017年，国务院批复和同意的《上海市城市总体规划（2017—2035年）》补充提出上海要建设成国际科技创新中心。上海"五个中心"相互作用，协同发力。其一，国际航运中心与国际金融中心相辅相成。航运业是资金密集型行业，在基础设施建设、船舶制造、航运管理等方面均需要巨大的资金投入。金融服务业可充分发挥在航运投资、融资、结算和海上保险的作用。其二，金融依附并服务于实体经济，当以新兴产业、国际先进制造业和现代服务业为主体的国际经济中心建设取得成绩时，也会带动金融中心的发展。其三，国际化都市的金融国际化规模发展对国际贸易有很强的渗透力、影响力与推动力，使国际贸易活动越来越便利。其四，建设科技创新中心为建设其他中心提供新设备、新管理和新运营；建设国际航运、经济和贸易中心则会促使国内外商品的竞争，激发企业对先进技术的需求，从而推动上海建设科技创新中心。

第六，金融科技"弯道超车"。当前，以信息技术深度和全面应用为特征的新一轮科技革命和产业变革呈加速趋势，数字化、网络化和智能化加速推进。金融科技运用现代科技成果改造或创新金融产品、经营模式和业务流程，推动金融发展提质增效。金融科技是上海推动金融转型升级的新引擎，金融服务实体经济的新途径，促进普惠金融发展的新机遇，以及防范化解金融风险的新利器。上海同时具有金融和科技优势，金融科技将为上海实现"弯道超车"提供难得的机遇。

上海在金融科技方面已经取得了一定的成绩，金融科技应用场景广泛。其一，金融科技成为推动金融转型升级的新引擎。金融科技的核心是利用现代科技成果优化或创新金融产品、经营模式和业务流程，为金融业转型升级持续赋能。例如，中债金融估值中心已凭借自身优势建设了中国最完整最连续的债券市场数据库、领先的中国债券市场定价算法模型库以及一整套数据采集和加工处理的系统，为金融科技战略奠定了坚实的基础。其二，金融科技成为金融服务实体经济的新途径。发展金融科技能够快速捕捉数字经济时代市场需求变化，有效增加和完善金融产品供给，助力供给侧结构性改革，为资源合理配置提供科学依据，推动实体经济健康可持续发展。其三，金融科技引领了普惠金融的高质量发展。金融科技能不断缩小数字鸿沟，降低服务门槛和成本，将金融服务融入民生应用场景。例如，区块链技术解决了异地系统兼容、跨区域结算等难题后，长三角八个城市从 2019 年 5 月成功实现异地扫码互通，极大地便利了居民支付。其四，金融科技是防范化解金融风险的新利器。运用大数据、人工智能等技术建立金融风控模型，能有效甄别高风险交易，智能感知异常交易，实现风险早识别、早预警、早处置，提升金融风险技防能力。例如，P2P 和现金贷机构在多地流窜展业，单一地方政府很难监管，蚂蚁金服通过在长三角推动九个城市风险联防，通过大数据和人工智能做到"穿透式"监管，大大提高金融监管效率。又如，银保监会上海监管局检查分析系统（EAST）对接商业银行的信贷系统，对信贷数据进行收集、加工和计算，预先发现问题，有效提高区域性风险识别和检测能力。

第七，全国要素市场聚集。金融要素市场是上海国际金融中心建设的核心，也是上海国际金融中心建设的优势所在。在国家的大力支持下，上海已经聚集了包括股票、债券、货币、外汇、票据、期货、黄金、保险等 13 个全国性金融要素市场，成为全球金融要素市场最齐全的金融中心城市之一。从各大国际金融中心来看，只有伦敦和纽约拥有完备的金融市场体系，香港、新加坡、巴黎等均不具备完备的金融市场体系，因此聚集全国要素市场是上海的突出优势。

上海金融市场体系进一步完善，金融市场能级显著提升。上海金融市场规模日益扩大，2022 年上海市金融市场成交总额达 2932.98 万亿元，同比增长 16.8%；直接融资规模达到 26 万亿元左右，占全国直接融资额的比重保持在 85% 以上。股票、债券、期货、黄金等金融市场国际排名显著提升，多个交易量居全球前列。截至 2022 年末，上海证券交易所成交总额达到 496.09 万亿元。股票市场方面，2022 年上海证券交易所市场成交额 96.26 万亿元；[①] 上市公司数量为 2174 家，同比增长 6.73%。2022 年，科创板上市挂牌上市企业共计 124 家，前三季度 IPO 融资额达 7331.51 亿元。2022 年上海期货交易所成交总额达到 141.3 万亿元，上海期货交易所螺纹钢、铜、天然橡胶等 10 个期货品种交易量居全球第一位。在保险市场方面，2022 年上海辖内保险公司原保险保费收入累计 2095 亿元，同比增长 6.29%。此外，上海黄金交易所场内现货黄金交易量居全球第一位。

第八，上海自贸区先行先试。近两年来，我国金融部门按照习近平总书记关于扩大对外开放"宜早不宜迟，宜快不宜慢"的要求，有序扩大金融业开放，在银行、证券、保险及征信、评级和支付等领域推出了近四十项开放措施。从"引进来"来看，2022 年上海新设外

---

① 资料来源：上海市 2022 年统计公报，http：//district.ce.cn/newarea/roll/202303/23/t20230323_38458609.shtml。

商投资企业 4352 家，实际使用外资金额为 239.56 亿美元。国内 7 家外商独资公募基金公司中的过半数均落户上海。从"走出去"来看，2022 年我国 FDI 总额为 9853.7 亿元。各大交易所积极开展国际合作。上海证券交易所与香港证券交易所合作推出了"沪港通""沪伦通"，和日本交易所合作推出 ETF 互联互通；上海期货交易所于 2018 年 3 月在上海国际交易平台上推出原油期货，是中国期货市场第一个国际化产品，日均成交量已跻身全球交易量前三位；上海黄金交易所的黄金国际版打通离岸资金到主板交易的通道，以人民币计价的黄金产品在芝加哥商业交易所挂牌。我国金融市场的开放举措受到国际普遍欢迎。目前，A 股已经纳入明晟（MSCI）指数、富时罗素新兴市场指数和标普新兴市场全球基准指数，中国债券市场纳入彭博巴克莱全球综合指数和摩根大通全球新兴市场政府债券指数。

为探索扩大开放和深化改革的新思路和新途径，党中央和国务院决定建立中国（上海）自由贸易试验区（以下简称上海自贸区）。2013 年以来，国务院相继印发《中国（上海）自由贸易试验区总体方案》《进一步深化中国（上海）自由贸易试验区改革开放方案》《全面深化中国（上海）自由贸易试验区改革开放方案》等，推动上海自贸区建设。上海紧紧抓住自贸试验区建设的"先行先试"指导思想，在全国率先开展了外商投资负面清单、先照后证、国际贸易"单一窗口"、货物状态分类监管、自由贸易账户、宏观审慎的金融综合监管制度和分类综合执法等一系列重大基础性改革。2019 年，国务院印发《中国（上海）自由贸易试验区临港新片区总体方案》，建设上海自贸区新片区，对标国际上最具竞争力的自贸区，探索更具市场竞争力的、更加开放、更加国际化的政策和制度，进行有差别的探索和更大的风险压力测试，建设更具国际市场竞争力和影响力的特殊经济功能区。上海自贸区的建立与扩容对推动金融服务业开放创新具有深远意义。

（二）上海建设国际金融中心面临的挑战

1. 提升国际金融中心国际影响力

第一，金融机构国际化水平有待提升。金融机构国际化涉及金融机构的准入限制问题和内资金融机构开拓海外市场两个方面。在金融机构的准入限制方面，经过四十余年的历程，我国在外资金融机构的市场准入方面已大为放宽，逐步接轨国际水准，但限制条件仍然存在。当前我国境内外资金融机构的规模和盈利水平普遍较低。其一，国内营商环境不够完善，外资金融机构的资产规模较小，目前外资银行总资产占比不足2%，外资保险公司资产占比约为7%。其二，受到牌照发展、业务范围等条件限制，外资机构的盈利能力欠佳。合资证券公司的净利润远低于国内证券公司的平均水平，外资银行的资产利润率也仅为中资银行的一半左右。

目前，中资金融机构的全球网络化布局已具备一定基础，但还有较大发展空间。截至2021年末，我国商业银行在27个"一带一路"沿线国家设立了48家一级分行、17家子行与5家代表处。但整体来看，中资金融机构的海外覆盖面有限，主要集中于港澳地区，在其他地区机构和业务扩张缓慢，影响力低，产品也相对单一。与国际大银行相比，中资银行国际化程度仍然偏低。浙江大学互联网金融研究院与中国人民大学国际货币研究所、浙江大学金融研究院共同发布的《全球银行国际化报告》显示，2021年国际化程度最高的中资银行为中国银行，但仍没有进入全球国际化银行前十位。除中国银行和中国工商银行，其余中资银行的银行国际化指数（BII）得分均在10分以内。

第二，金融基础设施国际化亟需提升。一方面，提高我国交易所国际化水平。对比全球主要十家交易所，只有沪深交易所没有上市的国际公司。截至2022年，在纳斯达克证券交易所、纽约泛欧证券交易所（欧洲）和香港证券交易所上市的外国公司均超过100家。要提高交易所国际化水平，必须从以下方面着手。一是提高组织内生发展动力。目前证券交易所、外汇交易中心等均为会员制的事业单位，不能在会员间分配收入，限制了交易所自律监管、产品创新、市场服务等领域的自主权和积极性。二是组织形式要与国际体制接轨。国际上交易所之间的合作一半是通过股权互换完成的，而上海证券交易所是会员制，在推进"沪港通"与"沪伦通"时，无法和国际交易所在同等的平台上进行竞争和合作。另外，会员制交易所在与国际机构合作中无法提供相关财务证明，推进国际合作困难。三是提高对高端人才的吸引力。会员制事业单位预算受限，难以提供与市场水平接轨的薪酬待遇，对国内外高端人才的吸引力不足，无法打造一支既熟悉中国国情又通晓国际市场的人才队伍。

另一方面，增加我国债券市场基础设施集中程度，适应统一发展的目标。债券市场后台是一个天然垄断的行业形态，美国、欧洲、日本、俄罗斯等都在强化后台一体化。我国债券登记托管机构有中央国债登记结算公司、中国证券登记结算公司、上海清算所，后台分割严重。在监管方面，各平台对应不同的监管部门，例如中央国债登记结算公司由财政部、人民银行、国家发展和改革委员会和证监会等共同监管，中国证券登记结算公司由证监会监管，上海清算所由人民银行和中国银行间市场交易商协会监管。各部门之间的监管标准不够一致，监管层次不够明确，部门之间协调配合水平还有待提高。在规则标准方面，中央国债登记结算公司、上海清算所和外汇交易中心等在开户流程、开户标准、产品代码、债券代码均有差异，不利于跨境互联合作。应立法统一债券市场登记结算、托管标准，不断改进债券市场基础设施股权结构，适时推进债券市场监管整合、业务整合。

第三，金融市场对外开放步伐有待加速。OECD 每年统计并计算了外资限制指数指标，这一指标可以衡量一国对 FDI 的限制程度，数值越高表示限制程度越高、开放程度越低。2020 年我国金融业 FDI 限制指数为 0.05，已经十分接近 OECD 国家平均水平，但在关键人员限制方面仍然偏高。自 2006 年履行全面开放金融业的承诺以来，我国金融市场与世界主要金融市场的相互融合度得到显著提升。不过与发达经济体相比，我国债券、股票和银行市场国际化程度均有一定差距。

我国已成为全球第二大债券市场，但是在国际化进程中仍有许多不足。从"引进来"看，截至 2022 年末，境外投资者净增持境内债券 73 亿元，境外机构在中国债券市场的托管余额为 3.5 万亿元，占中国债券市场托管余额的比重为 2.4%，低于韩国、巴西等新兴经济体。2018 年，熊猫债市场全年发行规模 805 亿元，不到同期债券发行量的 1%。从"走出去"来看，境内机构和个人对于境外债券市场的参与度仍然较低，人民币离岸债券市场与美元、欧元等国际货币离岸债市相比仍有较大差距。

我国股票市场国际化还处于低水平阶段，目前尚无境外企业在中国发行股票。根据国家外汇管理局公布的数据，2021 年，我国证券投资项下净流入 510 亿美元。其中，对外证券投资净流出 1259 亿美元，来华证券投资净流入 1769 亿美元。2021 年，沪深股通的成交总额为 27.6 万亿元。相比之下，2022 年，外国投资者累计净买入美国证券资产 16070 亿美元，同比增长 45%，美国股票市场国际化程度比较高。2016 年，英国股市上外资持股市值达到 11005 亿英镑，占比达到 54%，且外资来源丰富多样。

按总资产计算，我国的银行资产额排名为全球第一位，但是从国际化角度来看，全球 29% 以上的国际银行贷款和 30% 以上的国际银行借款来自英国和美国，其中大部分来自伦敦和纽约。这反映出我国金融机构存在大而不强的问题，国内银行市场国际化程度偏低。从金融机构结构来看，外资银行总资产占全国商业银行总资产的比重仅为1.31%。

第四，全球影响力亟待增强。改革开放40余年来，我国加入并参与国际金融组织，主导设立的机构影响力不断扩大。但当前我国的全球影响力与我国经济实力不相匹配。从国际金融机构来看，目前国际协调机制仍由发达国家主导，世界银行和IMF掌控着全球金融命脉，但我国在这些组织的投票地位与我国经济总量排名并不匹配。我国在世界银行的投票份额仅为5.71%，远低于美国的15.87%；人民币在IMF的SDR中的比重仅12.28%，远低于美元的43.38%和欧元的29.31%。从人民币的计价结算、投资交易和价值贮藏来看，人民币国际化水平仍有待提高。

2. 努力当好先行先试的"排头兵"

提高自主创新能力和建设创新型国家，是《国家中长期科学和技术发展规划纲要（2006—2020年）》提出的战略目标。经过十多年的努力，我国不断深化改革，国家创新能力不断提升。据世界知识产权组织（WIPO）《2022年全球创新指数》，我国创新指数排名全球第11位，是中等收入经济体中唯一进入前30位的国家。据国家统计局社科文司《中国创新指数研究》测算，2021年我国创新环境指数为296.2，比上年增长11.3%，可见我国创新水平不断提高。上海一直是我国金融改革创新的先行区。2018年，习近平总书记交给上海三项新的重大任务：增设上海自由贸易试验区新片区，在上海证券交易所设立科创板并试点注册制，实施长江三角洲区域一体化发展国家战略。上海要继续努力营造创新环境，提高金融机构本身的创新意识，不断创新金融工具，提高金融服务能力，继续当好我国先行先试的

"排头兵"。

第一，金融创新环境亟需优化。金融创新环境是创新主体进行创新活动所依赖的外部软环境，是提升国家创新能力的重要基础和保障。据世界经济论坛《2022 年全球竞争力报告》，我国创新指数排名全球第24 位，与美国、英国、新加坡等传统国际金融中心相比还有一定差距，在创新改革领域还有很大的进步空间。金融监管也是金融创新环境的重要因素，《2022 年全球创新指数》的监管环境分指数中，我国排名全球第101 位。上海自贸区实施"一线逐步彻底放开、二线安全高效关注、区内货物自由流动"的创新监管服务模式，有助于金融机构创新业务的拓展，增强金融机构的创新能力和企业活力。上海应继续制定并完善促进金融创新的政策和监管体制，优化金融创新环境。

第二，金融机构创新能力有待提高。金融机构作为技术创新的主体，其创新水平是决定我国金融创新能力的核心要素。在《2022 年全球竞争力报告》公布的"创新关联"指数中，我国仅排名第30 位，远低于欧美发达国家。要继续培育本土创新型金融机构，提高我国金融机构的创新能力，必须从原动力入手。金融创新主体必须在市场经济体制下实现"自主经营、自负盈亏"，这样金融部门才会进入决策与投入创新发展模式。但是我国资本市场发展不够成熟，金融主体创新目的不明确，没有形成完善的竞争机制，导致国内的金融创新大部分以外部因素的推动来实现。此外，国有金融机构仍存在依靠垄断经营来获取高额利润的现象，并且没有倒闭的风险，这种缺乏竞争压力和利益驱动的情况难以推动金融机构自发地进行金融创新。

第三，金融工具创新尚需加强。自从我国加入 WTO 以来，金融产品数量有所增加。债权方面，我国目前有国债、央行票据、地方政府债券等利率类产品和金融债、企业债券、信贷 ABS 等信用类产品；股权方面，我国主要有私募、公募、外汇期权等。但总体来说，我国金融工具还是较少，制约了我国多元化金融产品体系的完善。

对比其他国际金融中心，我国在金融产品创新方面有很大的提升空间。一方面，我国金融产品缺乏自主性创新。例如，金融衍生产品及其组合产品的创新比较少，难以满足居民和机构保值和投机的需求；外汇市场尚没有推出期货产品，企业难以利用金融衍生工具进行风险管理。另一方面，我国金融工具的创新受到市场经济发育程度的制约，尤其是汇率和利率的市场化程度不足。我国利率市场化水平较低，直接影响金融衍生工具定价的合理性及其发展。我国亟需发展各类 ETF 产品，有序推出新的能源和金属类大宗商品期货，研究探索并推出以汇率、利率、股票、债券等为基础的金融衍生产品。

3. 增强金融市场配置全球资源的能力

第一，金融市场结构和功能有待完善。成熟完善的金融市场应该包括本币与外币、短期与长期、现货与期货等各类金融产品及其细分市场，并且各个市场层次分明、秩序清晰、互为补充。当前，上海金融市场整体来说仍然处于大而不强的状态，虽然初步具备包含各类细分市场的统一框架，但大部分细分市场规模较小，发展水平不高，尤其是外汇和衍生品市场发展较为薄弱。不够成熟和完善的金融市场直接导致上海的金融中心功能不够全面和强大，难以集聚众多金融机构与资源，阻碍了其成为国际金融中心的步伐。

从股票市场来看，上海证券交易所的上市公司家数、上市总市值排名均不靠前。2022 年，上海证券交易所上市公司家数仅有 2174 家，明显低于其他几大主要交易所。上海证券交易所的总市值也有较大发展空间，2022 年底为 46.4 万亿元，[①] 而同期全球排名第一位的纽约证券交易所市值超过 20 万亿美元。由于我国股票市场微观结构的特

---

① 资料来源：https：//baijiahao. baidu. com/s？ id = 1763795433502997285&wfr = spider&for = pc。

殊性，个人投资者较多，股票市场交易额排名却比较靠前，这实际上反映了我国股票市场仍处于不够完善、不够健康的状态。

从债券市场来看，存在严重的结构性问题。我国债券市场上的主要产品是同业存单（33.12%）和金融债（15.83%），信用债（包括企业债、公司债和非金融企业债务融资工具）占比仅为22.29%，公司债券市场仍然较小。从社会融资构成也可以看出，我国债权市场仍处于间接融资为主的态势，债券这一直接融资渠道欠发达。

从保险市场来看，目前我国的保险市场规模显然与我国作为人口第一大国的市场空间不相匹配，我国保险市场属于发展十分不充分的状态。2022年，我国保险深度①和保险密度②分别为3.88%和3326元/人，保险深度2022年继续走"下坡路"，在保险深度、保险密度、承保覆盖面、风险保障水平等方面，仍然有很大提升空间。

从外汇市场来看，根据BIS的数据，美元占所有外汇交易额交易的88%，欧元的份额小幅下降至31%。从城市角度来看，伦敦和纽约拥有全球两个最大的外汇交易市场。伦敦的外汇日均交易额为2.42万亿美元，而且在伦敦外汇市场上交易的美元金额是美国外汇市场的2倍。相比之下，2022年我国外汇交易额约为34.5万亿美元，同比下降6.5%，与上述国家的水平相比还有差距。

从场外衍生品市场来看，英美两国场外衍生品日均交易额合计占比接近80%，其次为法国和日本，占比分别为5%和2%。而我国场内外衍生品市场还处于较为初级的发展阶段，占比极低，是我国金融市场的主要短板之一。

第二，全球定价权尚需提升。定价权是国际金融中心最重要的功能之一。然而，由于人民币的国际化水平仍有待提升，我国部分市场

---

① 保险深度指原保险保费收入与该地区GDP之比。
② 保险密度指某地区范围内人口的人均保险费额。

发展不完善，上海在这一领域仍处于极其弱势的地位。在世界范围内，美国交易所的大宗商品金融衍生品价格最受认可。具体来说，农产品价格主要以芝加哥期货交易所为准；能源方面，纽约商品交易所的轻质低硫原油期货合约是世界上成交量最大的商品期货品种之一。目前中国是多种大宗商品的重要消费国和最大进口国，石油、铁矿石、大豆等大宗商品对外依存度不断提高。然而，巨大的购买力并没能改变中国企业价格接受者的尴尬地位。因此，亟需提高上海几大交易所的国际影响力，使其成为全球交易活跃的国际金融交易场所。

除了大宗商品衍生品领域，在其他金融领域，我国的金融定价权与话语权同样较弱。例如，美国联邦基准利率的调整对于全世界所有国家都有强烈的溢出效应，能够引导各国政府调整公开市场操作利率，目前我国仍然没有获得这一定价权与影响力。美国股市还是全球经济的"晴雨表"，标普500与道琼斯工业指数是全球投资者的主要关注指标。如何打造具有国际引导力的"上海价格"将是上海建设国际金融中心中必须面对的一个问题。

第三，人力资源水平亟需提高。随着经济全球化的趋势进一步深化，金融人才的培育与储备是金融中心发展最为重要的软实力之一。但是，目前上海的金融人才无法满足上海建设国际金融中心的诉求。从金融从业人员来看，当前上海金融从业的人数总量为47万，人才缺口较为明显。一是我国本土院校与国际一流院校教育水平有差距。根据全球高等教育研究机构QS（Quacquarelli Symonds）发布的2022年全球商学院金融硕士项目排名可以看出，英国和美国包揽了前十位高校中的七所，而中国无一所高校入选。我国在律师、会计师、经济师、精算师等领域都缺少同时通晓国际标准与国内规则的人才。二是我国软环境对国际金融人才的吸引力不足。上海对国际人才的吸引缺乏顶层设计，相关配套政策力度不够，无论是人才税收和高端人才奖励政策，还是医疗、居住和子女入学等优惠政策上，比发达国家都有较大差距。

4. 建立健全国际金融中心制度保障体系

第一，法制建设亟需提速。根据全球正义项目（World Justice Project）推出的法治指数（Rule of Law Index）①，2022 年中国得分为 0.47 分，排名第 95 位，比 2018 年下降 13 位。根据世界经济论坛《2019 年全球竞争力报告》，我国立法框架有效性、司法独立性得分及其排名均落后于主要国际金融中心所在国家（地区）。

具体而言，我国法治环境在以下方面存在不足。一是法律体系不健全。我国已初步建立起社会主义市场经济法律体系，但法律体系整体规划不够科学，一些领域的立法滞后于现实需要。二是法律与国际体系接轨程度低。例如，净额结算制度的缺席较大地阻碍了我国金融业的国际化发展。在国际 ISDA 主协议下，净额结算制度是场外衍生品交易的一项重要制度，能有效降低场外交易的风险，覆盖了金融机构做外汇套保产品 90% 的风险，但国内对此尚无明确的法律定义。三是知识产权保护相关的法治体系不完善。我国已成为专利申请第二大国，2022 年我国（不含港澳台地区）拥有发明专利共计 328 万件，每万人口发明专利拥有量达 9.4 件。但是，我国在知识产权具体保护方面仍存在突出短板。

第二，企业税负有待减轻。从 2010—2015 年的平均数来看，在企业宏观税负结构中，税收负担占企业整体税费负担的 55.3%，仅略超过一半，专项收入、涉企行政事业性收费、政府性基金占企业整体税费负担的 33%，社会保险费占 11.7%。其中，我国各地各项社会保险费费率中由企业承担的部分合计平均约 30%，而大部分发达经济

①　在定量评估的方法基础上，法治指数详细和全面说明各国在实践中遵守法治的程度，并由此综合评定排名表。得分 1 为最好，0 为最差。

体企业缴纳的社会保险费费率都在 15% 以下，一些国家（如英国、挪威）还设置了免征额。纳税后流程指数主要衡量纳税申报之后的增值税退税和公司所得税申报表更正两个部分。我国报税后指数得分低主要源于我国增值税退税政策。目前，我国增值税退税只适用于出口，企业的剩余进项税（进项税额超过销项税额的部分）只能结转留抵，不能申请退税。但在全球征收增值税的 162 个经济体中，有 100 多个经济体可以获得此类退税，少数几个经济体对资本性购买不征增值税，只有中国等 50 多个经济体的企业不能获得剩余进项税的退还。这些经济体的退税通常仅针对特定类别的纳税人，主要是出口企业。

第三，政策稳定性亟需维持。政策稳定即政策的推出和实施有着一套完善的程序，有着系统的政策设计和制度化框架。不稳定的政策会导致企业和市场难以通过自由调节适应新的政策，融资约束企业的流动性管理会更加保守，倾向于保持更多的现金储备以应对外部融资成本升水。从国际对比情况看，世界银行发布的《全球营商环境指标》显示，中国政策稳定性得分为 16，变化并不显著，仍低于主要发达国家（地区）。

第四，监管效率有待提升。多头监管是分业监管模式下综合经营的必然产物。在我国债券市场上多头监管现象比较明显，多头监管会导致跨市场、跨领域监管薄弱，也会导致部分业务缺乏监管，效率低下。其一，多头监管不利于宏观审慎协调管理。分业监管体制具有职责划分和敏感信息等问题，单一金融监管部门分别对各自领域进行监管，难以有效获得全面的金融数据及其影响的客观评估，对系统性的风险缺乏有效的监控和预警。其二，多头监管对跨金融部门产品的监管准则难以达成共识，阻碍金融市场快速发展。其三，多头监管使监管套利有机可乘。持牌金融机构出现风险事件，在一定程度上源于部分机构没有监管力量或监管责任不明。

四、本章小结

纵观伦敦、法兰克福、东京和纽约等国际金融中心的发展历程，大国金融开放必然伴随具有全球影响力的国际金融中心的崛起，而货币国际化能够为国际金融中心建设提供强有力的支撑。作为全球资源配置和定价的关键因素，国际金融中心的建设拥有不可替代的战略意义。在推动新一轮高水平开放的大背景下，国际影响力和覆盖面不断扩大，高质量发展不断推进中国式现代化，改革开放向纵深推进，国际影响力日益扩大，中国建设国际金融中心是大势所趋。这不仅符合历史上国际金融中心兴衰更替的客观事实和历史规律，也是在新时期有序推进人民币国际化的必然选择。

为此，本章系统梳理了历史上主要国际金融中心的发展历史与基本模式，并据此提出了未来推动人民币国际化过程中建设国际金融中心的目标特征与发展基石。本章认为，中国应采用自然形成与政府推动相结合的模式，推动有效市场和有为政府更好结合，使经济发展的内因和政策制定的外因共同推动金融市场更好地发展。此外，本章总结认为国家金融中心的构建和发展离不开货币、经济、金融、制度等关键因素的完善。对比各时期国际金融中心形成的助推因素，一是需要搭建完善的货币基石，需要搭建一个以市场供求为基础的、有管理的浮动汇率制度，使货币汇率在合理、均衡基础上的基本稳定；二是需要构建强劲的经济基石，一方面实现雄厚的经济综合实力，深化供给侧结构性改革，推动经济高质量发展，构建"双循环"新发展格局；另一方面推动对外贸易稳中提质，充分发挥自贸区的作用；三是推动现代金融体系转型，搭建与现代金融要求相匹配的市场体系、组织架构和监管模式；四是搭建完善的制度体系，提升我国法律制度与法治水平，提升政策连续性与透明度，优化营商环境，从而激发市场主体活力，推动国际金融中心建设。

在此基础上，本章认为上海国际金融中心建设是改革开放以来金融创新的先行者，也是有序推进人民币国际化的突破口。当前，从国际经验和经济发展阶段来看，上海建设国际金融中心迎来了难得的历史机遇，上海拥有国家雄厚的经济实力、优越的地理区位优势、完善的金融基础设施、优势的金融制度等诸多优势禀赋，为此选择上海建设国际金融中心是我国经济社会发展的必然选择。当然，上海同样面临诸多挑战，如我国国际金融中心影响力亟需提升，试点金融创新能力有待提高，上海的全球市场资源配置能力有待提升等。总体而言，本章为在新时期推动上海国际金融中心建设和人民币国际化提供了重要的经验证据和政策启示。

第七章 宏观审慎政策、
国际政策协调与人民币国际化

国际经济政策协调是人民币国际化的重要保障，只有充分重视并提高国际经济政策协调效率，才能有序推进人民币国际化。自2008年国际金融危机以来，尝试构建一个涵盖多种宏观经济政策且重视国内外协调机制建设的金融稳定新框架成为共识，以改变20世纪70年代以价格稳定无法保障金融稳定、个体稳健无法保障系统稳健的现实状况。在新的金融稳定框架中，一方面，要纳入长期缺失的宏观审慎政策维度；另一方面，要厘清各种宏观经济政策的国际协调机制的差异并据此加强国际协调，推动各监管当局和国际组织采取合理的政策组合、选择有效的政策协调途径，共同维护全球金融稳定。本章系统介绍了宏观审慎政策国际协调的理论与实践，实证分析了宏观审慎政策对跨境资本流动的影响，并检验了相关影响机制。在此基础上，本章对在新时期有序推进人民币国际化进程中，加快构建符合中国实际的宏观审慎政策框架及其国际协调，提出了可行性建议。

一、宏观审慎政策国际协调与人民币国际化

21世纪以来，经济金融一体化席卷全球，各国的相互依存程度日益加强，一国在宏观经济政策制定过程中所面临的政策溢出和集体行动问题也日益突出。特别是近年来，中美贸易摩擦不断、地缘政治

冲突等一系列事件均表明国际形势正呈现出新的局面，加剧了国际贸易、投资以及金融市场的不确定性，金融不稳定事件层出不穷。在这种形势下，迫切需要各国，尤其是大国之间保持战略互信，加强宏观经济政策协调，共同维护全球经济金融的健康可持续发展。

早期宏观经济政策国际协调理论主要是以 Cooper（1969）为代表的相互依存理论。该理论认为，各国之间在经济结构、目标、政策等方面存在不同程度的依存关系，强调了宏观经济政策国际协调的必要性。在此基础上，大量文献重点研究了政策的外溢效应，并将此作为国际协调的主要逻辑动因，基于博弈论、计量经济学、制度经济学、政治经济学等视角，进一步丰富了该理论的内涵。20 世纪末，欧元的诞生为宏观经济政策协调理论的延伸提供了新的契机。统一货币区的构建、联盟内各国的政策协调等问题的探讨更加丰富了政策协调理论的内容体系和研究方法。2008 年国际金融危机的爆发再次为各国宏观经济政策国际协调提出了新的议题，特别是长期以来被忽略的宏观审慎政策及其国际协调引起了理论与实践领域的广泛关注。

宏观审慎政策框架由系统性风险分析与监测、宏观审慎政策工具实施以及政策协调与治理机制三个方面组成（马勇和陈雨露，2012）。其中，政策协调与治理机制主要涉及宏观审慎政策如何与货币政策等现行宏观经济政策协调以及宏观审慎政策的国际协调两个方面。当前，尽管关于宏观审慎政策框架内涵与边界等问题的讨论仍在继续，但是加强宏观审慎政策国际协调方面已有共识（Goodhart，2010）。一方面，金融全球化导致全球范围内的债权债务关系更加复杂，不同金融机构间持有共同的风险敞口不断扩大，金融风险在全球范围内传染和蔓延的速度和发生概率大幅提升。另一方面，由于不同国家的监管强度和监管理念存在较大差异，监管套利问题日益严重。

当前最为重要和紧迫的问题在于，如何在全球范围内进一步加强宏观审慎政策的国际协调，以抑制系统性风险、维护金融稳定。首先，要明确宏观审慎政策国际协调的主体、规则与形式，厘清理论与政策的边界。其次，要进一步梳理国与国之间的风险传导机制，有效降低监管政策的渗出效应，缓解政策的溢出和回溢，保障宏观审慎政策国际协调的有效性。最后，要加强深度协调，以规避因不同国家间监管格局不平衡造成的监管套利，维护公平公正的竞争环境，以保障全球金融稳定。

（一）宏观审慎政策的国际协调：一个长期缺失的维度

目前构建一个涵盖多种宏观经济政策且重视国内外协调机制建设的金融稳定新框架成为共识，此框架旨在改变20世纪70年代以价格稳定无法保障金融稳定、个体稳健无法保障系统稳健的现实状况。在新的金融稳定框架中，一方面要纳入长期缺失的宏观审慎政策维度，另一方面，要厘清各种宏观经济政策的国际协调机制的差异，推动各监管当局和国际组织采取合理的政策组合、选择有效的政策协调途径，共同维护全球金融稳定。其中，包括但不限于货币政策、财政政策、汇率政策以及宏观审慎政策等宏观经济政策的国际协调。

货币政策的国际协调。当前，各国制定货币政策的首要目标在于维持价格稳定、促进经济增长，政策国际协调的关键也在于是否有利于实现本国政策目标、改善社会福利。随着各国金融业务联动性的加强，货币政策通过利率、国际资本流动、货币供应量以及国际贸易等渠道产生显著的溢出和回溢效应（宋科等，2018）。特别是2008年国际金融危机以来，各国中央银行，以及以G20为代表的国际组织平台，意识到进一步加强国际协调的必要性与紧迫性，先后通过签订货币互换协议、协同降息等形式积极进行双边及多边的政策协调，就审慎管理流动性、维护金融稳定、刺激经济等重大问题展开全球层面的货币政策协调与合作，共同应对危机。

财政政策的国际协调。与货币政策类似，财政政策在对一国社会总供给和总需求进行管理和调节的同时，往往也会通过跨境资本流动、对外贸易等渠道对其他国家的经济金融发展产生影响，引起政策的外溢。20 世纪 90 年代，部分研究认为欧元区成员国具有将本国债务和财政赤字向外输出的激励，不利于欧元区整体稳定（Alesina et al.，1991）。在这一背景下，成员国签署了《马斯特里赫特条约》《稳定与增长公约》《财政契约》等一系列协议，承诺按照统一准则进行财政预算管理。欧元区范围内的财政政策协调更多的是一种财政约束，忽略了成员国的发展差异，失去了一定的公平性。次贷危机和欧洲主权债务危机爆发后，以 G20 为主导，各国加强了财政政策的国际协调合作，致力于维护全球金融稳定，促进经济复苏。逆周期财政政策调节和保障政府赤字可持续性成为财政政策国际协调的主要内容。但 2022 年以来，以美国为代表的少数国家重拾贸易保护主义，利用关税、政府补贴等手段影响国际贸易秩序，给财政政策国际协调带来了新的挑战。

汇率政策的国际协调。汇率变动是影响一国国际贸易和资本流动的重要因素，也将直接对其他国家的国际收支和金融市场产生影响，具有十分显著的外溢性。现行国际货币体系是典型的"中心国家 + 外围国家"的二元结构。美元、欧元、日元、英镑等发达经济体货币处于中心，而大多数发展中国家处于外围。外围国家货币通常以中心国家货币为锚货币。IMF、BIS 等国际组织是目前各国开展汇率政策协商的主要平台，这些协商机制也往往以发达经济体为中心，发展中国家的话语权十分有限。值得注意的是，发展中国家比发达国家更容易受到汇率波动影响和国际资本流动的冲击，国际协调中的弱势地位无法有效满足发展中国家的现实需求，甚至处于被动地位，造成利益损失。随着越来越多的国家实行更加灵活、开放的汇率制度，加强汇率政策的国际协调对于解决全球经济失衡、维护金融稳定具有十分重要的意义。其中最为重要的是，如何改善发达国家与发展中国家的非对等协调地位，并以此推动健全双边及多边汇率政策对话与协商机制。

宏观审慎政策的国际协调机制在国际金融危机之后逐步得到理论与实践领域的广泛重视，其政策指向在于通过全球范围内的宏观审慎政策工具协调，防范系统性风险、维护全球金融稳定。与传统经济政策类似，一国在实施审慎监管政策时也会通过资本流动、国际贸易、货币供应量、资产组合等常规渠道对其他国家产生溢出影响。此外，宏观审慎政策还通过金融风险的跨境传染渠道，使一国在防范自身金融风险的同时，避免跨国风险相互传染，具有一定的正溢出效应。2008 年国际金融危机后，各国就构建审慎政策国际协调机制达成共识，利用 G20、IMF、金融稳定委员会（FSB）等国际平台多次开展政策协商，取得了显著的成效。当然，维护全球金融系统的稳定需要多种宏观经济政策的相互协调与配合。一方面，现行宏观经济政策所追求的物价、汇率、财政收支的稳定是金融体系稳定的必要条件，宏观审慎政策国际协调需要其他宏观经济政策协调机制的支持和补充；另一方面，全球金融稳定是各国开展政策协调的基本保障，宏观审慎政策的协调和实施效果也将影响其他宏观经济政策的有效协调和实施。整体上看，当前各种宏观经济政策的国际协调机制具有共性，又各有侧重，彼此紧密联系、相辅相成。既包括在一国范围内的政策协调，又涵盖国际间的政策协调。各国应积极开展多种政策的国际协商与合作，共同维护金融稳定，推动全球经济金融的可持续发展。

（二）宏观审慎政策国际协调：主体、规则与形式

国际金融危机以来，主要国家在各自进行的金融监管体制改革

中，都在很大程度上将宏观审慎政策纳入金融稳定框架。一方面，宏观审慎政策需要与货币政策、财政政策等传统政策相互协调与配合，避免不同政策在目标、实施工具、传导渠道等方面的冲突，降低监管效力。另一方面，在金融一体化不断加强的背景下，宏观审慎政策对国内经济变量的影响将进一步通过国际资本流动、贸易、汇率波动以及市场预期等渠道产生明显的外溢效应。

1. 宏观审慎政策国际协调的主体

当前，无论从理论还是从实践来看，在国家层面如何确定宏观审慎政策主体仍然是一个争议性话题。IMF（2011）根据各成员实践，将宏观审慎政策主体分为三种模式：一是现行某一监管机构被赋予宏观审慎监管的职责；二是由某个特定机构负责执行和评估宏观审慎政策，但通常由下设的政策委员会负责制定相关政策；三是成立单独的委员会作为宏观审慎政策主体，政策的制定往往由多个监管机构共同协商确定。2017 年，IMF 进一步对 141 个成员展开调查，其中 111 个成员就宏观审慎政策监管主体问题作出回答，结果表明，约72％的成员都认为中央银行具有降低金融系统性风险的专业性和动机性，应当赋予其维护金融稳定的职责，并与其他政策主体开展协调合作。其中，39 个成员将中央银行作为唯一的审慎政策授权主体，约23％的成员在中央银行内设立金融稳定委员会，约27％的成员在中央银行外设立金融稳定委员会。不难看出，尽管 2008 年国际金融危机以来各国确立的宏观审慎政策主体各异，但是加强中央银行的金融稳定职责是大势所趋。这主要是考虑到：一是在通货膨胀目标制占据主导的情况下，中央银行的首要职能是保障货币稳定，但是宏观审慎政策所关注的宏观管理问题与价格稳定密不可分；二是货币政策与宏观审慎监管政策的具体目标尽管不尽相同，本质上都要保障金融稳定服务，而且中央银行具有的专业技术、监管能力以及良好声誉等优势都能保障该目标的实现；三是中央银行的独立性特征能够满足公众对于监管部门自身信用的要求；四是中央银行在统筹金融统计、金融信息标准制定和共享等方面具有其他监管机构不具备的优势。

表 7 – 1 IMF 成员宏观审慎监管主体设立情况

宏观审慎政策监管主体	成员名称
1. 中央银行（80 个国家）	阿尔巴尼亚、安哥拉、阿根廷、亚美尼亚、巴林、孟加拉国、比利时、伯利兹、不丹、玻利维亚、博茨瓦纳、文莱、保加利亚、佛得角、柬埔寨、智利、中国、哥斯达黎加、克罗地亚、库拉索和荷属圣马丁、塞浦路斯、捷克、吉布提、埃及、爱沙尼亚、格鲁吉亚、加纳、希腊、危地马拉、洪都拉斯、中国香港、冰岛、印度尼西亚、爱尔兰、意大利、牙买加、日本、约旦、哈萨克斯坦、科威特、吉尔吉斯斯坦、黎巴嫩、莱索托、利比里亚、立陶宛、马其顿、马来西亚、马尔代夫、马耳他、毛里求斯、墨西哥、蒙古国、缅甸、尼泊尔、荷兰、新西兰、尼日利亚、阿曼、巴基斯坦、巴布亚新几内亚、菲律宾、葡萄牙、卡塔尔、俄罗斯、卢旺达、沙特阿拉伯、塞尔维亚、塞拉利昂、新加坡、斯洛伐克、南非、斯里兰卡、瑞士、坦桑尼亚、泰国、乌克兰、乌拉圭、委内瑞拉、玻利维亚、越南、赞比亚
1.1 中央银行下设委员会（25 个国家）	安哥拉、文莱、佛得角、萨尔瓦多、格鲁吉亚、圭亚那、匈牙利、以色列、牙买加、约旦、黎巴嫩、利比里亚、马来西亚、尼日利亚、巴基斯坦、沙特阿拉伯、新加坡、南非、塔吉克斯坦、坦桑尼亚、泰国、突尼斯、英国、乌拉圭、越南
1.2 中央银行外设委员会（30 个国家）	阿尔巴尼亚、奥地利、佛得角、中国、克罗地亚、丹麦、埃及、法国、德国、冰岛、印度、拉脱维亚、卢森堡、毛里求斯、墨西哥、蒙古国、摩洛哥、尼日利亚、巴基斯坦、菲律宾、波兰、罗马尼亚、沙特阿拉伯、塞尔维亚、斯洛文尼亚、坦桑尼亚、美国、乌拉圭、瓦努阿图、委内瑞拉、玻利瓦尔
2. 除中央银行外的监管机构（22 个国家）	安哥拉、澳大利亚、奥地利、玻利维亚、博茨瓦纳、保加利亚、哥斯达黎加、克罗地亚、丹麦、芬兰、德国、洪都拉斯、冰岛、日本、韩国、拉脱维亚、黎巴嫩、墨西哥、尼日利亚、巴基斯坦、挪威、瑞士

注：1. 部分国家如巴西、阿富汗、伊朗等尚未明确宏观审慎政策的监管主体或未对此问题作出回答，因此表中未列出。2. 部分国家设立多个宏观审慎监管主体，因此各主体类别之间有重合。

资料来源：根据 2017 年 IMF 成员 GMPI 问卷调查结果整理。

内部协调方面，宏观审慎监管主体需要组织并协调各监管机构（如微观审慎监管、货币政策、财政政策、产业政策等部门），在制定审慎政策时充分考虑其他宏观经济政策的相互影响，在不同的监管机构之间进行权利和职责分配，以维持总体政策目标的一致性（Gabriele Galati and Richhild Moessne，2011）。Borio（2011）认为，宏观审慎政策主体的设立应充分考虑权责确立和不同政策目标之间的协调问题。权责确立需要一套明确、透明的指令和保证政策制定者承担相应责任的有效制度程序，这对于采用相机抉择的政策制定者来说尤为重要。宏观审慎政策主体将在很大范围内实施监管措施来维护金融系统的稳定，需要一系列监管主体之间的相互配合。Schoenmaker and Wierts（2011）认为，一方面，宏观审慎监管要避免政治干扰，保证政策独立性；另一方面，鉴于财政部在危机救助方面的重要作用，宏观审慎监管应当建立一个介于货币政策与财政政策之间的权责分配机制。

国际协调方面，监管政策是一国监管当局综合国内经济水平、政治立场以及国际市场形势等多种因素的决策，本身很难兼顾其他国家利益并做到监管政策统一。特别是对于目标和机制均具有跨部门、跨市场和跨国别特点的宏观审慎政策而言，更需要各国政策主体加强跨境的协调与合作。Acharya Viral（2011）建议分步骤建立宏观审慎监管框架，主要经济体的监管当局需进行多边协商合作，针对重要问题和监管原则达成共识；之后由主要经济体所在区域向各国监管当局传达具体的政策建议，进一步推动监管政策的具体实施。在此过程中，以 IMF、BIS、FSB 为代表的国际组织成为宏观审慎政策国际协调的主体，协调不同国家间政策主体的行为。

21 世纪以来，我国就如何构建金融稳定框架进行了一系列的改革举措，特别是在 2008 年国际金融危机后，对于构建适合中国国情的宏观审慎政策框架、明确宏观审慎政策主体进行了一系列的实践和探索。早在 2003 年，修订后的《中国人民银行法》就明确赋予了中国人民银行维护金融稳定的职责。2013 年，国务院同意建立人民银行牵头的金融监管协调部际联席会议制度，强调了人民银行在协调金融监管政策方面的主导作用，加强了"一行三局"对交叉性金融机构和金融业务的监管合作，共同维护金融体系的稳健运行。2015 年末，人民银行提出宏观审慎评估体系，标志着我国正式建立宏观审慎监管体系。2017 年党的十九大报告正式提出"健全货币政策和宏观审慎政策双支柱调控框架"。同年，为进一步提高监管协调的效率和权威性，增强统筹防范系统性金融风险的能力，在原有的监管协调机制上成立国务院金融稳定发展委员会，作为统筹协调金融稳定的议事机构。国务院金融稳定发展委员会将办公室设在中国人民银行，赋予其更高层次的系统性风险防范和统筹协调保障金融稳定的职责。2018 年 3 月，中国银行保险监督管理委员会成立，统一监管银行业和保险业，这是中国改革金融监管体制的又一重大举措。至此，我国金融监管形成"一委一行两会"的格局。2019 年 2 月，中国人民银行设立宏观审慎管理局，负责构建宏观审慎管理框架，并增加了宏观审慎监管职责，同时也标志着我国"货币政策 + 宏观审慎政策"双支柱监管形式的初步建立。2023 年 3 月，面对新时代、新征程提出的新任务，党和国家机构改革方案印发，提出组建中央金融委员会和中央金融工作委员会，在中国银行保险监督管理委员会基础上组建国家金融监督管理总局，实现央行聚焦宏观审慎，使我国金融体制以功能监管和行为监管为导向，协同宏观政策与微观管理。

2. 宏观审慎政策国际协调的规则

基于规则还是相机抉择，是长期以来在宏观经济政策领域充满争议的话题。宏观审慎政策实施同样也面临与货币政策相同的规则和相机抉择的两难选择。监管当局遵循一定的程序和原则来制定宏观审慎监管政策有利于提高政策的可预测性和透明度，稳定市场参与者对未来政策的预期，防止监管者在面对利益集团和公众压力时产生政策执行偏差，特别是在经济上行期，若监管当局以相机抉择为原则采取紧缩型监管政策，往往会受到公众短视行为的阻碍，无法及时抑制经济过热。然而，现实情况是，各个国家对于系统性风险的计量仍未达成一致，很难准确识别和监测系统性风险，尚不具备制定完备的宏观审慎政策规则的能力与条件。Landau and Jean – Pierre（2009）认为，由于规则本身存在设计缺陷，监管当局在制定宏观审慎政策时需要相机抉择，作为监管规则的补充。CGFS（2010）同样认为，相机抉择是现阶段宏观审慎政策制定者应当采取的基本原则。相机抉择允许宏观审慎政策制定者根据经济周期、金融体系和实体经济的具体情况采取政策措施，与确定的规则相比，可以更加有效地防止市场参与者根据确定性规则预期未来政策并提前采取规避措施，保证监管工具的有效性。Agur and Sharma（2013）指出，由于实体经济与金融体系之间的联系错综复杂，风险的传导渠道难以预测，基于系统性风险的预警指标无法实现，宏观审慎政策无法完全基于确定性规则来实现。但实行相机抉择的监管当局由于缺乏确定的政策规则，缺乏与公众有效的交流机制，在进行政策调整时将面临来自社会各方的压力，从而无法及时调整政策来应对系统性风险的不确定性。因此，建议监管当局同时采用确定规则和相机抉择，在正常的经济状态下使用确定规则制定政策，但仍然需要随时间变化的政策工具加以辅助，由监管当局相机抉择。这也是大多数文献所提倡的观点，相机抉择与基于规则应当更好地进行平衡，既强调明确清晰的指导方针政策，又出于宏观审慎评估不确定性而不可避免地使用相机抉择权（CGFS，2010）。

从国际协调的层面来看，监管当局同样应当实现规则与相机抉择之间的平衡。但是相较于国内协调而言，复杂多变的国际协调更倚重规则，而且随着参与国际协调国家的增多，基于规则的协调方式更为有效（Attila Csajbók and Júlia Király，2011）。宏观审慎政策的协调往往发生在跨部门、跨国家的机构和业务中，各方监管当局应在确定的、统一的、具有国际共识的基本规则和指导方针基础上，根据不同的情况相机抉择，以增加政策协调的灵活性（马新斌，2017）。国际标准虽然是非强制性的，却是全球金融一体化的关键支柱。各国政策当局只有自觉维持国际最低政策标准的一致性，才会创造一个更加灵活、开放的全球金融体系（FSB，2017）。IMF、FSB、BIS 等国际组织发布的审慎监管框架实施准则可以作为各国进行审慎监管的确定性规则，有利于各国在宏观审慎政策的实践中遵循统一的国际标准，在国际范围内保证政策的一致性。例如，巴塞尔银行监管委员会（BCBS）、国际支付和清算协会（CPSS）[1]、国际保险监督官协会（IAIS）以及国际证监会组织（IOSCO）[2] 等国际机构在行业内部发布国际性监管准则与要求，作为各国在国家层面制定和实施监管政策过程中共同遵守的规则。此外，IMF、FSB 以及 BIS 等国际组织对于政策国际协调的对话平台、谈判流程以及协调原则等方面均有所规定，为各国进行宏观审慎政策的国际协调提供了准则和依据。在此基础上，各国监管当局根据本国经济金融发展情况，相机抉择，制定符合

---

[1]　国际支付和清算协会（Committee on Payment and Settlement Systems，CPSS）由 G10 的中央银行组成，负责监测支付和结算系统的发展情况。2011 年 3 月，国际支付和清算协会联同国际证监会组织（IOSCO）发布《金融市场基础设施原则》，为支付、清算和结算系统提出了新的标准，该原则针对系统重要支付系统、中央证券托管机构、中央结算系统、中央交易对手和贸易存储库提出了 24 项准则，目的在于健全全球金融市场基础设施建设，抵御金融冲击。详细内容参见 https：//www. bis. org/cpmi/publ/d94. htm。

[2]　国际证监会组织（International Organization of Securities Commissions，IOSCO）由多个国家的证券监管机构组成，主要负责制定全球证券监管准则、建立国际证券业务监管机制等。2010 年 7 月，国际证监会组织对证券监管的目标和原则进行了修订，更加关注系统性风险的防范。更多详细内容参见 Objectives and Principles of Securities Regulation 2011，Mitigating Systemic Risk—A Role for Securities Regulators。

本国利益的政策，及时、灵活地进行国际政策协调，以避免政策冲突。

3. 宏观审慎政策国际协调的主要形式

（1）双边协调。

现行宏观审慎政策双边协调的实践，主要集中在跨境金融机构所面临的因母国与东道国监管政策差异而进行的双边政策协调。根据国际经济法相关内容，跨境业务的监管协调原则主要有保护主义原则、对等互惠原则、最惠国待遇原则以及国民待遇原则[①]等。在国际贸易和国际金融业务的具体实践中常常采用更加灵活的互惠原则，即两个国家之间互相给对方优惠待遇或权利，而具体互惠内容由双方协商决定。《巴塞尔协议Ⅲ》针对国际化银行体系提出了管辖权互惠的政策协调机制。BCBS 要求银行按照风险加权资产（既包括国内资产，也包括国际资产）的一定比例提取逆周期缓冲资本。这一政策在具体实施过程中，要求母国与分支机构所在国或业务发生国监管当局充分进行监管政策的协调与合作，就互惠条款达成一致。国际银行的信贷业务敞口受到多个国家监管当局的监管，每个东道国针对某国际银行在其管辖范围内的信贷业务敞口制定缓冲资本比例要求。因此，国际银行的缓冲资本要求由所有信贷业务所在国缓冲资本监管要求加权平均得到。东道国在政策制定后需告知跨境金融机构的母国并希望母国监管当局对东道国的政策予以尊重与支持。而跨境金融机构的母国针对同一跨境金融机构信贷业务敞口要求的逆周期资本缓冲比例只能高于或者等于东道国所要求的水平，从而避免金融机构在两个国家之间寻

---

① 保护主义原则即东道国对外资金融机构采取限制性监管政策，以保护本国金融机构和业务的发展；对等互惠原则指东道国和母国均采取对等互利的监管政策；最惠国待遇原则指 WTO 成员应相互给予最惠国待遇；国民待遇原则指在一定范围内，外资金融机构与东道国金融机构遵循相同的监管政策，承担相同的义务和责任。详细内容参见陈卫东，王家强. 内外资银行监管政策的国际比较及对我国的启示 [J]. 中国金融，2006（23）：64 – 65.

求监管套利。母国与东道国依据互惠原则进行协商，以保证国内金融机构与境内外国机构在相同的监管政策环境下进行公平竞争。

针对跨境金融集团监管的协调与合作，BCBS、FSB等国际组织倡导设立监管联席（Supervisory College）会议机制，就跨境金融机构的监管政策进行国际协调。监管联席会议①由母国监管当局主导，相关东道国共同参与，是专门针对跨境金融集团的合作监管而建立的一种机制。通过定期举行面对面会议，母国与东道国监管当局就跨国金融集团的经营业务、风险水平等问题进行信息交流与互换，以实现母国和东道国之间的沟通与互信。母国与东道国监管当局就跨境监管问题进行平等协商与对话，避免监管重叠和监管真空，以实现对跨境金融集团的持续有效监管。

母国与东道国之间的双边协调也是金融机构，尤其是全球系统重要性金融机构跨境危机处置国际协调合作的重要内容。《跨境银行处置小组的报告与建议》《金融机构有效处置机制核心要素》等报告均强调了母国与东道国的协调与合作对于建立金融机构跨境处置机制的重要意义。双边处置合作备忘录、金融机构跨境处置合作协议等的签订将进一步推动母国与东道国监管当局开展处置政策的协调与合作，有效防范风险和危机的跨境传染。此外，双边货币互换协议是两个国家进行流动性合作管理的重要工具，在促进双边贸易和投资的同时，还将通过流动性救助提升一国应对金融冲击的能力，缓解危机传染与蔓延，维护区域金融稳定。资本跨境流动与各国宏观经济立场紧密相关，各国应加强资本流动的监管合作，以降低政策的外溢效应，维护

---

①　BCBS将监管联席会议定义为由相关监管者组成，通过各方的协调与合作，加强国际银行集团有效并表监管的多边工作组；国际保险监督官协会（IAIS）将监管联席会议定义为完善国际集团监管框架的重要手段，在日常和危机状况下，在集团层面促进相关监管者间合作、信息交流与监管活动协调。2009年匹兹堡峰会上，FSB将"设立监管联席会议"作为基本职能之一。资料来源：李仁真，周忆. 论跨境金融集团监管联席会议机制［J］. 金融监管研究，2012（2）：103 - 114.

全球流动性稳定。20 世纪中期开始，美联储曾在不同的时期多次进行双边货币互换。2008 年国际金融危机发生后，为了给国内外市场，特别是给美国金融机构的海外分支机构以及海外企业提供紧急流动性支持，美联储再次与欧央行、英国、日本以及瑞士等十几家央行签订了货币互换协议。

如何对系统重要性金融机构采取快速有效的跨境处置，降低危机爆发后的救助成本，也是双边协调面临的重要问题。其中，最为关键的是由哪个当局、何种法律来保护金融机构的关键功能。在一般情况下，由于各国辖区的资产分布、处置方式选择以及公司价值的不同分布，会导致不同当局与法律管辖权的冲突。地方主义、普适主义和契约主义三种跨国破产法律理论被用来解决上述冲突，但是在处置大型、复杂、全球活跃度高的金融机构并保护关键功能的情况下，上述方法不太适用（斯蒂恩·克莱森斯等，2013）。有研究认为，当前应对跨境处置挑战的方法应当包括：法律形式跟随经济功能；以普适主义为基础，保存关键功能，并使一国当局在跨境复杂机构处置时，以法定公共政策目标代替地区主义；使用法律手段，激励金融机构董事会和管理层及早减少影响关键功能的阻碍。

近年来，我国金融开放水平不断提高，跨境银行机构和业务在金融体系中所占比重不断增大，建立母国—东道国监管政策协调机制是我国强化跨境金融机构监管的主要手段。当前，我国主要实行以母国监管为主、东道国监管为辅的原则，积极构建双边协调机制。截至 2017 年末，我国已经与 70 个国家和地区签订双边监管合作谅解备忘录和监管合作协议[①]，截至 2022 年，与 67 个国家或地区签署了境外证券（期货）监管机构签署的备忘录[②]。在 BCBS 确定的跨境银行监

---

① 资料来源：中国银行保险监督管理委员会。
② 资料来源：中国证监会。

管原则指导下，双方就信息交换、市场准入和现场检查等方面达成一致，建立并加强了双边监管政策的合作机制。此外，中国银监会多次开展监管磋商会议，分别与新加坡、中国香港、美国、日本以及韩国等多个国家和地区的监管政策制定者就银行监管问题进行了积极的探讨与合作。为响应 FSB 对全球系统重要性金融机构的监管要求，多次召开监管国际联席会议，与银行分支机构所在国的监管当局就银行的跨境监管问题开展交流与合作。中国人民银行还加强了区域货币互换机制的建设，截至 2021 年末，累计已与 40 个国家和地区签订人民币互换协议①。与多个国家进行跨境资本监管政策的交流与合作，有利于中国有效应对流动性风险和外汇风险，提升区域金融危机救助能力。

（2）多边协调。

宏观审慎政策的协调与合作需要一个健全的机制来促进各国就维护全球金融稳定达成基本共识，也需要确保各国在实施宏观审慎政策的同时保持集体目标一致性。目前，IMF、BIS、FSB 和 G20 等国际组织已经成为促进宏观审慎监管政策多边以及区域性协调的重要平台，它们相互之间密切合作，但监管功能各有侧重。在相关组织的倡导下，多个国家已经就宏观审慎监管政策进行平等参与、对话与磋商，在构建宏观审慎政策的监管目标、监管工具、制度安排和国际协调与合作等方面初步达成共识。与双边政策协调相比，多边或区域性协调的范围更加广泛和有效，能够显著增强政策工具执行力和有效性，为构建全球宏观审慎监管框架提供了有利条件。

IMF 以多边协调和监督为主导，通过设计、制定宏观审慎监管政策的制度框架和实施标准，出台国际性政策性文件，为各国实施宏观

---

① 资料来源：中国人民银行。

审慎政策提供统一的制度基础。IMF 还致力于健全全球经济金融信息与数据库，消除各国数据差异，完善全球金融稳健性指标的构建，密切监测和评估系统性风险。指导并监督各国宏观审慎监管政策的具体实践也是 IMF 的重要职责，IMF 与世界银行联合推出金融部门评估规划（FSAP），监测各国金融系统的稳健性，并要求成员定期发布《金融部门评估计划——关于宏观审慎政策框架的技术说明》报告，真实披露审慎政策的实施情况，由 IMF 进行监督指导。此外，IMF 建立磋商机制，通过定期组织多边或区域性的高层领导人会议，促进成员之间的政策协商。

而 BIS 则更多地从银行系统监管角度出发，较早地认识到了微观监管在应对系统性风险方面的不足，提出实施宏观审慎监管政策的必要性。BIS 与各国领导人、各类国际组织定期举行政策对话，致力于银行监管政策的国际协调与合作，监督各国央行的宏观审慎政策实施情况。BCBS 和全球金融系统委员会（CGFS）是其相关政策实施的主要渠道。从 20 世纪 80 年代开始，BCBS 通过出台《巴塞尔协议》为各国银行监管提供统一的政策标准并监督落实各项要求。本次危机以来，BCBS 成立了宏观审慎监管工作组，负责构建全球系统重要性金融机构的监管框架，防范系统性风险。CGFS 由 BIS 成员的中央银行行长构成，定期举行央行行长会议讨论金融系统稳定的相关议题，协调各方制定相关政策措施和标准，达成国际共识，并监督各成员中央银行执行相关政策。

G20 是目前讨论全球治理、维护国际金融稳定的主要国际组织。G20 峰会每年举行两次，参会人员包括主要发达国家和发展中国家的中央银行、财政部长等高级领导人，IMF 和 BIS 等国际组织均列席，共同讨论国际议题，制定并监督实施国际政策纲领，推动国际金融经济合作。2009 年匹兹堡峰会会议文件正式引入"宏观审慎政策"概念，明确了实行宏观审慎监管政策的必要性。此后，如何构建宏观审慎政策框架，维护全球金融体系稳定成为历年 G20 峰会的重要内容。

FSB 是 2009 年 G20 伦敦峰会的产物，其前身为金融稳定论坛（FSF），由多个国家和地区的高层领导人组成，积极推动各国金融监管体系的改革，维护全球金融稳定。与 IMF、BIS 等国际组织不同，FSB 制定的政策并不具有法律约束力，只是作为政策协调主体，推动金融监管政策在国际范围内的协调实施。FSB 致力于加强各国信息交流，促进国际合作。FSB 在银行、保险和证券监管等方面都制定了完善的合作标准和信息交流标准，要求成员签订信息交流合作协议并严格执行相关标准，按时进行信息披露并接受国际组织审核。FSB 通过成立脆弱性评估常设委员会对成员定期进行资料调查，密切监测各成员金融系统的稳定性。"以身作则"和"同侪压力"是 FSB 监督和强化成员监管政策的实施的重要机制。一方面，FSB 要求成员提交自身金融监管改革进展情况报告，接受国际组织和其他成员对其政策实施情况的监督与评估；另一方面，针对不合作的国家或地区采取反制措施。鼓励非成员以及非合作国家和地区参与金融监管政策改革，从而促进更大范围内的国家遵守国际标准。此外，加强对 G – SIFIs 的监管也是 FSB 的重要职责，FSB 制定 G – SIFIs 评估方法并定期公布名单，要求成员针对 G – SIFIs 进行特殊监管，防范系统性风险。

作为 IMF、G20、FSB、BCBS 等国际组织的重要成员，我国积极参与国际性和区域性的政策协调活动，响应国际组织对构建审慎监管政策协调机制的倡导并完成国际组织在政策协调方面提出的各项要求。《巴塞尔协议Ⅲ》通过后，我国在立足基本国情的基础上积极实施相关监管要求，顺利通过了 BCBS 对中国银行监管政策的一致性评估。2017 年，我国已基本完成了《巴塞尔协议Ⅲ》在逆周期资本缓冲、全球系统重要性银行资本要求以及杠杆率等方面的监管制度框架的构建，并于 2023 年 2 月出台《商业银行资本管理办法（征求意见稿）》。2021 年 10 月，中国人民银行、银保监会、财政部联合发布《全球系统重要性银行总损失吸收能力管理办法》，构建了我国的总损失吸收能力（TLAC）监管框架。同时，积极接受 IMF 和世界银行的金融部门评估规划测评，金融体制改革成果得到了国际组织的肯定。

此外，我国大力倡导并开展区域性合作机制，积极推进"一带一路"建设、亚洲基础设施投资银行建设等的实施，为全球合作和治理提供了新思路。发展区域性合作战略有利于在区域范围内进行双边及多边的政策协调与合作，对于建立宏观审慎监管政策国际协调机制具有十分重要的意义。中国人民银行行长易纲在第五届中国—东盟金融合作与发展领袖论坛上倡议在东亚及太平洋中央银行行长会议组织（EMEAP）框架下成立货币与金融稳定委员会，以促进亚洲地区金融稳定领域合作以及区域内跨境监管沟通与协调。2016 年杭州 G20 峰会上，中国将"防范金融机构活动的内生系统性风险，强化宏观审慎政策框架"作为重要议题提出，为构建全球宏观审慎政策框架积极贡献中国智慧。此外，易纲行长在 2018 年博鳌论坛上宣布了我国金融业的开放时间表，标志着未来外资金融机构准入条件将更加放松、国际金融业务更加丰富、外资流动也将更加频繁，这也对我国金融监管提出了新的挑战。随着我国金融业开放度的提高，我国监管当局将进一步推动与其他国家的监管政策协调，以保证金融系统的整体稳定。

表 7-2　主要国际组织的多边政策协调分工

	协调目标	促进国际货币合作，保证全球货币体系的有效运行
IMF	主要职责	1. 制定宏观审慎监管政策的制度框架和实施标准 2. 健全全球经济金融信息与数据库 3. 指导并监督各国宏观审慎监管政策的具体实践 4. 推动审慎政策的国际协调

续表

IMF	主要机制	1. 出台政策性文件①，为各国实施宏观审慎政策提供统一的制度基础。 2. 根据消除数据差异倡议（Data Gaps Initiative, DGI），IMF 和 FSB 主导构建全球数据库；继续完善全球金融稳健性指标数据库。 3. 与世界银行联合推出金融部门评估规划，监测各国金融系统的稳健性；IMF 成员需定期发布《金融部门评估计划——关于宏观审慎政策框架的技术说明》报告，披露审慎政策的实施情况，由 IMF 进行监督指导。 4. IMF 建立磋商机制（Article IV Consultation），为成员之间的政策协商提供制度依据。通过定期组织多边或区域性的高层领导人会议，促进各成员进行政策协商对话。
FSB	协调目标	促进各国金融监管体系改革
	主要职责	作为协调主体，推动金融监管政策在国际范围内的实施
	主要机制	1. 信息交流与国际合作机制。FSB 脆弱性评估常设委员会（SCAV）对成员定期进行资料调查，密切监测各成员金融系统的脆弱性；FSB 在银行、保险和证券监管等方面制定了完善的合作标准和信息交流标准，要求成员签订信息交流合作协议并严格执行相关标准、按时进行信息披露并接受国际组织审核②；FSB 实施数据缺口与系统连接项目，加强全球系统重要性金融机构的数据收集与共享；理事会致力于建立法人机构识别编码（LEI），以加强全球所有参与金融交易的机构的信息收集与管理。 2. 监督成员监管政策的实施。成员需向 FSB 提交本国金融监管改革进展情况报告（Peer Review Reports），并接受 IMF、世界银行等国际组织和其他成员对其政策实施情况的监督与评估，建立"以身作则"和"同侪压力"机制强化成员的政策实施；FSB 通过构建实施监控协调框架（Coordination Framework for Implementation Monitoring, CFIM）确保成员金融改革的一致性。 3. FSB 针对不合作的国家或地区（Non‑Cooperative Jurisdiction, NCJ）采取反制措施。鼓励非成员以及非合作国家和地区参与金融监管政策改革，从而促进更大范围内各国对国际标准的遵守。 4. 重点加强对 G‑SIFIs 的监管，推动各成员签订特定机构跨境合作协议（CoAgs）。FSB 制定 G‑SIFIs 的评估方法并定期公布名单，要求成员针对 G‑SIFIs 进行特殊监管；发布《金融机构有效处置机制核心要素》，为母国和东道国就 G‑SIFIs 的有效处置问题提供政策依据；发布《关于中央对手方处置和处置计划的指导》，以保证 CCP 的处置行动的国际一致性。

---

① 详细内容请参考 Macroprudential Policy Tools and Frameworks（Feb., 2011）；Macroprudential Policy—An Organizing Framework（Mar., 2011）；Staff Guidance Note on Macroprudential Policy—Detailed Guidance on Instruments（Jun., 2013）；Staff Guidance Note on Macroprudential Policy—Detailed Guidance on Instruments（Nov., 2014）等。

② FSB 主要依 IMF 和世界银行联合公布的《标准与准则实施报告》（Report on the Observance of Standards and Codes, ROSC）以及国际证监会组织（IOSCO）发布的《关于协商、合作和多边信息交流的谅解备忘录》（Multilateral Memorandum of Understanding Concerning Consultation and Cooperation and the Exchange of Information, MMoU）对成员的遵守情况进行评估。

G20	协调目标	推动国际经济合作以维护国际金融稳定、促进经济增长。
	主要职责	为国际组织和主要经济体国家的交流与合作提供平台，以协商解决有关全球治理、经济金融发展的国际重大问题。
	主要机制	1. 制定和实施稳健的国际监管标准，以提高金融系统的抗风险能力，维护金融机构和市场的稳定运行。 2. 加强监管合作和信息共享机制。G20 每年举行两次会议，由主要发达国家和发展中国家的中央银行、财政部长等高级领导人参加，IMF 和 BIS 等国际组织均列席峰会，共同讨论国际议题，制定并监督实施国际政策纲领，推动国际金融经济合作。 3. 采取有力措施监测和报告各国实施金融体制改革的进展情况，及时识别和解决监管改革带来的挑战和重大意外后果。
BIS	协调目标	推动各成员中央银行开展国际银行监管政策协调，以维护全球货币和金融稳定。
	主要职责	1. 与 IMF、FSB 等国际组织合作，讨论并制定审慎政策的国际标准。 2. 重点针对银行业监管政策制定国际准则，促进各国中央银行就银行监管问题进行交流协商。 3. 监测并维护金融体系稳定运行。
	主要机制	1. BIS 与国际组织、各国领导人定期进行政策对话，针对构建国际宏观审慎政策展开讨论。 2. BCBS 是推动银行业监管国际协调与合作的最重要平台。（1）BCBS 通过出台《巴塞尔协议》为各国银行监管提供统一的国际标准，2012 年，BCBS 启动了《巴塞尔协议Ⅲ》监管一致性评估项目，以促进成员落实监管要求。（2）BCBS 成立了宏观审慎监管工作组（MPG），重点构建全球系统重要性金融机构的监管框架，防范系统性风险。（3）通过巴塞尔咨询小组、银行监管国际会议、金融稳定研究所等机制，BCBS 与成员及非成员保持政策对话，促进并监督国际银行监管政策有效实施。（4）通过出台《新协议跨境执行高级准则》，明确跨境银行监管职责分配标准，为跨境银行监管政策双边协调提供制度支持。（5）通过构建信息共享机制，为跨境银行监管、全球系统重要性银行监管等政策的协商与合作提供数据基础。 3. 全球金融系统委员会（CGFS）由 BIS 成员的中央银行行长构成，定期举行央行行长会议讨论金融系统稳定的相关议题，协调各方利益制定相关政策措施和标准，达成国际共识，并监督成员中央银行执行相关政策。

资料来源：作者整理。

二、宏观审慎政策与跨境资本流动

在金融全球化的背景下，跨境资本流动虽然促进了国际资源的有效配置，但却因缺乏相应的约束机制而给世界各国造成了不利影响，其中最为严重的当属跨境资本流动所引致的系统性风险问题。历史经验表明，无论是 20 世纪 80 年代的拉美债务危机，还是 1997 年的亚洲金融危机，其背后都离不开跨境资本流动的身影：资产价格的上升会驱使跨境资本不断流入国内，造成过度投资和进一步价格膨胀，使资产价格形成了一种正反馈循环，直到"明斯基时刻"到来，资产价格出现下行预期，大规模资本流出国外，加剧了本币贬值和信用收缩，从而导致系统性风险和全面金融危机的爆发（Kindleberger and Aliber，2011）。然而，由于深受新自由主义思潮的影响，以 IMF 为主的国际货币体系监管机构不但没有对跨境资本流动实施有效的管制，反而助长了资本自由流动，并最终引致了 2008 年的国际金融危机。危机以来，大规模的跨境资本流动一直影响着我国经济的发展状况，特别是在 2015 年 "8·11" 汇改以后，跨境资本流动的顺周期性更加明显，短期资本的急剧流出很容易使经济偏离基本面，从而一度成为我国外汇储备下降、汇率贬值的主要原因（管涛，2018）。国内外实践表明，世界各国和国际组织必须重新审视跨境资本流动所带来的系统性风险问题，如果缺少对国际资本流动进行有效监管的全球框架，全球经济金融稳定则会长期受到严峻挑战（IMF，2010）。基于此，既有文献提出了三种可供选择的监管政策，即包括宏观经济政策、资本管制政策以及宏观审慎政策在内的资本流动管理框架（Ostry et al.，2011a；IMF，2011）。其中，前两种政策均存在一定程度的主观性和被动性，而以应对系统性风险为主要目标的宏观审慎政策本身则较为中性和主动，只有当资本大规模流入流出并有可能触发系统性风险时才会成为限制资本流动的管理工具，从而降低了监管政策本身对本国经济的负外部性，提升了监管效率。因此，宏观审慎政策对于跨境资本流动的影响机制和实践效果逐渐成为国内外学者普遍关注的对象。

（一）文献综述

既有文献关于宏观审慎政策对跨境资本流动影响的研究最早可以追溯至"托宾税"以及由此发展出的无息准备金等"类托宾税"系列工具（伍戈、严仕锋，2015）。经济学家詹姆斯·托宾在1972年提出了"托宾税"的概念，即对与货币兑换有关的跨境资本交易征税以控制资本过度流动。Sphan（1996）在托宾的基础上提出了一个"双层征税结构"：对普通跨境交易以低税率征税而对被认为是货币投机攻击的超短期交易以高税率征税。之后，国际组织和各国政府在这种"双层征税结构"的基础上创造了一系列管控跨境资本流动的"类托宾税"政策工具。显然，无论是"托宾税"还是"类托宾税"，都是针对跨境资本交易施加的管控措施，而对于跨境资本流动的具体渠道并没有过多的关注。

事实上，在梳理跨境资本流动渠道的基础上探究宏观审慎政策对其的管理效果是十分必要的，这不仅能够厘清跨境资本流动对于一国经济影响的具体机制，还可以在此基础上采用与之相匹配的宏观审慎政策对其进行管控，从而做到"有的放矢"，提升宏观审慎政策对于跨境资本流动的管控效率。Ostry et al.（2011b）认为，资本流入对于一国经济的影响渠道包括两种，一是宏观经济渠道，即大规模资本的迅速流入会使该国货币升值，外汇储备激增，从而影响该国的货币政策和财政政策效果；二是金融渠道，即资本急剧流入后会使该国的银行、企业以及居民的外债迅速增加，从而使金融体系脆弱性增强并导致国内系统性风险逐渐显现。Balakrishnan et al. （2013）按照是否直接影响外币负债而将跨境资本流动分为国内经济导向渠道与外汇相关导向渠道，并进一步将管控跨境资本流动的宏观审慎政策划分为与外币负债相关的审慎措施、住房审慎措施以及其他审慎措施。分析表明，在抑制私人部门净资本流入方面，针对外汇相关渠道的宏观审慎措施较国内经济导向渠道的效果更为显著，但程度却在减弱。Beirne and Friedrich （2014）也指出跨境资本流入国内的渠道不仅包括银行、企业等非居民渠道流，还存在一种包括居民在内的所有金融系统参与者的资本流入渠道，宏观审慎政策则因适用于金融系统参与者从而比一般的资本管制措施更具优势。国内学者张春生（2016）从银行和非银行两种体系分析了跨境资本的流入机制，认为通过银行体系的跨境资本流入不仅会对银行的资产、负债结构造成风险，还会通过银行贷款的增多而放大宏观经济风险；绕过银行体系流入的跨境资本则会导致企业和居民的资产负债结构风险，并通过风险转移而对宏观经济造成不利影响。葛奇（2017）也提出了发达国家和新兴市场国家之间跨境资本流动的两种形式，一种是金融危机之前的银行中介渠道，发达国家的资本以短期融资的形式流入新兴市场国家的银行，并通过扩大其非核心债务来加速资产负债规模；另一种是金融危机后的债务中介渠道，国际债券投资者通过购入新兴市场国家的债券进入其债券市场，从而扩大信贷规模。因此，为了提升监管效率，宏观审慎政策也应根据跨境资本流动的不同渠道进行划分，从而形成"分而治之"的监管局面。

既有文献关于宏观审慎政策对于跨境资本流动的管理效果并没有达成共识。Moghadam （2011）研究了 IMF 关于跨境资本流动管理的工作文件后发现资本管制和宏观审慎政策在管理跨境资本流动时所呈现的效果较为混杂。Habermeier et al. （2011）选取了 13 个有资本流入激增经历的国家，通过探究这些国家宏观审慎政策对资本流动的管理作用发现，大多数国家的宏观审慎政策会延长资本的到期期限，从而对资本流入的结构产生显著影响。Zhang and Zoli（2014）发现，贷款负债比限制、住房征税措施以及与外币约束相关的宏观审慎政策对于股权资本流入、信贷增长和银行杠杆率均存在显著的抑制作用。Bruno et al.（2017）对 12 个亚太国家的宏观审慎政策效果进行实证分析发现，针对银行部门和债券市场的宏观审慎政策分别在 2007 年和 2009 年之前开始对抑制银行资本和债券资本的剧烈流入产生显著效果。国内学者也从宏观审慎政策结合资本管制的角度探讨了其对跨境资本流动的管理效果。由于资本管制政策只有在特定条件下才能够使用，因此非歧视性的宏观审慎政策要比严苛的资本管制更加符合世界各国的监管需要，它能够保证在资本相对开放的同时对跨境资本流动进行有效的管理，从而防控系统性风险（葛奇，2017；徐璐，2016）。然而，也有部分学者对宏观审慎政策对于跨境资本流动管理的有效性提出了疑问。Lim et al.（2011）的研究表明，宏观审慎政策关于跨境资本监管的有效性并不明显，只有限制外币净敞口头寸的宏观审慎政策才能对资本流入结构产生明显的缓解作用。Ostry et al.（2012）的研究结果发现，尽管外汇相关的宏观审慎政策能够显著改善跨境资本流入的结构，但大多数宏观审慎政策对资本流动的影响都不显著。Akinci O. and Rumsey J. O.（2017）指出，在银行融资占主导的条件下，宏观审慎政策需要结合特定目标才会提升其有效性，如结合资本流动限制政策提升对跨境资本管理的有效性。Beirne and Friedrich（2017）也发现，在非居民银行贷款比重很高的情况下宏观审慎政策对控制跨境资本流入的有效性会降低。

通过对已有文献的回顾可以发现，探究宏观审慎政策对于跨境资本流动的管理作用需要首先厘清跨境资本流动的不同渠道，并在此基础上分析相应的宏观审慎政策对跨境资本流动管理的机制与效果。

（二）宏观审慎政策管控跨境资本流动的理论机制

根据国内外学者的分析，宏观审慎政策对跨境资本流动的影响机制会因具体政策侧重点的不同而有所差异，一方面，宏观审慎政策可以作用于银行体系和非银行体系来管控跨境资本流动；另一方面，宏观审慎政策还可以同时通过外汇渠道和非外汇渠道管控跨境资本流动。事实上，无论是通过银行体系渠道还是外汇资产渠道，各类宏观审慎政策在管控跨境资本流动时并不是相互独立的，单独讨论不同渠道的影响机制将有可能丢失部分有效信息。因此，如何在一个较为统一的理论框架内讨论上述问题是至关重要的。基于此，本章参考Agénor and Silva（2014）等的研究，构建了一个包括代表性厂商、家庭部门、商业银行以及中央银行在内的四部门模型，探究宏观审慎政策对于跨境资本流动的管理机制。

1. 代表性厂商

根据Agénor and Silva（2014）的分析，代表性厂商 t 期的总成本包括为工人发放的工资以及基于工资的贷款，即 $TC_t = W_t N_t + r_t W_t N_t = (1 + r_t) W_t N_t$。其中，$TC_t$ 为 t 期总成本，W_t 为 t 期工资水平，N_t 为 t 期的劳动力数量，r_t 为银行确定的基准利率水平。总产出则由生产函数 $Y_t = N_t^\alpha$ 确定，其中系数 $0 < \alpha < 1$。令 t 期商品价格水平为 P_t，则厂商面临的最大化问题为 $Max\, P_t N_t^\alpha - (1 + r_t) W_t N_t$，对 N_t 求导得到最大化利润下的劳动力需求为 $N_t = \left[\dfrac{(1 + r_t)\, W_t}{\alpha P_t} \right]^{-\frac{1}{1-\alpha}}$。假定工人议价能力较低，从而 t 期的工资水平可以近似等于 $t-1$ 期的商品价格水平，即 $W_t = P_{t-1}$，从而有

$$\frac{W_t}{P_t} = \frac{P_{t-1}}{P_t} = \frac{1}{\dfrac{P_t}{P_{t-1}}} = \frac{1}{1 + \dfrac{P_t - P_{t-1}}{P_{t-1}}} = \frac{1}{1 + \pi_t} \tag{7.1}$$

其中，π_t 为 t 期的通胀水平，假定短期内通胀水平保持稳定，故 $\pi_t = \pi$ 为常数。所以 t 期代表性厂商的实际工资总成本为

$$\frac{N_t}{1 + \pi} = \left(\frac{\alpha}{1 + r_t}\right)^{\frac{1}{1-\alpha}} \cdot (1 + \pi)^{\frac{\alpha}{1-\alpha}} \tag{7.2}$$

2. 代表性家庭

根据哈里斯（2017）的分析，代表性家庭 t 时期的消费水平 C_t 可以由该家庭的净资产大小表示，而家庭净资产则可表示为其资产负债表资产端的货币资产（存款 D_t）与证券资产（A_t）之和减去负债端的家庭贷款（L_t^R），即 $C_t = D_t + A_t - L_t^R$。此外，消费、储蓄和总产出的关系可表示为 $C_t = (1 - s)Y_t = \dfrac{1 - s}{s} D_t$，其中 s 为储蓄率，$D_t = sY_t$。因此，综合上述两式可得①：

$$L_t^R = A_t + \frac{2s - 1}{s} D_t \tag{7.3}$$

假定家庭的证券资产 A_t 既包括国内资产，也包括与外汇相关的国外资产，且两种资产会分别受到相应宏观审慎政策的影响，因此 A_t 可表示为与外汇相关的宏观审慎工具 MPI_t^F 和其他国内宏观审慎工具 MPI_t^D 的函数，即 $A_t = A(MPI_t^F, MPI_t^D)$，$\dfrac{\partial A_t}{\partial MPI_t^F} > 0$，$\dfrac{\partial A_t}{\partial MPI_t^D} > 0$。存款 D_t 可表示为基准利率 r_t 的函数，$D_t = D(r_t)$，$D'(r_t) > 0$。从而式（7.3）变为

$$L_t^R = A(MPI_t^F, MPI_t^D) + \frac{2s - 1}{s} D(r_t) \tag{7.4}$$

---

① $\dfrac{1 - s}{s} D_t = D_t + A_t - L_t^R$，从而有 $L_t^R = A_t + D_t - \dfrac{1 - s}{s} D_t = A_t + \dfrac{2s - 1}{s} D_t$。

3. 商业银行

参考兰德尔·雷（2017）的分析，为方便后续讨论，本章将商业银行通过货币乘数 k 创造出的信贷货币简化为基于外汇的贷款 L_t^F 与基于国内的贷款 L_t^D 两个部分，而后者又包括居民贷款 L_t^R 和企业贷款 L_t^E。一方面，根据式（7.4），居民贷款 $L_t^R = A(MPI_t^F, MPI_t^D) + \frac{2s-1}{s}D(r_t)$；另一方面，企业贷款 L_t^E 取决于基于实际工资水平的贷款 L_t^W 和企业投资贷款 L_t^I，即 $L_t^F = L_t^W + L_t^I$。根据式（7.1）和式（7.2），$L_t^W = \frac{(1+r_t)W_tN_t}{P_t} = \frac{(1+r_t)N_t}{1+\pi} = \alpha^{\frac{1}{1-\alpha}} \cdot \left(\frac{1+\pi}{1+r_t}\right)^{\frac{\alpha}{1-\alpha}}$，而企业投资贷款 L_t^I 则可简化为关于基准利率的函数：$L_t^I = L_0^I - \varepsilon_t \cdot (r_t + \Delta r_t)$。其中 Δr_t 为利率溢价，$r_t + \Delta r_t$ 为风险利率；ε_t 表示企业投资贷款对宏观审慎政策的反映度，为值域大于零的函数，即 $\varepsilon_t = \varepsilon(MPI_t^D) > 0$。从而企业贷款 L_t^E 可表示为

$$L_t^E = \alpha^{\frac{1}{1-\alpha}} \cdot \left(\frac{1+\pi}{1+r_t}\right)^{\frac{\alpha}{1-\alpha}} + L_0^I - \varepsilon(MPI_t^D) \cdot (r_t + \Delta r_t) \qquad (7.5)$$

4. 中央银行

根据中央银行资产负债表的结构，央行的基础货币 H 可以表示为央行持有的对外金融资产净额、政府债权资产净额、商业银行债权以及其他资产净额的总和，从而可以进一步简化为国外净资产 FX 与国内信贷 CR 之和，即 $H = FX + CR$。令 FX 与 H 之比为 μ，且 $0 < \mu < 1$，则 CR 与 H 之比为 $1-\mu$，从而有 $H = \frac{FX}{\mu} = \frac{CR}{1-\mu}$，这表明，央行基础货币的投放渠道可以分为基于外汇净资产的投放渠道和基于国内信贷的投放渠道。事实上，大多数发展中国家普遍采用的是第一种渠道被动地投放基础货币，但近年来随着国内外经济形势的变化，发展中国家也逐渐具备了采用第二种渠道主动投放基础货币的条件（尹继志，

2015）。为考察宏观审慎政策对于跨境资本流动的管控作用，本章着重分析基础货币投放的第一种渠道，即 $H = \dfrac{FX}{\mu}$。基础货币通过国外净资产渠道而投放出来后会进入商业银行，而商业银行则会通过向居民和企业等部门发放贷款的方式创造出广义货币 M。货币乘数 k 可表示为法定存款准备金率 λ 的函数，即 $k = k(\lambda)$，$k'(\lambda) < 0$，从而 t 期的广义货币 M_t 为

$$M_t = k(\lambda) \cdot H_t = k(\lambda) \cdot \frac{FX_t}{\mu} \tag{7.6}$$

由于广义货币主要用于外汇贷款以及国内的居民、企业贷款，故又有：

$$M_t = L_t^F + L_t^R + L_t^E \tag{7.7}$$

综合式（7.4）、式（7.5）、式（7.6）以及式（7.7）可以得到：

$$k(\lambda) \cdot \frac{FX_t}{\mu} = L_t^F + A(MPI_t^F, MPI_t^D) + \frac{2s-1}{s}D(r_t) + \alpha^{\frac{1}{1-\alpha}} \cdot \left(\frac{1+\pi}{1+r_t}\right)^{\frac{\alpha}{1-\alpha}}$$
$$+ L_0^I - \varepsilon(MPI_t^D) \cdot (r_t + \Delta r_t) \tag{7.8}$$

移项后可以进一步得到国外净资产 FX 的表达式：

$$FX_t = \frac{\mu}{k(\lambda)} \cdot \left[\begin{array}{l} L_t^F + A(MPI_t^F, MPI_t^D) + \dfrac{2s-1}{s}D(r_t) \\[2mm] + \prod \cdot \left(\dfrac{1}{1+r_t}\right)^{\frac{\alpha}{1-\alpha}} + L_0^I - \varepsilon(MPI_t^D) \cdot (r_t + \Delta r_t) \end{array} \right]$$

$$\tag{7.9}$$

其中，$\prod = \alpha^{\frac{1}{1-\alpha}} \cdot (1 + \pi)^{\frac{\alpha}{1-\alpha}}$。根据 Maddaloni and Peydró（2013），Angelini et al.（2014）以及 Aikman et al.（2016）的分析，宏观审慎政策会影响货币政策工具的施行，从而会影响利率的变化。因此，t 期的利率 r_t 可以表示为 MPI_t^F 和 MPI_t^D 的函数，即 $r_t = r(MPI_t^F, MPI_t^D)$。式（7.9）两边分别对 MPI_t^F 和 MPI_t^D 求导，可以得到两类

宏观审慎政策对于跨境资本净额的影响机制

$$\frac{\partial FX_t}{\partial MPI_t^F} = \frac{\mu}{k(\lambda)} \cdot \left\{ \frac{\partial L_t^F}{\partial MPI_t^F} + \frac{\partial A_t}{\partial MPI_t^F} + \frac{\partial r_t}{\partial MPI_t^F} \right.$$

$$\left. \cdot \left[\frac{2s-1}{s} D'(r_t) + \frac{\alpha \prod}{\alpha-1} \cdot \left(\frac{1}{1+r_t} \right)^{\frac{1}{1-\alpha}} - \varepsilon(MPI_t^D) \right] \right\}$$

$$(7.10)$$

$$\frac{\partial FX_t}{\partial MPI_t^D} = \frac{\mu}{k(\lambda)} \cdot \left\{ \frac{\partial A_t}{\partial MPI_t^D} - \varepsilon'(MPI_t^D) \cdot (r_t + \Delta r_t) + \frac{\partial r_t}{\partial MPI_t^D} \right.$$

$$\left. \cdot \left[\frac{2s-1}{s} D'(r_t) + \frac{\alpha \prod}{\alpha-1} \cdot \left(\frac{1}{1+r_t} \right)^{\frac{1}{1-\alpha}} - \varepsilon(MPI_t^D) \right] \right\}$$

$$(7.11)$$

5. 宏观审慎政策管控跨境资本流动的两种机制

首先，宏观审慎政策会通过外汇净资产占比 μ 和法定准备金率 λ 的变动来管理跨境资本流动。一方面，一国基础货币的投放渠道会直接影响该国宏观审慎工具管理跨境资本流动的能力，基础货币越依赖于外汇资产渠道进行投放，采用宏观审慎工具来限制跨境资本流动的作用就越大；另一方面，作为一种重要的宏观审慎工具，法定准备金率 λ 的调整会直接控制跨境资本流动的规模，当 λ 增加时，$k(\lambda)$ 会降低，从而 $\frac{\partial FX_t}{\partial MPI_t^F}$（或 $\frac{\partial FX_t}{\partial MPI_t^D}$）提升，即加强宏观审慎的约束（降低 MPI_t^F 或 MPI_t^D）会减少外汇净资产规模 FX_t。

其次，式（7.10）和式（7.11）表明，宏观审慎政策可以通过两种机制管控跨境资本流动，一是外汇相关宏观审慎工具（MPI^F）管控机制；二是国内其他宏观审慎工具（MPI_t^D）管控机制。不难看出，两种机制具有共同特征：它们在管控跨境资本流动时均会受到利率对

于资本管制的间接影响。在上述两式中，令 $\Theta_t = \dfrac{2s-1}{s} D'(r_t) +$

$\dfrac{\alpha \prod}{\alpha - 1} \cdot \left(\dfrac{1}{1 + r_t} \right)^{\frac{1}{1-\alpha}} - \varepsilon(MPI_t^D)$，则 Θ_t 可以进一步改写为

$$\Theta_t = \frac{\partial(L_t^R + L_t^W + L_t^I)}{\partial r_t} \tag{7.12}$$

这表明，Θ_t 代表了单位利率变动所导致的居民贷款与企业贷款的变动，即利率作用下的资本变动情况。第一，世界银行资料显示，全球各国储蓄率 s 大致为 $10\% \sim 50\%$，故 $2s - 1 < 0$，从而有 $\dfrac{2s-1}{s}$

$D'(r_t) < 0$；第二，由于 $0 < \alpha < 1$，故 $\dfrac{\alpha \prod}{\alpha - 1} \cdot \left(\dfrac{1}{1 + r_t} \right)^{\frac{1}{1-\alpha}} < 0$；第三，由于 $\varepsilon(MPI_t^D) > 0$，从而有 $-\varepsilon(MPI_t^D) < 0$。综上可知，$\Theta_t < 0$。因此，国内基准利率的上升会严格抑制国内各类形式的贷款，作为中间传导机制，其会通过外汇相关宏观审慎工具或国内其他宏观审慎工具作用于利率后而进一步影响跨境资本流动。

在外汇相关宏观审慎工具（MPI^F）管控机制方面，MPI^F 对于 FX_t 的影响方向决定了其管控的有效性。显然，根据式（7.10），只有在加强宏观审慎约束能够降低外汇净资产的时候，即当且仅当 $\dfrac{\partial FX_t}{\partial MPI_t^F} > 0$ 时，外汇相关宏观审慎工具才会有效管控跨境资本流动。由于 $\Theta_t < 0$，且根据定义可知，加强宏观审慎的约束（降低 MPI_t^F）会降低外汇贷款和居民资产价格，即等式右边的 $\dfrac{\partial L_t^F}{\partial MPI_t^F} > 0$，$\dfrac{\partial A_t}{\partial MPI_t^F} > 0$。因此，外汇相关宏观审慎政策管控跨境资本流动的有效性取决于 $\dfrac{\partial r_t}{\partial MPI_t^F}$ 的符号，即取决于宏观审慎政策与资本管制政策、经济开放政策等其他利

率相关政策的配合效果。当宏观审慎政策与资本管制政策等利率相关政策的作用方向一致时，$\dfrac{\partial r_t}{\partial MPI_t^F} \leq 0$，从而有 $\dfrac{\partial FX_t}{\partial MPI_t^F} > 0$。在这种情况下，外汇相关宏观审慎工具会通过降低外汇贷款、居民资产价格以及减少利率作用下国内各类贷款的方式来有效管控跨境资本流动。当宏观审慎政策与资本管制政策等利率相关政策的作用方向不一致时，即当宏观审慎政策没有与利率相关政策有效配合时，$\dfrac{\partial r_t}{\partial MPI_t^F} > 0$，外汇相关宏观审慎工具管控跨境资本流动的有效性就取决于 $\dfrac{\partial L_t^F}{\partial MPI_t^F} +$ $\dfrac{\partial A_t}{\partial MPI_t^F}$ 与 $\dfrac{\partial r_t}{\partial MPI_t^F} \cdot \Theta_t$ 的大小。事实上，在开放经济条件下，利率的变动与宏观经济的开放程度或国际化程度联系密切，外汇相关宏观审慎工具对于利率的影响在很大程度上受到宏观经济开放程度的制约，如果宏观审慎政策能够在一定程度上降低开放度，那么由其引致的利率的负向变动就有减轻的可能，即 $\dfrac{\partial r_t}{\partial MPI_t^F}$ 的数值会相对减小，使 $\dfrac{\partial FX_t}{\partial MPI_t^F} = \dfrac{\partial L_t^F}{\partial MPI_t^F} + \dfrac{\partial A_t}{\partial MPI_t^F} + \dfrac{\partial r_t}{\partial MPI_t^F} \cdot \Theta_t > 0$，从而实现了外汇相关宏观审慎工具对跨境资本流动的有效控制。反之，则不利于对跨境资本流动的管控。

国内其他宏观审慎工具（MPI^D）管控机制方面。一方面，考虑 $-\varepsilon'(MPI_t^D) \cdot (r_t + \Delta r_t)$ 的符号，由于国内宏观约束的提升（降低 MPI_t^D）会降低企业投资信贷 L_t^W 的数值，使企业投资贷款对宏观审慎政策的反应更为明显，即 $\varepsilon(MPI_t^D)$ 上升，从而有 $\varepsilon'(MPI_t^D) < 0$，即 $-\varepsilon'(MPI_t^D) \cdot (r_t + \Delta r_t) > 0$。另一方面，根据上文分析，$\dfrac{\partial A_t}{\partial MPI_t^D} > 0$，

$\Theta_t < 0$。因此，类似于外汇相关宏观审慎工具管控机制，国内其他宏观审慎工具管控跨境资本流动的效果也取决于宏观审慎政策与资本管制政策、经济开放政策等其他利率相关政策的配合效果，即 $\dfrac{\partial r_t}{\partial MPI_t^D}$ 的符号。当 $\dfrac{\partial r_t}{\partial MPI_t^D} \leqslant 0$ 时，国内其他宏观审慎工具会通过降低居民资产价格、提升企业投资的宏观审慎政策反映度以及通过减少利率作用下国内各类贷款的方式来有效管控跨境资本流动；当 $\dfrac{\partial r_t}{\partial MPI_t^D} > 0$ 时，只有在宏观审慎政策对于利率的负向影响不明显的情况下，即 $\dfrac{\partial r_t}{\partial MPI_t^D}$ 较小时，才能实现国内其他宏观审慎工具对跨境资本流动的有效控制。

（三）宏观审慎政策管控跨境资本流动的经验证据

根据理论部分的分析，宏观审慎政策管控跨境资本流动的机制包括外汇相关宏观审慎机制和国内其他宏观审慎机制，且每种机制都包括外汇贷款、居民资产、企业贷款以及开放经济条件下的利率政策相关性等具体传导渠道。事实上，按照 Ostry et al.（2012）的分析，上述机制的具体传导渠道可以分为两种：基于银行部门的渠道和基于其他金融部门的渠道，但这两种渠道又是相互交织的，难以完全区分开。因此，本章在借鉴既有研究的基础上，构建了一个既囊括两种渠道又包含宏观经济开放程度的计量模型，实证分析宏观审慎政策对于跨境资本流动的管控效果。

$$CF_{i,t} = a_i + b_1 CF_{i,t-1} + b_2 OPEN_{i,t} + b_3 GMPIE_{i,t}$$
$$+ b_4 MPI_{i,t} + b_5 MPI \cdot OPEN_{i,t} + b_5 Z_{i,t} + \varepsilon_{i,t} \quad (7.13)$$

式（7.13）为检验宏观审慎政策管控跨境资本流动的动态面板模

型，其中，i 代表样本所包含的国家数量，t 为时间变量；被解释变量 CF 为跨境资本净流入规模；解释变量中，$OPEN$ 为开放型宏观经济政策，$GMPIE$ 为 IMF 统计的全球各国宏观审慎政策工具使用量；MPI 为虚拟变量，表示具体宏观审慎政策工具的使用，其取值为 1 代表使用了该工具，取值为 0 则代表没有使用该工具；交叉项 $MPI \cdot OPEN$ 则体现了宏观审慎政策如何通过影响开放型宏观经济政策而管控跨境资本流动；Z 为控制变量，包括经济增长水平、汇率水平、通胀水平以及储蓄率水平等变量。

1. 变量选取与数据来源

首先，国内外文献中衡量跨境资本流动规模的变量主要有两类，一类是外商直接投资与证券投资净资产之和，不包括银行信贷等其他投资的资产（Alfaro et al.，2008）；另一类是国际收支平衡表中的外商直接投资、证券投资以及其他投资（主要是银行信贷）的资产总和（Broto et al.，2008）。据此，本章将分别检验宏观审慎政策对两类跨境资本流动规模的管控效果，前者简写为 CF1，后者简写为 CF2。其次，为了准确度量各类开放经济政策指标，本章提炼出了与利率变化密切相关的三种经济开放指标，即贸易开放指标（Traopen）、资本项目开放指标（Kaopen）以及金融市场深化指标（Deepness），并对其加权平均后得到一个宏观经济政策开放度的指标 $OPEN$。其中，Traopen 的数据为进出口总额占 GDP 的百分比，Kaopen 的数据为百分比标准化的 Chinn – Ito 金融开放指数，Deepness 的数据为 M2 占 GDP 的百分比。再次，本章借鉴 Claessens（2015）的分析，从两种角度选取 8 个宏观审慎工具纳入模型。一是基于约束目标主体的角度，包括以居民等借款者为目标约束的 LTV（贷款价值比）和 DTI（债务收入比）；以银行等金融机构资产端为目标约束的 FX（外汇贷款限制）；以银行等金融机构负债端为目标约束的 RR（法定存款准备金率）；以及从时间和空间维度应对资本剧烈波动的 CC（逆周期资本缓冲）、LLP（动态贷款损失准备）以及 SIFI（系统重要性金融机构追加资本）、INT（银行间风险限制）。二是基于工具使用频率的角度。使用最多的前 6 种工具分别为 LTV（28%）、DTI（24%）、RR（15%）、FX（14%）、LLP（8%）以及 CC（2%）。最后，IMF 给出的衡量全球宏观审慎政策工具数量的 GMPIE 也作为核心解释变量纳入模型。另外，为了控制除宏观审慎政策工具之外的其他变量对于跨境资本流动的管控作用，本章将不同国家的 GDP 增长率、本币对美元汇率、消费者价格指数以及储蓄率作为控制各国经济增长水平、汇率水平、通胀水平以及储蓄水平的代理变量纳入模型。

本章选取的样本区间为全球主要的 130 个国家 2000 年至 2016 年的面板数据。具体变量及数据说明如表 7 - 3 所示。

表 7 - 3　变量选取及数据来源

变量性质	变量名称	代理变量	英文缩写	数据来源
被解释变量	第一类跨境资本流入规模	FDI + 证券投资的净资产	CF1	IFS
	第二类跨境资本流入规模	FDI + 证券投资 + 其他投资的总资产	CF2	
核心解释变量	经济政策开放度	Traopen、Kaopen 和 Deepness 的平均值	OPEN	
	全球宏观审慎政策工具量	—	GMPIE	IMF
	具体宏观审慎政策工具	贷款价值比	LTV	
		债务收入比	DTI	
		法定存款准备金率	RR	
		外汇贷款限制	FX	
		逆周期资本缓冲	CC	
		动态贷款损失准备	LLP	
		系统重要性金融机构追加资本	SIFI	
		银行间风险限制	INT	

变量性质	变量名称	代理变量	英文缩写	数据来源
控制变量	经济增长水平	GDP 增长率	GDP	世界银行数据库
	汇率水平	本币对美元汇率	EXR	
	通胀水平	消费者价格指数	CPI	
	储蓄水平	储蓄率	SR	

2. 模型估计

由于模型的解释变量包含了被解释变量的滞后项，因此传统方法在估计该模型时会出现内生性问题，使估计结果有偏且非一致。因此，本章采用 Arellano and Bover（1995）提出的动态面板广义矩估计（GMM）对其进行估计，该方法可以通过恰当使用工具变量的方法解决内生性问题，得到比其他估计方法更为有效的参数估计量。

模型关于第一类跨境资本流入的估计结果如表 7-4 所示。首先，宏观经济政策开放度与跨境资本流入具有同向性，开放程度的提升会相应扩大资本流入规模，但受到宏观审慎政策的约束，回归结果中 OPEN 的系数并不显著。其次，不同类型的宏观审慎工具管控跨境资本流动时存在明显差异。以银行等金融机构资产端和负债端为目标约束的 FX、RR 以及从时间和空间维度应对资本剧烈波动的 CC、LLP 和 SIFI、INT 等宏观审慎工具在管控跨境资本流动时较为有效，而以居民等借款者为目标约束的 LTV 和 DTI 则没有表现出对于跨境资本流动的限制效果。这表明，宏观审慎政策主要是通过直接限制金融机构资产和负债并辅以资本在时间和空间上缓冲的渠道来管控跨境资本流动，其他管控跨境资本流动的渠道并不具有明显效果。最后，宏观审慎政策并没有能够通过降低经济开放程度对于跨境资本流动的正向刺激来有效管理资本流动规模。按照理论部分的分析，如果宏观审慎政策没有能够很好地配合其他利率政策，那么宏观审慎政策会导致利率负向变动，此时，管控跨境资本流动的效果就在于是否能够降低经济开放程度，从而降低利率变动大小，实现对跨境资本的限制。模型回归结果表明，无论是整体回归还是基于不同宏观审慎工具的单独回归，交叉项 $MPI \cdot OPEN$ 系数大多为正，即宏观审慎没有降低开放经济对于跨境资本流动的正向影响。在这种情况下，宏观审慎政策如果无法与货币政策、资本管制政策等利率相关政策形成紧密的配合，那么其对于跨境资本的限制作用就会大打折扣。

表 7 - 4　模型回归结果

变量	回归1	回归2	回归3	回归4	回归5	回归6	回归7	回归8	回归9
CF1(-1)	0.13 *** (5.76)	0.14 *** (6.86)	0.14 *** (7.07)	0.14 *** (6.95)	0.14 *** (6.64)	0.14 *** (7.11)	0.14 *** (6.82)	0.14 *** (6.87)	0.14 *** (7.32)
OPEN	0.08 (0.49)	0.06 (0.47)	0.03 (0.20)	0.05 (0.32)	0.11 (0.63)	0.06 (0.41)	0.07 (0.50)	0.09 (0.54)	0.07 (0.44)
GMPIE	0.02 (0.33)	0.01 (0.10)	0.02 (0.29)	0.02 (0.32)	0.05 (1.24)	0.02 (0.50)	0.04 (0.81)	0.01 (0.26)	0.04 (0.89)
LTV	0.28 * (1.76)	0.16 (1.19)							
OPEN × LTV	-0.18 (-1.33)	-0.08 (-0.97)							
DTI	0.12 (0.83)		0.07 (0.58)						
OPEN × DTI	0.04 (0.38)		0.06 (1.07)						
RR	-0.26 (-1.21)			0.16 (0.95)					
OPEN × RR	0.11 (1.61)			0.16 *** (3.27)					
FX	-1.09 ** (-2.25)				-0.75 (-1.49)				
OPEN × FX	0.10 (1.35)				0.22 *** (1.04)				

续表

变量	回归1	回归2	回归3	回归4	回归5	回归6	回归7	回归8	回归9
CC	-0.16					0.02			
	(-0.62)					(0.12)			
OPEN×CC	0.11					0.20			
	(0.51)					(0.79)			
LLP	-0.29***						-0.31***		
	(-3.05)						(-3.27)		
OPEN×LLP	0.23***						0.39***		
	(3.09)						(4.37)		
SIFI	-0.67**							-0.78**	
	(-2.13)							(-2.33)	
OPEN×SIFI	0.95***							1.20***	
	(3.30)							(4.05)	
INT	-0.01								-0.16**
	(-0.11)								(-1.97)
OPEN×INT	-0.02								0.15**
	(-0.28)								(2.53)
GDP	0.02*	0.03***	0.03***	0.03***	0.03**	0.03**	0.02*	0.02**	0.03**
	(1.65)	(2.62)	(2.60)	(2.33)	(2.21)	(2.62)	(1.72)	(1.89)	(2.42)
EXR	-0.003	-0.002	0.007	0.003	-0.003	-0.001	-0.001	-0.01	-0.001
	(-0.31)	(-0.2)	(0.75)	(0.25)	(-0.24)	(-0.15)	(-0.03)	(-1.03)	(-0.11)
CPI	0.05	0.02	0.04	0.03	0.02	0.02	0.02	0.01	0.02
	(1.60)	(0.54)	(1.51)	(0.92)	(0.75)	(0.63)	(0.69)	(0.36)	(0.55)
SR	0.05	-0.07	0.02	-0.06	-0.02	-0.07	-0.03	-0.05	-0.05
	(0.46)	(-0.75)	(0.15)	(-0.68)	(-0.24)	(-0.74)	(-0.37)	(-0.55)	(-0.53)
AR（1）检验	0.0000	0.0000	0.0000	0.0002	0.0001	0.0001	0.0001	0.0001	0.0002
AR（2）检验	0.1968	0.2608	0.2830	0.2646	0.2182	0.2654	0.2431	0.2249	0.2787
Sargan检验	0.4481	0.3212	0.2605	0.2963	0.4300	0.3381	0.4402	0.3587	0.3329

注：括号内为 t 值；*、**、***分别表示在10%、5%、1%的水平上显著；AR（1）、AR（2）与 Sargan 检验输出结果为 P 值。AR（2）检验和 Sargan 检验结果表明，模型不存在工具变量过度识别的问题，且模型回归结果中也不存在显著的残差2阶序列相关问题。因此，回归结果有效，GMM 回归中的工具变量选取是合理的。

3. 稳健性检验

为了充分证实宏观审慎工具管控跨境资本流动的有效性，本章利用第二类跨境资本流入规模（CF2），即涵盖外商直接投资、证券投资以及其他投资（主要是银行信贷）总资产的跨境资本流入，对原模型进行稳健性检验，回归结果如表7-5所示。

表7-5　稳健性检验结果

变量	回归1	回归2	回归3	回归4	回归5	回归6	回归7	回归8	回归9
CF2(-1)	0.20 ***	0.18 ***	0.18 ***	0.18 ***	0.19 ***	0.19 ***	0.17 ***	0.18 ***	0.17 ***
	(13.34)	(21.02)	(27.31)	(33.03)	(15.33)	(25.39)	(25.98)	(7.42)	(21.72)
OPEN	1.03	2.73 ***	1.90 ***	0.36 ***	0.03	2.27 ***	2.42 ***	0.08	2.55 ***
	(0.31)	(5.92)	(5.99)	(4.32)	(0.31)	(4.87)	(6.14)	(0.64)	(5.76)
GMPIE	-0.35 ***	-0.14 **	-0.15 ***	-0.08 **	-0.05	-0.11 **	-0.09 **	-0.08	-0.07
	(-2.68)	(-2.45)	(-2.85)	(-2.07)	(-0.55)	(-2.03)	(-2.31)	(-0.69)	(-1.45)
LTV	1.55 ***	1.29 ***							
	(4.44)	(5.68)							
OPEN × LTV	-0.30 ***	-0.21 ***							
	(-3.63)	(-5.35)							
DTI	1.24 ***		1.85 ***						
	(3.24)		(8.11)						
OPEN × DTI	0.22 *		-0.01						
	(1.81)		(-0.2)						
RR	-0.11			-0.17					
	(-0.15)			(-0.46)					
OPEN × RR	-0.01			-0.09 ***					
	(0.21)			(-3.42)					
FX	-0.49				-0.11				
	(-1.23)				(-0.27)				
OPEN × FX	-0.28 *				-0.32 **				
	(-1.81)				(-2.26)				
CC	0.69 *					-0.12			
	(1.71)					(-0.62)			

续表

变量	回归1	回归2	回归3	回归4	回归5	回归6	回归7	回归8	回归9
OPEN × CC	0.42 **					0.51 ***			
	(2.13)					(3.92)			
LLP	−0.59 ***						−0.38 ***		
	(−4.19)						(−6.01)		
OPEN × LLP	0.32 **						0.14 ***		
	(2.21)						(2.86)		
SIFI	1.26 ***							0.78 *	
	(3.79)							(1.92)	
OPEN × SIFI	−0.80 ***							−0.56 **	
	(−2.93)							(−2.01)	
INT	−0.04								−0.19 ***
	(−0.32)								(−4.85)
OPEN × INT	0.13								0.08 **
	(1.56)								(1.95)
GDP	0.17 ***	0.15 ***	0.16 ***	0.16 ***	0.17 ***	0.10 ***	0.16 ***	0.16 ***	0.16 ***
	(8.70)	(16.92)	(16.68)	(17.59)	(9.15)	(6.00)	(16.97)	(8.19)	(15.72)
EXR	0.02	0.02	−0.002 **	0.01 *	0.03 **	0.01	0.02 ***	0.03 **	0.01
	(0.33)	(1.45)	(−0.23)	(1.92)	(2.18)	(1.41)	(2.66)	(2.41)	(1.32)
CPI	−0.004	−0.02	−0.02	−0.03 **	0.01	−0.01	−0.02	−0.02	−0.01
	(−0.14)	(−1.15)	(−1.23)	(−2.07)	(0.31)	(−0.55)	(−1.33)	(−0.48)	(−0.63)
SR	0.30	0.36 **	−0.01	0.25 *	0.39 *	0.22	0.32 **	0.34	0.23
	(1.52)	(2.49)	(−0.13)	(1.71)	(1.94)	(1.26)	(2.26)	(1.45)	(1.45)
AR (1) 检验	0.0000	0.0000	0.0000	0.0000	0.0000	0.0000	0.0000	0.0000	0.0000
AR (2) 检验	0.1719	0.1130	0.1357	0.1827	0.1232	0.1059	0.1896	0.1005	0.1044
Sargan 检验	0.5091	0.2815	0.2312	0.1499	0.2766	0.2672	0.1508	0.2456	0.2167

注：括号内为t值；*、**、***分别表示在10%、5%、1%的水平上显著；AR（1）、AR（2）与Sargan检验输出结果为P值。AR（2）检验和Sargan检验结果表明，模型不存在工具变量过度识别的问题，且模型回归结果中也不存在显著的残差2阶序列相关问题。因此，回归结果有效，GMM回归中的工具变量选取是合理的。

模型的稳健性回归表明，当第二类跨境资本流动规模作为被解释变量时，基础模型的解释力进一步得到加强。然而，不同于基础模型中宏观审慎工具对于跨境资本流动直接限制的渠道，稳健性检验更加侧重于通过降低宏观经济开放程度的方式来间接限制跨境资本流动。具体而言，一方面，CF2 的一阶滞后项系数要显著大于基础模型中CF1 的一阶滞后项系数，表明稳健性回归比基础模型的回归结果包含了被解释变量滞后项的更多信息，从而具有更高的有效性。GMPIE 系数显著为负也同样说明多维宏观审慎工具的综合可以更为有效地管制第二类跨境资本流动规模。另一方面，除了以银行等金融机构资产端和负债端为目标约束的 FX、RR 等宏观审慎工具会直接限制第二类跨境资本流动规模外，其他各类宏观审慎工具并不具有限制跨境资本流动的效果。但无论是整体回归，还是单一宏观审慎工具的回归，交叉项 $MPI \cdot OPEN$ 的系数大多为负，这表明宏观审慎工具 MPI 实施后，可以通过降低 $OPEN$ 对于第二类跨境资本流动的正向刺激来限制跨境资本流动规模。在这种情况下，即使宏观审慎工具无法与货币政策、资本管制等利率政策相关工具形成有效配合，其也会通过减轻对利率政策的负向影响来管控第二类跨境资本的流动规模。

4. 进一步分析

综合基础模型和稳健性检验的回归结果可知，跨境资本流动规定的不同会引致出宏观审慎的不同管控效果，因此，剖析跨境资本流动规模的内在结构有助于进一步厘清宏观审慎政策对其的管理作用。按照 Alfaro et al.（2008）以及 Broto et al.（2008）对于跨境资本流动规模的规定，本章将其拆分为三部分，即外商直接投资的净资产（FDI）、证券组合投资的净资产（POR）以及主要成分为银行信贷的其他投资（OTHER），分别将其作为被解释变量展开回归。具体结果如表 7 – 6 所示。

表7-6 进一步分析结果

变量	FDI	POR	OTHER
FDI(-1)	0.09 *** (5.55)		
POR(-1)		0.09 ** (1.98)	
OTHER(-1)			0.18 *** (9.51)
OPEN	0.33 ** (2.35)	0.25 * (1.89)	1.42 *** (5.46)
GMPIE	-1.09 *** (-5.64)	1.23 *** (3.07)	-0.37 (-0.8)
LTV	0.52 (1.01)	-0.85 (-0.72)	1.53 (1.11)
OPEN × LTV	0.12 (0.58)	0.79 * (1.75)	-0.03 (-0.11)
DTI	2.90 *** (3.69)	-2.69 (-0.71)	1.41 (1.53)
OPEN × DTI	-0.17 * (-0.44)	-1.61 * (-1.81)	-0.34 (-1.21)
RR	-1.27 (-1.07)	-3.48 ** (-2.06)	3.79 * (1.85)
OPEN × RR	-0.42 ** (-2.12)	0.23 (1.48)	0.21 (0.62)
FX	-0.12 (-0.15)	-3.24 * (-1.86)	0.46 (0.25)
OPEN × FX	0.42 * (1.85)	0.09 (0.11)	-0.12 *** (-4.69)
CC	1.61 ** (2.56)	-4.36 * (-1.76)	2.56 (1.32)
OPEN × CC	0.92 ** (2.38)	1.38 (1.22)	-1.84 (-1.32)

续表

变量	*FDI*	*POR*	*OTHER*
LLP	− 0. 81 ***	1. 21 *	0. 71
	(− 3. 17)	(2. 32)	(1. 41)
OPEN × LLP	0. 45	− 0. 09	− 1. 19 *
	(1. 62)	(− 1. 07)	(− 1. 73)
SIFI	0. 61	− 0. 19	0. 96
	(0. 98)	(− 1. 24)	(0. 98)
OPEN × SIFI	− 0. 88 *	0. 51	− 0. 21 *
	(− 2. 01)	(0. 73)	(− 1. 98)
INT	− 0. 29	− 0. 61 *	− 0. 27
	(− 1. 43)	(− 1. 78)	(− 1. 19)
OPEN × INT	0. 13	0. 11	0. 49
	(0. 59)	(0. 41)	(1. 18)
AR（1）检验	0. 0000	0. 0000	0. 0000
AR（2）检验	0. 8211	0. 2105	0. 3120
Sargan 检验	0. 5091	0. 2662	0. 4154

注：为缩短篇幅，没有给出控制变量回归结果；括号内为 t 值；＊、＊＊、＊＊＊分别表示在 10%、5%、1% 的水平上显著；AR（1）、AR（2）与 Sargan 检验输出结果为 P 值。AR（2）检验和 Sargan 检验结果表明，模型不存在工具变量过度识别的问题，且模型回归结果中也不存在显著的残差 2 阶序列相关问题。因此，回归结果有效，GMM 回归中的工具变量选取是合理的。

由表 7-6 可知，宏观审慎政策对于跨境资本流动规模的管理作用存在结构性差异。其对于外商直接投资和证券组合投资的作用渠道主要是直接干预机制，而对于以银行信贷为主的其他投资则主要是通过降低经济开放度从而降低资本流动规模的中介渠道。一方面，就前两者而言，即使是同一渠道，宏观审慎政策对于这两种跨境资本的管理效果也不尽相同，其中，对于 POR 的限制效果要强于 FDI。回归结果表明，除了动态贷款损失准备（LLP）对于 POR 为正向影响外，其余包括以居民等借款者为目标约束的 LTV、DTI，以银行等金融机构资产端和负债端为目标约束的 FX、RR，以及从时间和空间维度应对资本剧烈波动的 CC、SIFI、INT 均降低了 POR 的规模，再次证实了上文中关于宏观审慎政策主要通过直接限制金融机构资产和负债并辅以资本在时间和空间上缓冲来管控跨境资本流动的结论。另一方面，宏观审慎政策很难直接抑制银行信贷等其他投资的跨境资本流动，但通过降低经济开放程度对其的正向刺激来管控跨境资本流动的效果则较为显著。回归结果表明，表 7 − 6 中以居民等借款者为目标约束的 LTV、DTI 以及从时间维度应对资本剧烈波动的 CC、LLP 的交叉项系数的绝对值高于表 7 − 5 中的相应数值，因此通过这一机制对于其他投资的限制效果要高于稳健性回归中的限制效果。

综上所述，宏观审慎工具的选择、宏观审慎政策与利率相关政策的配合以及宏观审慎政策对经济开放程度的影响是有效管控不同类型跨境资本流动的关键。当宏观审慎政策能够与利率相关政策有效配合时，其便能够在选取恰当政策工具的基础上，以直接限制金融机构资产和负债并辅以资本在时间和空间上缓冲的渠道来管控跨境资本流动。当二者配合低效时，宏观审慎政策只有在限制银行信贷等其他投资形式的跨境资本流动时才具有效果，此时其可以通过降低经济开放程度对其他投资的正向刺激来管控跨境资本流动。

三、本章小结

上轮国际金融危机以来，将宏观审慎监管政策纳入金融监管框架，是各国监管当局弥补传统宏观经济政策在维护金融稳定方面的不足所作出的重大监管体制改革。由于各国的经济环境、政治立场以及法律制度等方面存在显著差异，各国监管当局对于宏观审慎政策实施的时机、工具的选择以及实施的力度也存在明显的区别。就政策协调而言，在保证宏观审慎政策与国内其他宏观经济政策之间协调搭配的同时，也需要各国在全球范围内构建审慎政策的国际协调机制，从而有效抑制监管政策的渗出和外溢，防止监管套利，降低因政策冲突造成的全球性成本。当前，各国监管当局就跨境监管问题进行高层次的对话与交流，积极开展双边协调，并以国际组织为平台开展多边政策协商，共同维护金融系统的稳定，取得显著成效。

首先，要妥善处理宏观审慎政策与其他经济政策之间关系，实现政策的内部协调。在宏观经济政策国际协调的早期实践中，往往更加注重维持汇率和经常收支的稳定，为了保障外部均衡，不得不放弃部分国内政策的自主性，从而忽略了一国内部均衡的重要性。不同的经济政策在目标、工具、机制等方面存在差异，但金融稳定始终是各项经济政策顺利实施的基本保障，也是一国促进经济发展、提高社会福利的必要条件。宏观审慎政策与货币政策、财政政策等其他宏观经济政策的协调与搭配，一方面有利于促进经济的健康发展、维护金融体系稳定；另一方面也为各国利用有限的政策工具实现多个政策目标提供了新思路。不同政策的作用方式、作用领域、作用机制有所不同，通过协调使用多种政策工具，发挥比较优势，将有助于监管当局通过多元化的监管渠道达到维护金融稳定、促进经济发展的最终目标，以最大化各项监管政策的实施效率。此外，实现一国政策的内部协调也是各国进行国际协调的前提条件，只有在保证一国内部均衡的基础上，才能更好地参与国际协调与合作。

其次，要明确宏观审慎政策的监管主体，明晰责任分工。目前，各国尚未就宏观审慎政策的监管主体达成一致，部分国家甚至仍未确立审慎政策授权主体，导致政策的职责弱化、分工不明，难以保障审慎政策的有效实施。审慎政策的主体和制度设计与各国具体的国情密切相关，但无论是以中央银行还是以金融稳定委员会作为审慎政策主体，都需明确监管主体的职责以及各部门的具体分工。宏观审慎的监管主体至少应该承担宏观审慎数据的收集与分析、宏观审慎监管政策的制定与执行以及与其他监管机构的协调三方面职责。这些职责的发挥依赖于审慎监管主体与其他监管部门的密切合作与配合，只有这样才能起到防范和化解系统性金融风险的作用。一方面需要国家内部不同监管主体的协调来避免国内政策目标冲突，另一方面也需要不同国家监管主体之间建立国际协商机制以最小化一国政策的外部性，维护全球金融体系的稳定。

最后，要继续丰富全球合作的理念与实践，尤其是主要经济体之间要加强宏观审慎政策的国际协调与合作。近年来，国际形势发生深刻变化，地缘战略竞争愈演愈烈、多极化特征日益明显、贸易保护主义重现等为人类发展带来了严峻挑战。英国脱欧、中美贸易摩擦等极端事件的出现更是极大地增加了世界秩序和金融市场的不确定性。虽然距离 2008 年国际金融危机已逾 15 年，但全球经济尚未完全复苏。面对各种新的挑战，各国更应该加强协商与合作意识，致力于构建公平、合理的国际金融市场和贸易体制，维护全球稳定。尤其是对于主要经济体来说，更需要明确大国职责、树立大国担当，共同努力建立以和平和发展为主旋律的国际经济金融新秩序。在此过程中，中国作为最大的新兴市场国家，不断践行各项国际监管标准，积极倡导并推动构建双边及多边协商机制，在推动政策协调与合作方面发挥着关键作用，也为全球的合作和治理提供了中国智慧。

进一步地，本章通过建立四部门模型探究了宏观审慎政策管理跨境资本流动的理论机制，并在此基础上建立了动态面板 GMM 模型，实证分析了宏观审慎政策对于跨境资本流动的管理效果，得出以下结论。

第一，一国基础货币的投放渠道会直接影响该国宏观审慎工具管理跨境资本流动的能力。央行基础货币的投放渠道可以分为基于外汇净资产的投放渠道和基于国内信贷的投放渠道，当基础货币越依赖于外汇资产渠道进行投放时，采用宏观审慎工具来限制跨境资本流动的作用就越大，而在此基础上提升法定准备金率则能够降低货币乘数，从而进一步管控跨境资本流动规模。

第二，宏观审慎政策可以通过两种机制管控跨境资本流动，一是外汇相关宏观审慎工具管控机制，二是国内其他宏观审慎工具管控机制，且两种机制在管控跨境资本流动时都会受到利率的间接影响。宏观审慎政策管控跨境资本流动的有效性取决于宏观审慎政策与资本管制政策、经济开放政策等其他利率相关政策的配合效果。当宏观审慎政策与资本管制政策等利率相关政策的作用方向一致时，第一种机制和第二种机制会相继通过降低外汇贷款、居民资产价格、提升企业投资的宏观审慎政策反应度以及减少利率作用下国内各类贷款的方式来管控跨境资本流动。否则，当宏观审慎政策与资本管制政策等利率相关政策的作用方向不一致时，其管理跨境资本流动的有效性就会受一定条件的制约。由于开放经济条件下，利率的变动与宏观经济的开放程度或国际化程度联系密切，如果宏观审慎政策能够降低开放度，那么由其引致的利率的负向变动就有减轻的可能，从而就容易实现对跨境资本流动的管理。

第三，宏观审慎政策主要通过直接限制金融机构资产和负债并辅以资本在时间和空间上缓冲的渠道来管控跨境资本流动，其他管控跨境资本流动的渠道并不具有明显效果。无论是基础模型还是结构性模型，以银行等金融机构资产端和负债端为目标约束的宏观审慎工具以及从时间和空间维度应对资本剧烈波动的宏观审慎工具在管控跨境资本流动时较为有效，而以居民等借款者为目标约束的宏观审慎工具则没有体现出对于跨境资本流动的限制效果。

第四，宏观审慎工具的选择、宏观审慎政策与利率相关政策的配合以及宏观审慎政策对经济开放程度的影响是有效管控不同类型跨境资本流动的关键。实证结果表明，当宏观审慎政策无法与利率相关政策有效配合时，其就只有在限制银行信贷等其他投资形式的跨境资本流动时才具有效果，因为它可以通过降低经济开放程度对其他投资的正向刺激来管控跨境资本流动。

基于此，本章就我国宏观审慎工具对于跨境资本流动的管理方面给出以下几点建议。首先，加强以银行资产、负债为目标约束宏观审慎政策的实施力度，强化其对于我国跨境资本流动的限制；其次，按两种管控机制将宏观审慎工具分离，做到"有的放矢"，提升其对于跨境资本流动的管控效果；最后，积极完善货币政策体系以及资本管制政策，实现其与宏观审慎政策的有效配合，提升管理效率。

参考文献

［1］白晓燕，邓明明．不同阶段货币国际化的影响因素研究 ［J］．国际金融研究，2016（9）：86－96.

［2］白晓燕，邓明明．货币国际化影响因素与作用机制的实证分析 ［J］．数量经济技术经济研究，2013，30（12）：113－125.

［3］白晓燕，于晓宁．国际金融投资视角下的货币国际化——指标构建及长短期驱动因素分析 ［J］．国际金融研究，2019（3）：55－64.

［4］蔡彤娟，林润红．人民币与"一带一路"主要国家货币汇率动态联动研究——基于 VAR－DCC－MVGARCH－BEKK 模型的实证分析 ［J］．国际金融研究，2018（2）：19－29.

［5］陈继勇，刘燚爽．"一带一路"沿线国家贸易便利化对中国贸易潜力的影响 ［J］．世界经济研究，2018（9）：41－54，135－136.

［6］陈万灵，何传添．海上丝绸之路的各方博弈及其经贸定位 ［J］．改革，2014（3）：74－83.

［7］陈卫东，王有鑫．人民币贬值背景下中国跨境资本流动：渠道、规模、趋势及风险防范 ［J］．国际金融研究，2016（4）：3－12.

［8］陈晓莉，李琳．国际标价货币的决定因素分析——兼论人民币国际化政策 ［J］．东岳论丛，2011，32（10）：139－143.

［9］陈雨露．走和平共赢的人民币崛起之路 ［J］．中国金融，2010（11）：95.

［10］陈雨露，罗煜．金融开放与经济增长：一个述评 ［J］．管

理世界，2007（4）：138 – 147.

［11］陈雨露，王芳，杨明．作为国家竞争战略的货币国际化：美元的经验证据——兼论人民币的国际化问题［J］．经济研究，2005（2）：35 – 44.

［12］陈雨露．"一带一路"与人民币国际化［J］．中国金融，2015（19）：40 – 42.

［13］陈雨露．人民币国际化要分三步走［N］．人民日报（海外版），2013 – 04 – 18.

［14］程贵，张小霞．"一带一路"倡议是否促进了人民币国际化？——基于 PSM – DID 方法的实证检验［J］．现代财经（天津财经大学学报），2020，40（10）：80 – 95.

［15］邓富华，霍伟东．自由贸易协定、制度环境与跨境贸易人民币结算［J］．中国工业经济，2017（5）：75 – 93.

［16］邓敏，蓝发钦．金融开放条件的成熟度评估：基于综合效益的门槛模型分析［J］．经济研究，2013，48（12）：120 – 133.

［17］丁志杰．经济暗物质与剪羊毛［J］．中国金融，2014（4）：96.

［18］丁志杰，李少昆，张堃．我国国际收支的金融调整渠道分析［J］．国际贸易，2017（9）：61 – 65.

［19］丁志杰，谢峰．美元过度特权、经济暗物质与全球治理变革［J］．国际金融研究，2014（11）：3 – 10.

［20］段世德，胡文瑶．论国家信用、习俗惯例与货币的国际化［J］．世界经济研究，2020（6）：35 – 43，136.

［21］范祚军，夏文祥，陈瑶雯．人民币国际化前景的影响因素探究［J］．中央财经大学学报，2018（4）：30 – 43.

［22］方慧，赵甜．中国企业对"一带一路"国家国际化经营方

式研究——基于国家距离视角的考察［J］．管理世界，2017（7）：17－23．

　　［23］高海红，余永定．人民币国际化的含义与条件［J］．国际经济评论，2010（1）：46－64．

　　［24］葛奇．宏观审慎管理政策和资本管制措施在新兴市场国家跨境资本流出入管理中的应用及其效果——兼析中国在资本账户自由化过程中面临的资本流动管理政策选择［J］．国际金融研究，2017，359（3）：3－14．

　　［25］管涛．危机十年我国跨境资本流动管理回顾与前瞻［J］．国际金融，2018（5）：3－8．

　　［26］郭威．资本账户开放顺序的国际实践及对中国的启示［J］．财经科学，2007（8）：104－110．

　　［27］何帆，张斌，张明，等．香港离岸人民币金融市场的现状、前景、问题与风险［J］．国际经济评论，2011（3）：84－108，5．

　　［28］洪俊杰，詹迁羽．"一带一路"设施联通是否对企业出口有拉动作用——基于贸易成本的中介效应分析［J］．国际贸易问题，2021（9）：138－156．

　　［29］贾俊雪，李紫霄，秦聪．社会保障与经济增长：基于拟自然实验的分析［J］．中国工业经济，2018（11）：42－60．

　　［30］贾宪军．金融资本跨境流动与储备货币地位——基于日元经验的研究［J］．国际金融研究，2014（8）：35－43．

　　［31］姜波克．中国金融业开放的方式与影响［J］．金融研究，1999（5）：1－4．

　　［32］蒋冠宏．中国企业对"一带一路"沿线国家市场的进入策略［J］．中国工业经济，2017（9）：119－136．

　　［33］金刚，沈坤荣．中国企业对"一带一路"沿线国家的交通

投资效应：发展效应还是债务陷阱［J］．中国工业经济，2019（9）：79 - 97.

［34］雷达，赵勇．中美经济相互依存关系中的非对称性与对称性——中美战略经济对话的经济基础分析［J］．国际经济评论，2008（2）：29 - 33.

［35］李稻葵，刘霖林．人民币国际化：计量研究及政策分析［J］．金融研究，2008（11）：1 - 16.

［36］李建军，甄峰，崔西强．人民币国际化发展现状、程度测度及展望评估［J］．国际金融研究，2013（10）：58 - 65.

［37］李敬，陈旎，万广华，等．"一带一路"沿线国家货物贸易的竞争互补关系及动态变化——基于网络分析方法［J］．管理世界，2017（4）：10 - 19.

［38］李军林，胡树光，王瑛龙．国际储备货币：需求、惯性与竞争路径［J］．世界经济，2020，43（5）：3 - 22.

［39］李巍，张志超．不同类型资本账户开放的效应：实际汇率和经济增长波动［J］．世界经济，2008（10）：33 - 45.

［40］李巍，朱艺泓．货币盟友与人民币的国际化——解释中国央行的货币互换外交［J］．世界经济与政治，2014（2）：128 - 154，159 - 160.

［41］李扬，张晓晶．失衡与再平衡：塑造全球治理新框架［M］．北京：中国社会科学出版社，2013.

［42］李瑶．非国际货币、货币国际化与资本项目可兑换［J］．金融研究，2003（8）：104 - 111.

［43］林乐芬，王少楠．"一带一路"进程中人民币国际化影响因素的实证分析［J］．国际金融研究，2016（2）：75 - 83.

［44］刘刚，张友泽．人民币在"一带一路"货币圈发挥了锚效

应吗？——基于人民币与主要国际货币比较研究［J］．国际金融研究，2018（7）：32－41．

［45］刘晓星，姚登宝．金融脱媒、资产价格与经济波动：基于DNK－DSGE模型分析［J］．世界经济，2016，39（6）：29－53．

［46］刘一贺．"一带一路"倡议与人民币国际化的新思路［J］．财贸经济，2018，39（5）：103－112．

［47］刘志东，高洪玮．东道国金融发展、空间溢出效应与我国对外直接投资——基于"一带一路"沿线国家金融生态的研究［J］．国际金融研究，2019（8）：45－55．

［48］娄伶俐，钱铭．资本账户开放测度方法：比较与综合［J］．国际金融研究，2011（8）：41－49．

［49］卢盛峰，董如玉，叶初升．"一带一路"倡议促进了中国高质量出口吗——来自微观企业的证据［J］．中国工业经济，2021（3）：80－98．

［50］罗斌，刘锦薇，刘岭．货币国际化的关键影响因素测度［J］．江汉论坛，2015（2）：16－20．

［51］吕越，陆毅，吴嵩博，等．"一带一路"倡议的对外投资促进效应——基于2005—2016年中国企业绿地投资的双重差分检验［J］．经济研究，2019，54（9）：187－202．

［52］马述忠，房超．跨境电商与中国出口新增长——基于信息成本和规模经济的双重视角［J］．经济研究，2021，56（6）：159－176．

［53］马新斌．宏观审慎政策：危机以来的共识与分歧［J］．金融纵横，2017（6）：20－34．

［54］马勇，陈雨露．宏观审慎监管：目标、工具与相关制度安排［J］．经济理论与经济管理，2012（3）：5－15．

［55］毛海欧，刘海云．中国对外直接投资对贸易互补关系的影

响："一带一路"倡议扮演了什么角色［J］．财贸经济，2019，40（10）：81 – 94．

［56］孟刚．"一带一路"建设推进人民币国际化的战略思考［J］．上海金融，2017（10）：55 – 59．

［57］潘功胜．人民币国际化十年回顾与展望［J］．中国金融，2019（14）：9 – 11．

［58］彭红枫，谭小玉，祝小全．货币国际化：基于成本渠道的影响因素和作用路径研究［J］．世界经济，2017，40（11）：120 – 143．

［59］彭红枫，谭小玉．人民币国际化研究：程度测算与影响因素分析［J］．经济研究，2017，52（2）：125 – 139．

［60］曲凤杰．构建"一带一路"框架下的人民币国际化路线图［J］．国际贸易，2017（8）：65 – 68．

［61］阙澄宇，黄志良．资本账户开放对货币国际化的影响：基于制度环境视角［J］．世界经济研究，2019（6）：17 – 27 + 134．

［62］人民币国际化研究课题组．人民币国际化的时机、途径及其策略［J］．中国金融，2006（5）：12 – 13．

［63］沈悦，戴士伟，樊锦琳，等．人民币国际化：进程、影响因素及前景分析——基于与欧元、英镑、日元及美元的对比［J］．经济问题，2019（1）：27 – 34．

［64］石静霞．"一带一路"倡议与国际法——基于国际公共产品供给视角的分析［J］．中国社会科学，2021（1）：156 – 179，207 – 208．

［65］斯蒂恩·克莱森斯等，宏观审慎监管政策——通向金融稳定的新道路［M］．北京：电子工业出版社，2013．

［66］宋科，侯津柠，夏乐等．"一带一路"倡议与人民币国际化——来自人民币真实交易数据的经验证据［J］．管理世界，2022，38（9）：49 – 67．

［67］宋科，杨雅鑫，苏治．全球失衡条件下的货币政策传导机制：基于估值效应视角［J］．世界经济，2021，44（4）：54－83.

［68］宋科，杨雅鑫．我国的外汇储备究竟充足不充足［J］．国际金融，2017（12）：53－58.

［69］宋科，朱斯迪，夏乐．双边货币互换能够推动人民币国际化吗——兼论汇率市场化的影响［J］．中国工业经济，2022（7）：25－43.

［70］宋科，黄泽清，刘相波．新兴市场国家对发达国家量化宽松政策的回溢效应［J］．国际金融研究，2018（3）：46－56.

［71］宋暄．货币影响力、金融脆弱度与资本账户开放——基于新兴市场国家的研究［J］．金融论坛，2017，22（10）：53－66.

［72］孙俊，于津平．资本账户开放路径与经济波动——基于动态随机一般均衡模型的福利分析［J］．金融研究，2014（5）：48－64.

［73］王道平，范小云．现行的国际货币体系是否是全球经济失衡和金融危机的原因［J］．世界经济，2011，34（1）：52－72.

［74］王桂军，卢潇潇．“一带一路”倡议与中国企业升级［J］．中国工业经济，2019（3）：43－61.

［75］王恕立，吴楚豪．“一带一路”倡议下中国的国际分工地位——基于价值链视角的投入产出分析［J］．财经研究，2018，44（8）：18－30.

［76］王曦，陈中飞，王茜．我国资本账户加速开放的条件基本成熟了吗？［J］．国际金融研究，2015（1）：70－82.

［77］王晓春．中国资本账户开放度浅析［J］．统计研究，2001（6）：39－42.

［78］王孝松，刘韬，胡永泰．人民币国际使用的影响因素——基于全球视角的理论及经验研究［J］．经济研究，2021，56（4）：

126 – 142.

［79］吴舒钰，李稻葵．货币国际化的新测度——基于国际金融投资视角的分析［J］．经济学动态，2018（2）：146 – 158.

［80］吴晓求等．变革与崛起——探寻中国金融崛起之路［M］．北京：中国金融出版社，2011.

［81］吴晓求等．中国资本市场研究报告 2020［M］．北京：中国人民大学出版社，2020.

［82］伍戈，严仕锋．跨境资本流动的宏观审慎管理探索——基于对系统性风险的基本认识［J］．新金融，2015（10）：14 – 18.

［83］夏斌，陈道富．中国金融战略 2020［M］．北京：人民出版社，2011.

［84］肖立晟，陈思翀．中国国际投资头寸表失衡与金融调整渠道［J］．经济研究，2013，48（7）：20 – 34.

［85］肖立晟，刘永余．人民币非抛补利率平价为什么不成立：对 4 个假说的检验［J］．管理世界，2016（7）：51 – 62，75，187 – 188.

［86］徐国祥，蔡文靖．金融发展下资本账户开放对货币国际化的影响［J］．国际金融研究，2018（5）：3 – 13.

［87］徐璐．新兴经济体跨境资本流动的脆弱性与政策应对［J］．海南金融，2016（9）：63 – 67.

［88］徐伟呈，王畅，郭越．人民币国际化水平测算及影响因素分析——基于货币锚模型的经验研究［J］．亚太经济，2019（6）：26 – 36，144 – 145.

［89］许家云，周绍杰，胡鞍钢．制度距离、相邻效应与双边贸易——基于"一带一路"国家空间面板模型的实证分析［J］．财经研究，2017，43（1）：75 – 85.

［90］严晨．国际金融中心建设的历史比较分析［J］．上海经济

研究，2013，25（6）：33-38.

[91] 严佳佳，郭明华，何乐融.人民币国际化的制约：资本账户未开放还是金融市场欠发达 [J].经济学家，2018（8）：67-74.

[92] 严佳佳，黄文彬.资本账户开放进程中的货币国际化研究——以日本为例的分析 [J].东南学术，2014（4）：113-121.

[93] 杨荣海，李亚波.资本账户开放对人民币国际化"货币锚"地位的影响分析 [J].经济研究，2017，52（1）：134-148.

[94] 杨荣海.当前货币国际化进程中的资本账户开放路径效应分析 [J].国际金融研究，2014（4）：50-61.

[95] 杨涛，张萌.汇率波动与货币国际化——基于美元、欧元、日元与英镑的实证分析 [J].经济问题探索，2017（6）：146-154.

[96] 杨子晖，陈创练.金融深化条件下的跨境资本流动效应研究 [J].金融研究，2015（5）：34-49.

[97] 易纲.转型中的中国货币政策——《货币数量、利率调控与政策转型》序言 [J].中国发展观察，2016（9）：58+64.

[98] 易纲.金融助力全面建成小康社会 [J].中国金融，2020（Z1）：14-18.

[99] 尹继志.人民币国际化进程中的资本账户开放 [J].金融发展研究，2013（3）：20-24.

[100] 尹继志.我国中央银行基础货币投放渠道阶段性变化分析 [J].上海金融，2015（9）：40-46.

[101] 余永定.寻求资本项目开放问题的共识 [J].国际金融研究，2014（7）：3-6.

[102] 元惠萍.国际货币地位的影响因素分析 [J].数量经济技术经济研究，2011，28（2）：3-19.

[103] 张斌，徐奇渊.汇率与资本项目管制下的人民币国际化

［J］. 国际经济评论, 2012 (4): 63 –73, 6.

［104］张春生. IMF 的资本流动管理框架［J］. 国际金融研究, 2016 (4): 13 –25.

［105］张纯威. 美元本位、美元环流与美元陷阱［J］. 国际金融研究, 2008 (6): 4 –13.

［106］张光平, 马钧. 货币国际化程度的准确度量［J］. 金融论坛, 2015, 20 (12): 18 –24.

［107］张焕明, 杨子杰. 人民币国际化水平测度及影响因素研究［J］. 江淮论坛, 2018 (6): 74 –80.

［108］张礼卿. 应该如何看待人民币的国际化进程［J］. 中央财经大学学报, 2009 (10): 24 –28.

［109］张萌, 蒋冠. 人民币国际化进程分析及发展路径研究——基于 SWOT 的分析方法［J］. 经济问题探索, 2013 (12): 20 –25.

［110］张明. 人民币国际化: 基于在岸与离岸的两种视角［J］. 金融与经济, 2011 (8): 4 –10.

［111］张雨佳, 张晓平, 龚则周. 中国与 "一带一路" 沿线国家贸易依赖度分析［J］. 经济地理, 2017, 37 (4): 21 –31.

［112］赵然. 汇率波动对货币国际化有显著影响吗?［J］. 国际金融研究, 2012 (11): 55 –64.

［113］甄峰. 人民币国际化: 路径、前景与方向［J］. 经济理论与经济管理, 2014 (5): 22 –31.

［114］中国人民大学国际货币研究所. 人民币国际化报告 2018: 结构变迁中的宏观政策国际协调［M］. 北京: 中国人民大学出版社, 2018.

［115］中国人民大学国际货币研究所. 人民币国际化报告 2020［M］. 北京: 中国人民大学出版社, 2020.

［116］中国人民银行上海总部跨境人民币业务部课题组，施琍娅．人民币国际化指数研究［J］．上海金融，2015（8）：29－34.

［117］钟阳，丁一兵．双边贸易、外汇市场规模、网络外部性与美元的国际地位——基于国别（地区）市场的实证研究［J］．经济评论，2012（1）：140－146.

［118］周光友，罗素梅．"大国"金融中心形成模式研究：经验与启示［J］．湖南商学院学报，2011，18（2）：5－10.

［119］朱孟楠，袁凯彬，刘紫霄．区域金融合作提升了人民币货币锚效应吗？——基于签订货币互换协议的证据［J］．国际金融研究，2020（11）：87－96.

［120］劳伦斯·哈里斯．货币理论［M］．北京：商务印书馆，2017.

［121］Agénor P R, Silva L A P. Macroprudential Regulation and the Monetary Transmission Mechanism［J］. Journal of Financial Stability, 2014（13）：44－63.

［122］Aghion, Philippe, P Bacchetta, A Banerjee. Currency Crises and Monetary Policy in an Economy with Credit Constraints［J］. Economic Review, 2001, 45（7）：1121－1150.

［123］Agur, Sharma Rules. Discretion and Macroprudential Policy［R］. IMF Working Paper, 2013（65）：1－32.

［124］Aikman D, Bush O, Taylor A M. Monetary versus Macroprudential Policies：Causal Impacts of Interest Rates and Credit Controls in the Era of the UK Radcliffe Report［R］. Economic History Working Papers, 2016, 246：1－43.

［125］Aizenman J. Volatility, Employment and the Patterns of FDI in Emerging Markets［J］. NBER Working Papers, 2002, 72（2）：585－

601.

[126] Aizenman J, Jinjarak Y, Park D. International Reserves and Swap Lines: Substitutes or Complements? [J]. International Review of Economics & Finance, 2011, 20 (1): 5 – 18.

[127] Akinci O, Rumsey J O. How Effective Are Macroprudential Policies? An Empirical Investigation [J]. Journal of Financial Intermediation, 2018 (301): 33 – 57.

[128] Akram G M, Byrne J P. Foreign Exchange Market Pressure and Capital Controls [J]. Journal of International Financial Markets, Institutions and Money, 2015, 37: 42 – 53.

[129] Alesina, Alberto, Drazen. Why Are Stabilizations Delayed? [J]. American Economic Review, 1991, 81 (5): 1170 – 80.

[130] Angelini P, Neri S, Panetta F. The Interaction between Capital Requirements and Monetary Policy [J]. Journal of Money, Credit and Banking, 2014, 46 (6): 1073 – 1112.

[131] Aristovnik A, Čeč T. Compositional Analysis of Foreign Currency Reserves in the 1999 – 2007 Period: The Euro vs the Dollar as Leading Reserve Currency [J]. Romanian Journal of Economic Forecasting, 2010, 13 (1): 165 – 181.

[132] Attila Csajbók, Júlia Király. Cross – Border Coordination of Macroprudential Policies [J]. Macroprudential Regulatory Policies, 2011.

[133] Bahaj S, Reis R. Central Bank Swap Lines [R]. Bank of England Working Paper, 2018.

[134] Bahaj S, Reis R. Jumpstarting an International Currency [R]. Bank of England Working Paper, 2020.

[135] Bailey M A, Strezhnev A, Voeten E. Estimating Dynamic

State Preferences from United Nations Voting Data [J]. Journal of Conflict Resolution, 2017, 61 (2): 430 – 456.

[136] Balakrishnan R, Nowak S, Panth S. et al. Surging Capital Flows to Emerging Asia: Facts, Impacts and Responses [J]. Journal of International Commerce, Economics and Policy, 2013, 4 (2): 1350007. 1 – 1350007. 24.

[137] Batten J A, Szilagyi P G. The Internationalisation of the RMB: New Starts, Jumps and Tipping Points [J]. Emerging Markets Review, 2016, 28: 221 – 238.

[138] Beck T, Levine R, Levkov A. Big Bad Banks? The Winners and Losers from Bank Deregulation in the United States [J]. The Journal of Finance, 2010, 65 (5): 1637 – 1667.

[139] Beirne J, Friedrich C. Capital Flows and Macroprudential Policies – A Multilateral Assessment of Effectiveness and Externalities [R]. ECB Working Paper, No. 1721, 2014.

[140] Beirne J, Friedrich C. Macroprudential Policies, Capital Flows, and the Structure of the Banking Sector [J]. Journal of International Money and Finance, 2017 (75): 47 – 68.

[141] Bekaert G, Harvey C R. Lundblad C, Emerging Equity Markets and Economic Development [J]. Journal of development Economics, 2001, 66 (2): 465 – 504.

[142] Bénétrix A S, Lane P R, Shambaugh J C. International Currency Exposures, Valuation E – ffects, and the Global Financial Crisis [J]. Journal of International Economics, 2015, 96: S98 – S109.

[143] Bernanke B S, Mark G. Inside the Black Box: The Credit Channel of Monetary Policy Transm – ission [J]. Journal of Economic Perspectives, 1995, 9 (4): 27 – 48.

[144] Bernanke B, M Gertler Gilchrist S. The Financial Accelerator in a Quantitative Business Cycle Framework [M]. Handbook of Macroeconomics, 1999, 1: 1341 – 1393.

[145] Bordo M D, Humpage O F, Schwartz A J. The Evolution of the Federal Reserve Swap Lines since 1962 [J]. IMF Economic Review, 2015, 63: 353 – 372.

[146] Broto C, Díaz C J, Erce A. Measuring and Explaining the Volatility of Capital Flows towards Emerging Countries [R]. Banco de Espana Working Paper, No. 0817, 2008.

[147] Bruno V, Shim I, Shin H S. Comparative Assessment of Macroprudential Policies [J]. Journal of Financial Stability, 2017 (28): 183 – 202.

[148] Bumann S, Lensink R. Capital Account Liberalization and Income Inequality [J]. Journal of International Money and Finance, 2016, 61: 143 – 162.

[149] Caliendo M, Kopeinig S. Some Practical Guidance for the Implementation of Propensity Score Matching [J]. Journal of Economic Surveys, 2008, 22 (1): 31 – 72.

[150] CGFS. Macroprudential Instruments and Frameworks: A Stocktaking of Issues and Experiences [J]. CGFS Papers, 2010, 38: 1 – 37.

[151] Charles P, Kindleberger, Robert Z Aliber. Manias, Panics and Crashes: A History of Financial Crises [M]. Basingstoke: Palgrave Macmillan, 2011: 108 – 110.

[152] Chey H K, Hsu M. The Impacts of Policy Infrastructures on the International Use of the Chinese Renminbi: A Cross – country Analysis [J]. Asian Survey, 2020, 60 (2): 221 – 244.

［153］ Chey H. Theories of International Currencies and the Future of the World Monetary order ［J］. International Studies Review, 2012, 14 (1): 51 –77.

［154］ Chinn M D, Frankel J A. Will the Euro Eventually Surpass the Dollar As Leading International Reserve Currency? ［R］. NBER Working Paper, 2005.

［155］ Chinn M D, Ito H. A New Measure of Financial Openness ［J］. Journal of comparative policy analysis, 2008, 10 (3): 309 –322.

［156］ Chung W. Imported Inputs and Invoicing Currency Choice: Theory and Evidence from UK Transaction Data ［J］. Journal of International Economics, 2016, 99: 237 –250.

［157］ Claessens S. An Overview of Macroprudential Policy Tools ［J］. Annual Review of Financial Economics, 2015, 7 (9): 397 –422.

［158］ Claudio Borio, Gabriele Galati, Alexandra Heath. FX Reserve Management: Trends and Challenges ［R］. BIS Working Papers, 2008, No. 40.

［159］ Cohen B J. The Seigniorage Gain of an International Currency: an Empirical Test ［J］. The Quarterly Journal of Economics, 1971, 85 (3): 494 –507.

［160］ Cohen, B J. The Future of Sterling as an International Currency ［M］. New York: St. Martin's Press, 1971.

［161］ Dabrowski M. Can the Euro Dethrone the US Dollar as the Dominant Global Currency? Not so Soon, If Ever ［R］. European Central Bank Working Paper, 2020.

［162］ Das M S. China's Evolving Exchange Rate Regime ［R］. IMF Working Paper, 2019.

［163］ Dooley M P, D Folkerts – Landau, Garber P M. An Essay on the Revived Bretton Woods System [J]. Social Science Electronic Publishing, 2003, 9 (4): 307 – 313.

[164] Dooley M P, D Folkerts – Landau, Garber P. Bretton Woods II Still Defines the International Monetary System [J]. Pacific Economic Review, 2009, 14 (3): 297 – 311.

[165] Eichengreen B, Kawai M. Issues for Renminbi Internationalization: An Overview [J]. SSRN Electronic Journal, 2014.

[166] Eichengreen B, Mehl A, Chiṭu L. Mars or Mercury? The Geopolitics of International Currency Choice [J]. Economic Policy, 2019, 34 (98): 315 – 363.

[167] Feldstein M, Horioka C. Domestic Savings and International Capital Flows [R]. National Bureau of Economic Research, 1979.

[168] Fernández A, Klein M W, Rebucci A. et al. Capital Control Measures: A New Dataset [J]. IMF Economic Review, 2016, 64 (3): 548 – 574.

[169] Frankel J. Internationalization of the RMB and Historical Precedents [J]. Journal of Economic Integration, 2012, 27 (3): 329 – 365.

[170] Gabriele Galati, Richhild Moessne. Macroprudential Policy – A Literature Review [R]. BIS Working Paper, 2011, 337: 1 – 40.

[171] Georgiadis G, Mehl A, Mezo H L. et al. Fundamentals vs Policies: Can the US Dollar's Dominance in Global Trade be Dented [R]. European Central Bank Working Paper, 2021.

[172] Georgiadis G, Mehl A. Financial Globalisation and Monetary Policy Effectiveness [J]. Journal of International Economics, 2016, 103: 200 – 121.

[173] Goldberg L S, Kennedy C, Miu J. Central Bank Dollar Swap

Lines and Overseas Dollar Funding Costs [J]. Economic Policy Review, 2011, 17 (5): 3 - 20.

[174] FSB. Implementation and Effects of the G20 Financial Regulatory Reforms: Third Annual Report [R]. 2017.

[175] Goldberg L S, Tille C. Micro, Macro, and Strategic Forces in International Trade Invoicing: Synthesis and Novel Patterns [J]. Journal of International Economics, 2016, 102: 173 - 187.

[176] Goldberg L S, Tille C. The Internationalization of the Dollar and Trade Balance Adjustment [R]. FRB of New York Staff Report, 2006.

[177] Goodhart C. How Should We Regulate the Financial Sector [R]. In The Future of Finance: The LSE Report, 2010.

[178] Gourinchas P O, Jeanne O. The Exlusive Gains from International Financial Integration [J]. The Review of Economic Studies, 2006, 73 (3): 715 - 741.

[179] Gourinchas P, Rey H. From World Banker to World Venture Capitalist: US External Adjustment and the Exorbitant, Privilege [J]. Cepr Discussion Papers, 2005, 24 (4): 303 - 307.

[180] Gourinchas P, Rey H. International Financial Adjustment [J]. Journal of Political Economy, 2007, 115 (4): 665 - 703.

[181] Gourinchas P, Rey H, Nicolas Govillot. Exorbitant Privilege and Exorbitant Duty [R]. IMES Discussion Paper Series, 2010.

[182] Grossmanna A, Love I, Orlov A G. The Dynamics of Exchange Rate Volatility: A Panel VAR Approach [J]. Journal of International Financial Markets, 2014, 33: 1 - 27.

[183] Habermeier K F, Kokenyne A, Baba C. The Effectiveness of Capital Controls and Prudential Policies in Managing Large Inflows [C].

IMF Staff Position Note, SDN/11/14, 2011.

［184］ Hauskrecht A, Le N. Capital Account Liberalization for a Small, Open Economy ［R］. Indiana University Working Paper, 2005.

［185］ Heyman F, Sjöholm F, Tingvall P G. Is There Really a Foreign Ownership Wage Premium? Evidence from Matched Employer – Employee Data ［J］. Journal of International Economics, 2007, 73 （2）: 355 –376.

［186］ Huang Y, Wang D, Fan G. Paths to a Reserve Currency: Internationalization of the Renminbi and Its Implications ［J］. Finance Working Papers, 2014.

［187］ IMF. Recent Experiences in Managing Capital Inflows: Cross – Cutting Themes and Possible Framework ［R］. 2011.

［188］ IMF. The Fund's Role Regarding Cross – Border Capital Flows ［R］. 2010.

［189］ IMF. Macroprudential Policy: An Organizing Framework ［R］. IMF Policy Paper, 2011.

［190］ Ito T, Koibuchi S, Sato K. et al. Why Has the Yen Failed to Become a Dominant Invoicing Currency in Asia? A Firm – level Analysis of Japanese Exporters' Invoicing Behavior ［R］. National Bureau of Economic Research, 2010.

［191］ Kamps A. The Euro As Invoicing Currency In International Trade ［R］. European Central Bank Working Paper Series, 2006.

［192］ Karcher S, Steinberg D A. Assessing the Causes of Capital Account Liberalization: How Measurement Matters ［J］. International Studies Quarterly, 2013, 57 （1）: 128 – 137.

［193］ Kawai M, Takagi S. The Renminbi （RMB） As a Key International Currency: Lessons from the Japanese Experience ［C］. Asia – Europe Economic Forum, 2011: 10 – 11.

[194] Kenen P B. The Euro Versus the Dollar: Will there Be a Struggle for Dominance? [J]. Journal of Policy Modeling, 2002, 24 (4): 347 – 354.

[195] Kenen P B. The Role of the Dollar As an International Currency [M]. Group of Thirty, 1983.

[196] Kenen P. The Euro and the Dollar: Competitors or Complements? [J]. The European Union and the United States, 2003: 251 – 274.

[197] Klein M W, Olivei G P. Capital Account Liberalization, Financial Depth, and Economic Growth [J]. Journal of International Money and Finance, 2008, 27 (6): 861 – 875.

[198] Kogut B, Singh H. The Effect of National Culture on the Choice of Entry Mode [J]. Journal of International Business Studies, 1988, 19: 411 – 432.

[199] Kose M A, Prasad E, Rogoff K, Wei S J. Financial Globalization: A Reappraisal [J]. IMF Staff Papers, 2009, 56 (1): 8 – 62.

[200] Krugman, Paul. Balance Sheets, the Transfer Problem, and Financial Crises [J]. International Tax & Public Finance, 1999, 6 (4): 459 – 472.

[201] Lai E L C, Yu X. Invoicing Currency in International Trade: An Empirical Investigation and Some Implications for the Renminbi [J]. The World Economy, 2015, 38 (1): 193 – 229.

[202] Landau, Jean – Pierre. Bubbles and Macro – prudential Supervision [R]. Remarks At The Joint Conference on " The Future of Financial Regulation ". 2009.

[203] Lane P R, Milesi – Ferretti G M. The External Wealth of Na-

tions Mark II: Revised and Extended Estimates of Foreign Assets and Liabilities, 1970 – 2004 [J]. Journal of International Economics, 2007, 73 (2): 223 – 250.

[204] Lane P R, Milesi – Ferretti G M. A Global Perspective on External Positions [R]. NBER Working Papers, 2005.

[205] Lane P R, Milesi – Ferretti G M. International Financial Integration in the Aftermath of the Global Financial Crisis [R]. IMF Working Paper, 2017, 53.

[206] Lane P R, Milesi – Ferretti G M. The External Wealth of Nations: Measures of Foreign Assets and Liabilities for Industrial and Developing Countries [J]. Journal of International Economics, 2001, 55 (2): 263 – 294.

[207] Lane P R, Shambaugh J C. Financial Exchange Rates and International Currency Exposures [J]. The America Economic Review, 2007, 100 (1): 518 – 540.

[208] Liao S, McDowell D. Redback Rising: China's Bilateral Swap Agreements and Renminbi Internationalization [J]. International Studies Quarterly, 2015, 59 (3): 401 – 422.

[209] Lim C H, Costa A, Columba F. et al. Macroprudential Policy: What Instruments and How to Use Them? Lessons from Country Experiences [M]. Social Science Electronic Publishing, 2011.

[210] Lin Z, Zhan W, Cheung Y W. China's Bilateral Currency Swap Lines [J]. China & World Economy, 2016, 24 (6): 19 – 42.

[211] Maddaloni A, Peydró J L. Monetary Policy, Macroprudential Policy and Banking Stability: Evidence from the Euro Area [R]. ECB Working Paper, 1560, 2013.

[212] McDowell D. The (Ineffective) Financial Statecraft of China's Bilateral Swap Agreements [J]. Development and Change, 2019, 50 (1): 122 – 143.

[213] Meier S. Financial Globalization and Monetary Transmission [J]. Globalization Institute Working Papers, 2013.

[214] Meissner C M, Oomes N. Why Do Countries Peg the Way They Peg? The Determinants of Anchor Currency Choice [J]. Journal of International Money and Finance, 2009, 28 (3): 522 –547.

[215] Menzie D, Chinn M D. Emerging Market Economies and the Next Reserve Currencies [J]. Open Economies Review, 2014, 26 (1): 155 –174.

[216] Mishkin, F. S. The Transmission Mechanism and the Role of Asset Prices in Monetary Policy [J]. NBER Working Papers, No. 8617, 2001.

[217] Moghadam R. Recent Experiences in Managing Capital Inflows – Cross – Cutting Themes and Possible Policy Framework [J]. IMF Working Paper, 2011.

[218] Montiel P, Reinhart C M. Do Capital Controls and Macroeconomic Policies Influence the Volume and Composition of Capital Flows? Evidence from the 1990s [J]. Journal of International Money and Finance, 1999, 18 (4): 619 –635.

[219] Mukerji S, Tallon J M. An Overview of Economic Applications of David Schmeidler's Models of Decision Making under Uncertainty [R]. University of Oxford Working Paper, 2003.

[220] Nistor I A, Ulici M L, Nan A. The Impact of Capital Account Liberalization on Romanian Financial Account [J]. Finante – Provocarile Viitorului, 2011, 1 (13): 125 –132.

［221］Ostry J D, Ghosh A R, Chamon M, Qureshi M S. Capital Controls: When and Why? ［J］. IMF Economic Review, 2011, 59 （3）: 563 - 580.

［222］Ostry J D, Ghosh A R, Chamon M, Qureshi M S. Tools for Managing Financial Stability Risks from Capital Inflows ［J］. Journal of International Economics, 2012, 88 （2）: 407.

［223］Ostry J D, Ghosh A R, Habermeier K. et al. Managing Capital Inflows: What Tools to Use? ［R］. IMF Staff Position Note, SDN/11/ 06, 2011.

［224］Prasad E S, Subramanian R A. Foreign Capital and Economic Growth ［J］. Brookings Papers on Economic Activity, 2007 （1）: 153 - 209.

［225］Quinn D. The Correlates of Change in International Financial Regulation ［J］. American Political Science Association, 1997, 91 （3）.

［226］Quinn D P, Toyoda A M. Does Capital Account Liberalization Lead to Growth? ［J］. The Review of Financial Studies, 2008, 21 （3）: 1403 - 1449.

［227］Raddatz B C. Trade Liberalization, Capital Account Liberalization and the Real Effects of Financial Development ［J］. Journal of International Money and Finance, 2007.

［228］Ronald McKinnon, Gunther Schnabl. The East Asian Dollar Standard, Fear of Floating, and Original Sin ［J］. Review of Development Economics, 2004, 8 （3）: 331 - 360.

［229］Rosenbaum P R, Rubin D B. The Central Role of the Propensity Score in Observational Studies for Causal Effects ［J］. Biometrika, 1983, 70 （1）: 41 - 55.

［230］Sala L, Söderström U, Trigari A. Monetary Policy under Uncertainty in an Estimated Model with Labor Market Frictions [J]. Journal of Monetary Economics, 2008, 55 (5): 983 – 1006.

[231] Schindler M. Measuring Financial Integration: A New Data Set [R]. IMF Staff Papers, 2009, 56 (1): 222 – 238.

[232] Schoenmaker D, Wierts P. Macroprudential Policy: The Need for a Coherent Policy Framework [J]. DSF Policy Paper, 13, 2011.

[233] Simone, Auer. Monetary Policy Shocks and Foreign Investment Income: Evidence from a Large Bayesian VAR [J]. Journal of International Money and Finance, 2019, 93: 142 – 166.

[234] Song K, Xia L. Bilateral Swap Agreement and Renminbi Settlement in Cross – border Trade [J]. Economic and Political Studies, 2020, 8 (3): 355 – 373.

[235] Sphan P B. The Tobin Tax and Exchange Rate Stability [J]. Finance & Development, 1996, 33 (2): 24 – 27.

[236] Tavlas G S. The International Use of the US Dollar: an Optimum Currency Area Perspective [J]. World Economy, 1997, 20 (6): 709 – 747.

[237] Thimann T. Global roles of currencies [R]. European Central Bank Working Paper Series, 2009.

[238] Zhang L, Zoli E. Leaning Against the Wind: Macroprudential Policy in Asia [J]. IMF Working Paper, WP/14/22, 2014.